HOMBRE PREVENIDO VALE POR DOS...

Los siglos han sido fieles testigos, aveces con certeza asombrosa, de las predicciones de Nostradamus —hace más de 400 años él predijo la caida de la Unión Soviética—.

Si su profecía final es correcta, en pocos años un desastre de inmensas proporciones caerá sobre la Tierra, afectando la vida de la población, aún de aquellos en los lugares más aislados del planeta.

Considere lo siguiente: Científicos afirman que la última Edad de Hielo empezó cuando un meteoro chocó contra la Tierra hace millones de años. Ahora, imagínese la devastación causada por un evento similar hoy en día; volcanes en erupción, marejadas y maremotos, invierno nuclear, hambruna esparcida y casi una inevitable III Guerra Mundial.

A continuación, en esta creíble y sustentada lectura, Stephen Paulus coloca todas las piesas juntas del acertijo sobre las últimas predicciones del Profeta Francés Nostradamus. Usando como punto de partida la fecha del último cuarteto, Paulus nos presenta 181 predicciones, en su secuencia original, de la situación alarmante que puede traer el nuevo mileneo.

El hombre prevenido vale por dos. Usted tiene en sus manos quizás la única oportunidad de prepararse para un desastre de inmaginables proporciones que se acerca con rapidez. Un desastre que cambiará la vida de todos aquellos que habitan nuestro planeta.

Descubra que nos espera en un futuro muy cercano e incremente sus posibilidades de sobrevivir.

SOBRE EL AUTOR

Stefan Paulus siempre tuvo conocimiento de Nostradamus, pero fue sólo hasta 1991 que él empezó a interpretar las predicciones a manera de pasatiempo. Al principio del análisis de los cuartetos (profecías en forma de poemas de cuatro lineas) escritos por el Profeta Francés, parecían erróneos y sin sentido. Esto motivó a Stefan a iniciar una intensa investigación al respecto dando como resultado este libro años después.

Entre sus estudios se resalta El Yoga, Técnicas de Meditación Oriental y Occidental y las Artes Marciales, del cual es atualmente instructor. La variedad de sus intereses incluyen entre otros la agricultura orgánica, ejercicios aeróbicos, miembro activo en su comunidad y la construcción.

En la actualidad el autor vive en la ciudad de Chicago, con la esperanza que al momento de su retiro, pueda hacerlo en un ambiente rústico donde pueda experimentar aún más con la agricultura orgánica que se acomoda a la perfección a su estilo de vida.

CORRESPONDENCIA AL AUTOR

Para contactar o escribir al autor, o si desea más información sobre este libro, envíe su correspondencia a Llewellyn Worldwide para ser remitida al autor. La casa editora y el autor agradecen su interés y comentarios en la lectura de este libro y sus beneficios obtenidos. Llewellyn Worldwide no garantiza que todas las cartas enviadas serán contestadas, pero si le aseguramos que serán remitidas al autor.

Favor escribir a:

Stephan Paulus
c/o Llewellyn Worldwide
P.O. Box 64383, Dept. K516-9
St. Paul, MN 55164-0383, U.S.A.

Incluya un sobre estampillado con su dirección y $US1.00 para cubrir costos de correo. Fuera de los Estados Unidos incluya el cupón de correo internacional.

NOSTRADAMUS 1999

1999 NOSTRADAMUS

¿QUIÉN SOBREVIVIRÁ?

por:

Stefan Paulus

Traducción:
Edgar Rojas
Gloria Restrepo

1999
Llewellyn Español
St. Paul, Minnesota, 55164–0380, U.S.A.

Edición y coordinación general: Edgar Rojas
Diseño de portada: Tom Grewe
Fotografía de la portada: Images copyright© 1995 PhotoDisc, Inc.
Título original: *Nostradamus 1999*
Traducción: Edgar Rojas, Gloria Restrepo

primera edición
Primera Impresión, 1997
Segunda Impresión, 1998
Tercera Impresión, 1999

Librería del Congreso. Información sobre esta publicación.
Library of Congress Cataloging-in-Publication Data

Paulus, Stefan, 1956-
  [Nostradamus, 1999. Spanish]
  Nostradamus, 1999 : ¿quién sobrevivirá? / Stefan Paulus ;
  traducción, Gloria Restrepo, Edgar Rojas
       p.   cm.
   ISBN 1-56718-516-9 (trade paper)
   1. Nostradamus, 1503-1566. 2. Prophecies (Occultism) 3. Twenty
-first century--Forecasts. I. Title.
BF1815.N8P3818   1998
133.3--DC21   97-48469
                                                                  CIP

La Editorial Llewellyn no participa, endorsa o tiene alguna responsabilidad o autoridad concerniente a los negocios y transacciones entre los autores y el público. Las cartas enviadas al autor serán remitidas a su destinatario, pero la editorial no dará a conocer su dirección o número de teléfono, al menos que el autor lo especifique.

Llewellyn Español
Una división de Llewellyn Worldwide, Ltd.
P.O. Box 64383, Dept. K-516-9
St. Paul, Minnesota 55164-0383 U.S.A
www.llewellynespanol.com

*Este libro ha sido escrito con la vehemente esperanza
que este equivocado, que los sucesos previstos nunca ocurran
y que la devastación incalculable no llegue a suceder.*

CONTENIDO

EL MUNDO

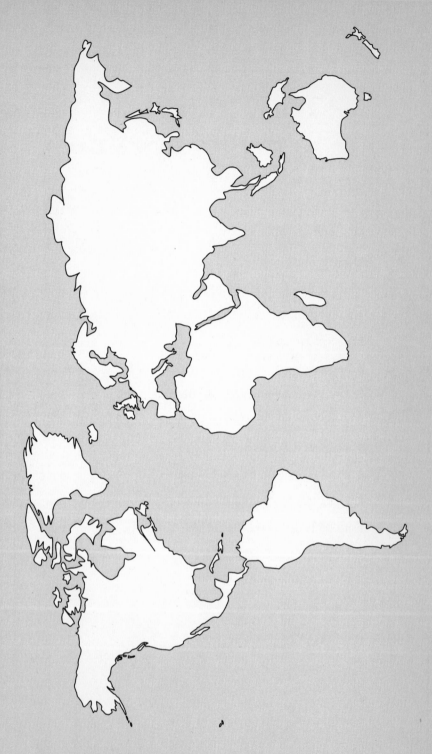

EUROPA

ASIA OCCIDENTAL

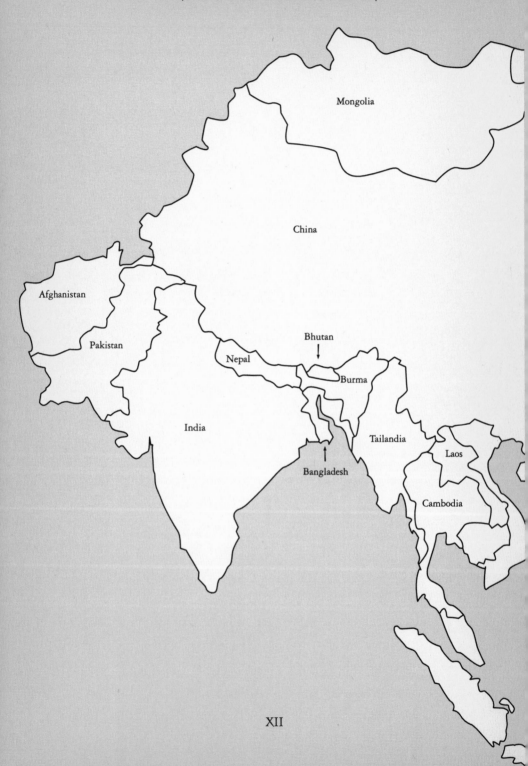

AFRICA

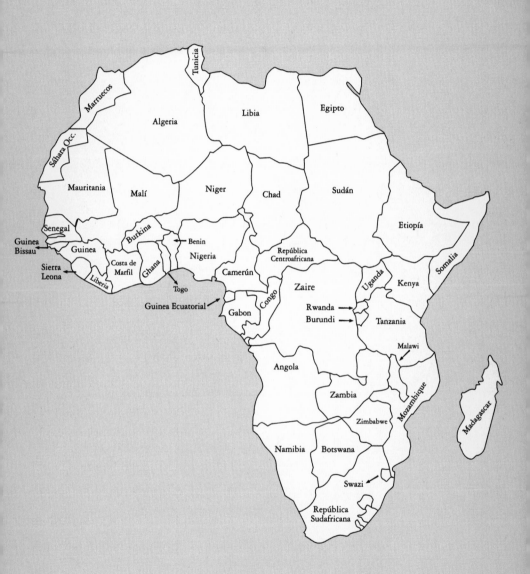

MEDIO ESTE

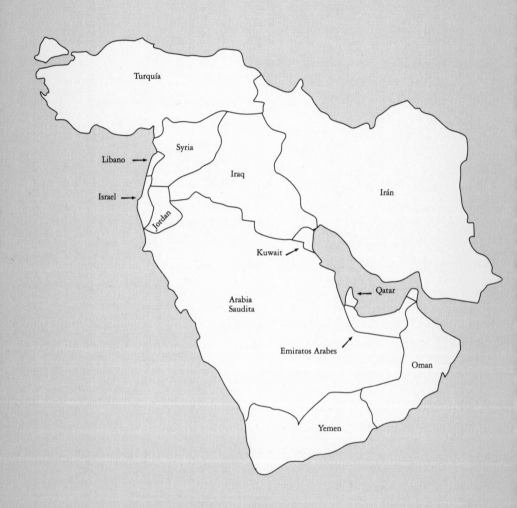

INTRODUCCIÓN

El libro que tiene en sus manos es único entre todos los trabajos alguna vez escritos sobre las profecías de Nostradamus. Contiene siete elementos especiales:

1. La omisión de cuartetos* que se consideran del tiempo pasado.

2. Un intento de ordenar estos cuartetos restantes en su orden original y cronológico. Cuando los cuartetos son arreglados de nuevo en su orden original aparece una ilustración clara de lo que puede ocurrir en un futuro cercano. Es como la imagen resultante de un rompecabezas armado comparado con las piezas sueltas sin ningún significado preciso.

3. Una explicación clara de la última predicción de Nostradamus donde se menciona específicamente el séptimo mes de 1999 y su posible significado.

4. La correlación de predicciones de Nostradamus con profecías Bíblicas, en especial las que aparecen en el *Libro de las Revelaciónes*.

---

* Predicciones, profecías.

5. La correlación de predicciones de Nostradamus con la devastación del medio ambiente que atraviesa el mundo hoy en día, particularmente en cuanto a la capacidad global para producir alimentos.

6. La correlacción de predicciones del resurgimiento de las creencias Islámicas sobre el fin del mundo y como afectarán la próxima generación.

7. Finalmente, mientras muchos investigadores sobre los trabajos de Nostradamus han descrito vagamente su visión de una futura guerra apocalíptica, sólo este libro explora completamente el vínculo entre las predicciones de Nostradamus y una visión detallada, batalla por batalla, de lo que una cercana III Guerra Mundial puede traer consigo.

Antes de proceder con el primer cuarteto, hay varios elementos que debemos notar.

Primero— Nostradamus premeditadamente mezcló el orden de sus cuartetos, escribiendo cada uno por separado en una hoja de papel, y luego tiró todas las hojas al aire. Después de esta minuciosa combinación, numeró los cuartetos en el orden en que los recogió. Ya que un intento para devolver ese orden original es presentado en este libro, un nuevo sistema numérico es necesario, además del que Nostradamus usó. Como resultado los cuartetos son numerados primero en paréntesis, de acuerdo a su orden de aparición en este libro. Este nuevo sistema numérico es un medio mucho más simple de referencia a los cuartetos en otras partes del libro. El sistema numérico que Nostradamus usó también se mantiene para esos lectores que desean comparar interpretaciones provenientes de otras fuentes. Por lo tanto, el primer cuarteto en aparecer está marcado (1) Siglo X, Cuarteto 72, el segundo como (2) Siglo III, Cuarteto 95, y así sucesivamente.

Segundo— Debido a su descendencia católico francesa, Nostradamus dirigió sus responsabilidades proféticas hacia su país e iglesia. Excepto por esos cuartetos que específicamente

XVI

mencionan otro país, se supone que cualquier otro país sin nombre es Francia.

Tercero— Es claro en muchas partes de las escrituras que Nostradamus predijo una época futura de gran maldad y destrucción por toda Europa, especialmente en Francia. Parece también que debido a su misión como "profeta guardián" en su país, muchas de sus profecías se refieren a esa época específica de peligro en el futuro de Francia, cuando la muerte y destrucción serán enormes y su país enfrentará dificultades sin precedente.

Cuarto— Mientras tuvo la necesidad de cambiar sus versos para evitar persecución contra su vida, Nostradamus debió haber dejado alguna clave que permitiría el eventual entendimiento de sus cuartetos. Esa clave es la unión de los temas encontrados en los mismos cuartetos. Por ejemplo, hay muchos que tratan sobre la aparición de un cometa; otros temas de cometas que se encuentran en esos cuartetos incluyen hambre, inundaciones y guerras. Debido a que hay otros cuartetos que enlazan unos temas con otros, se forma una imagen semejante a armar un rompecabezas.

Quinto— Hay un cuarteto que da una fecha específica con lo que parece ser la aparición de un cometa. Esa fecha es el séptimo mes de 1999. Es este cuarteto el que permite ligar unos 200 cuartetos relacionados a una fecha especifica y aproximada. Es ahí donde comienza la historia...

LA LLEGADA DEL GRAN REY DEL TERROR

(1) Siglo X, Cuarteto 72

El año 1999, séptimo mes,
del cielo vendrá un gran Rey del Terror:
Resucitando al gran Rey de los Mongólicos,
antes y después de Marte, para reinar felizmente.

Esta es la última de las profecías de Nostradamus con una fecha señalada. Algunas de las profecías que mencionan años específicos fueron acertadas, mientras otras fueron completos fracasos. Si hay *alguna* posibilidad de que él hubiera podido predecir el futuro, se deberá hacer un esfuerzo para averiguar que vaticinó cuando escribió este cuarteto. ¿Hay alguna posibilidad que Nostradamus podría tener razón a cerca de 1999? ¿Qué tan acertado ha sido hasta ahora?

Considere el siguiente cuarteto, la última profecía de este místico del siglo XVI aún por confirmarse:

(2) Siglo III, Cuarteto 95

La ley de More pronto caerá:
Una diferente aparecerá, mucho más seductora:
Dnieper caerá primero:
Con regalos y comunicación por otra más atractiva.

Durante los días de preparación universitaria de Nostradamus, Sir Thomas More publicó un libro con el nombre de *Utopía*; Nostradamus sin duda tenía conocimiento del libro. Utopía es sinónimo de paraíso y desde que el comunismo ha reclamado durante toda su historia que ha sido un "paraíso para el trabajador", la conexión con la Unión Soviética es clara. Nostradamus predijo la caída de la Unión Soviética, una realidad no olvidada en los muchos comentarios de quienes por muchos años han pronosticado su disolución y el fin del comunismo. No solamente Nostradamus predijo la caída del comunismo, pero también pronosticó que las nuevas repúblicas adoptarían otra forma de gobierno ("una diferente"). Esta forma de gobierno es una democracia mucho más "atractiva" y "seductora" que el comunismo como tal.

Nostradamus presagió en este cuarteto que el país a la orilla del río Dnieper ("Dnieper caerá primero") será responsable por ello. Este río corre a través del corazón de Ucrania, y su capital Kiev, localizada en sus orillas. La razón por la cual Nostradamus escogió esta área indica su posible capacidad profética, ya que en esos días esta región era la más distante del imperio Polaco–Lituano, sin recursos, escasamente poblada y sin poder para influir en los asuntos de ningún gobierno.

Pero en realidad fue Ucrania, la segunda república más grande (después de Rusia) de la U.S.S.R., que tuvo más influencia en la disolución de la unión. Los Ucranianos también se opusieron a la creación de la Comunidad de Estados Independientes (CIS) permitiendo aún más la disolución del imperio soviético.

El final de este cuarteto indica que este cambio del comunismo a la democracia iba a ser pacifico y por medio de la diplomacia con países extranjeros ("comunicación") y promesas de "regalos" del Occidente. Sorprendentemente, así fue como Ucrania logró su independencia.

Habiendo establecido que Nostradamus acertó en esta predicción junto con zotras a través de los siglos, podemos dar atención nuevamente al Cuarteto (1). Nostradamus da una fecha: el séptimo mes del año 1999. ¿Pero es el mes de julio? Mientras que la palabra "sept" en Francés significa "séptimo", posiblemente indicando el mes de julio, "sept" podría también ser interpretado como una abreviatura para el mes de septiembre. Además, septiembre originalmente era el séptimo mes. Llegó a ser el noveno mes sólo después de que Julio César y su sucesor, Augusto, crearan y nombraran los meses de julio y agosto en sus nombres, desplazando los últimos cuatro meses del año por dos. El mes pensado pudo ser julio o septiembre. Más al respecto se hablará en capítulos posteriores.

El cuarteto continúa diciendo algo "grande" cayendo del cielo causando terror a gran escala mundial. ¿Qué puede ser esto? Debe ser algo visible al mundo entero y por un largo período de tiempo suficiente para crear terror. El tiempo de visibilidad y grado de terror excluye cualquier evento humano; el único posible es una guerra nuclear, y ese incluiría muchos "reyes" de terror, no sólo uno. Además, como el terror requiere de tiempo para llegar a su cima, los quince minutos o menos que son necesarios para el aviso del acercamiento de armas nucleares no son suficientes. Entre todos los eventos naturales el único posible es un enorme cometa, y la única causa de terror será el conocimiento de que se aproximará a la tierra.

Este cuarteto también da a entender que el cometa estará asociado con cambios en la estructura política de las naciones del mundo; causará un resurgimiento en el poder de los estados asiáticos, particularmente Mongolia. El "Gran Rey de los Mongólicos" fue Genghis Khan, el primer y más importante gobernante del Imperio Mongólico. Nació en la oscuridad en 1162 en lo que hoy es el Noroeste de China, y murió en el año 1227. Los años entre estas dos fechas marcan la vida del gobernante de uno de los imperios más grandes que el mundo haya conocido alguna vez. Veinticinco años después de haber llegado a ser cacique de la tribu, Genghis fue amo de la mayor parte del mundo conocido en ese entonces. Poco después de su muerte el Imperio Mongólico se extendía desde Korea hasta Alemania e Italia, desde la parte Norte de Rusia hasta la India e Irak. En 30 años de permanencia en las costas del mar Adriático, el ejercito Mongólico llegó hasta Japón y Java. Pero ellos fueron más que sólo conquistadores. Como perpetradores de genocidio fueron los asesinos en masa más eficientes desde los antiguos Asirios, y su record no fue superado hasta las masacres de Hitler, Estalin y Mao en el siglo XX.

Genghis Khan llevó a cabo sus guerras de conquista en términos de una orden recibida de Tengri (Poder Supremo Eterno). Genghis vio el imperio Mongólico como la creación de un imperio mundial. La construcción de ese imperio era la voluntad de Tengri, quien le dio a Genghis y sus descendientes, el derecho de gobernar el mundo entero. En su cumbre, el imperio Mongólico alcanzó hacia el Oeste hasta la actual Alemania y la frontera Italiana con Croacia. Si los Mongólicos en realidad hubieran emprendido una invasión de Alemania e Italia, es difícil imaginarlos siendo rechazados por las fuerzas de una dividida y desorganizada Europa, especialmente desde que las tropas Mongólicas en sólo Europa excedían en número las fuerzas combinadas de todos los reyes juntos de Europa occidental. Además, los Mongólicos estaban mejor entrenados, usaban tácticas superiores, y nunca habían sido derrotados.

Esta invasión Mongólica de Europa Occidental, sin embargo, no iba a suceder. En marzo de 1242 el ejercito Mongólico recibió noticias de que Ogodei, el hijo y sucesor de Genghis Khan, había muerto hacia unos pocos meses. Esto detuvo al ejército Mongólico en su avance hacia el Oeste y emprendió el regreso a Mongolia en anticipación de una disputa por un sucesor. Después de esto, el imperio Mongólico estuvo preocupado con problemas internos, y nunca se aventuraron más lejos dentro de Europa y Rusia.

El final del Cuarteto (1) menciona a "Marte", el dios de guerra Romano. Nostradamus pronostica que una guerra precederá y seguirá (antes y después) los eventos de 1999. Mientras él no menciona en este cuarteto precisamente cuales países estarán involucrados, si pronostica una guerra prolongada, semejante a las conquistas Mongólicas. El hombre responsable de esta guerra vendrá ya sea de la actual Mongolia o del Noroeste de China, la misma región de donde provino Genghis Khan. Si hay algunas otras comparaciones similares con los Mongólicos, entonces diversas conclusiones pueden obtenerse. Primero, será una guerra religiosa, los invasores clamaran la autoridad de Dios como excusa para comenzar la guerra. Segundo, el imperio se formará rápidamente, posiblemente en una década como máximo. Tercero, el genocidio, o asesinato de civilizaciones enteras, sucederá a menudo en esta guerra. Podría llamarse III Guerra Mundial. Cuarto, esta campaña se extenderá desde Asia hasta el corazón de una Europa desorganizada. Finalmente, los ejércitos atacantes desde el Este excederán en número a los defensores de Europa Occidental.

Examine los siguientes cuartetos que se relacionan con lo hasta ahora mencionado:

(3) Siglo V, Cuarteto 32

Donde todo es perfecto y abundante en la tierra,
su ruina se acerca:
De el cielo avanza para cambiar su suerte,
en la misma condición como la séptima roca.

La última parte es la clave para entender este cuarteto. ¿Cuál es la "séptima roca"? Un cometa no es realmente una roca, es una bola de tierra y nieve la cual viaja sin dirección fija a través del Sistema Solar en órbita alrededor del Sol. Sin embargo, a diferencia de los planetas, órbitas cometarias, en forma elíptica o casi parabólica, frecuentemente cruzan las órbitas de los planetas. El Cuarteto (1) predíjo un cometa en el "séptimo mes".

Luego habrá otro objeto, apareciendo junto ("en la misma condición") con el cometa, durante el séptimo mes, el cual puede ser julio o septiembre.

Estos dos cuartetos también comparten un concepto común además del "séptimo" tema; ambos también contienen las palabras "de el cielo". Ambos objetos (el cometa y la "séptima roca") aparecen "de el cielo" más bien que "en el cielo". La teoría es que estos dos "objetos" se aproximan a la tierra desde el espacio y no desde la atmósfera. Para interpretar la primera línea del cuarteto, esto ocurrirá durante una época donde "todo es perfecto y abundante en la tierra". Mientras muchos no consideran tener una abundancia de bienes, sí Nostradamus pudiera haber visto el moderno siglo XX, ¿qué más podría haber concluido de su perspectiva en el siglo XVI? Cualquiera que tenga una vivienda con agua potable, luz eléctrica, calefacción, aire acondicionado, nevera, televisión, radio y teléfono tiene un nivel de vida más alto, incluso mayor que la persona más opulenta del mundo, tuvo sólo hace un siglo. Además de estas comodidades, la Civilización Occidental también tiene una abundancia de alimentos, vestimenta y cuidados de salud que es inigualable en toda la historia.

También, note que el cometa no es la causa directa de la destrucción; el segundo objeto misterioso, "la séptima roca" es el responsable. Precisamente cual es este misterioso objeto será explicado en un cuarteto más tarde. El siguiente cuarteto ayuda a confirmar la fecha:

(4) Siglo II, Cuarteto 46

Después de un gran problema para la humanidad.
El gran motor los siglos renueva:
Lluvia, sangre, leche, hambre, hierro y peste,
en el cielo se ha visto fuego, una chispa larga cruzando.

El último verso es bastante claro, "una chispa larga cruzando" el cielo puede ser sólo un cometa. Esto era una expresión bastante común en la época de Nostradamus. El primer verso se refiere a la II Guerra Mundial, ciertamente el "problema" más grande para la humanidad en este siglo, una guerra en la cual se perdieron cincuenta millones de vidas y destruyó la mayor parte de Europa y Asia. Nostradamus señala que viene una III Guerra Mundial "más grande" que la segunda. "El gran motor los siglos renueva" es una expresión familiar que indica que este "gran problema" ocurrirá cerca del cambio del milenio, por ejemplo cerca del año 2000. "Hierro" es símbolo de armas y guerra. "Peste", "sangre" y "hambre" se sobre entienden. El significado de "lluvia" y "leche" no es claro, una posible explicación se dará más tarde.

La aparición de un cometa en 1999 ha sido relacionada con una "ruina" que viene del cielo, la guerra, el hambre y la enfermedad. ¿Pero exactamente en que mes ocurrirá esto, julio o septiembre? La respuesta se encuentra en el siguiente cuarteto:

(5) Siglo III, Cuarteto 34

Cuando ocurra el eclipse Solar,
a plena luz del día se verá el monstruo:
Todo el mundo discordará en la interpretación,
altos precios sin control, nadie se habrá preparado.

Los eclipses Solares son un fenómeno frecuente, ocurren cada seis meses más o menos. Sin embargo, eclipses totales son más raros, sólo 28% de todos los eclipses, y el tiempo promedio entre eclipses Solares totales en cualquier sitio es aproximadamente 410 años. En los años desde la muerte de Nostradamus han ocurrido sólo unos cuantos eclipses totales en cualquier parte de Francia, así que el posible cumplimento de este cuarteto ha sido muy limitado hasta hoy. Sin embargo, el próximo eclipse Solar más grande de este siglo será en agosto 11, 1999, y pasará justo por medio del corazón de Francia. Nostradamus, como francés, escribía acerca de Francia a menos que otro país fuera especificado. Desde que ningún país es mencionado, esto parece referirse a un eclipse total en Francia.

Durante este eclipse Nostradamus predice que un "monstruo" será visible. ¿Pero es este monstruo un cometa? El libro de Johanes Hevelius, *Cometographia*, publicado en la ciudad de Danzig (hoy Gdansk, Polonia) en el año 1668, incluye dibujos de varios tipos diferentes de formas cometarias vistas entre 1577 y 1652, un período un poco después de la muerte de Nostradamus. Varios de los cometas son clasificados como "monstruosidades" y en particular la figura K en ese libro representa tres de estos cometas. Es claro que Nostradamus pensó en un cometa cuando escribió "monstruo". Este "monstruo" será visible durante el eclipse, pero por lo visto es invisible antes y después. Si el "monstruo" es un cometa, luego vendrá hacia la tierra por detrás del Sol, siendo visible sólo cuando la Luna eclipse al Sol. Este evento no es extraordinario. El cometa 1948 XI fue descubierto en noviembre 1, 1948, durante un eclipse total del Sol en Nairobi, la capital de Kenya. Se informó de haber sido tan brillante como Venus y haber tenido una larga cola. Después de terminado el eclipse, el cometa fue cubierto de nuevo por la luz deslumbradora del Sol y volvió a ser visible cinco días más tarde, después de alejarse del Sol.

El Cuarteto (5) señala una cantidad de opiniones acerca del significado del cometa. Algunos lo verán sólo como un evento natural del sistema solar, otros como una señal de Dios, y todavía para otros como una señal del acercamiento del fin del mundo, ya que ocurrirá cerca del final del segundo milenio. El último verso muestra que pocos estarán preparados para la calamidad venidera. El espectáculo durante el eclipse será lo suficientemente aterrador como para causar pánico y crear gran demanda de provisiones. El dinero, y el como ganárselo, serán secundarios a la adquisición de reservas de alimentos, agua, vestimenta, armas, etc.

Este cuarteto también responde a cuando ocurrirá "la ruina". Puesto que el cometa no será visto desde la tierra hasta agosto, la "ruina" debe ocurrir en septiembre, no en julio.

Exactamente en que consiste la "ruina" será explicado luego. Pero antes de seguir con Nostradamus, es necesario una información sobre cometas.

La mayoría de los cometas no son descubiertos hasta que cruzan la zona asteroide, la cual se extiende entre las órbitas de Júpiter y Marte. ¿Por qué? Es a esta distancia que el agua comienza a vaporizarse y el cometa forma una cabellera, apareciendo su borrosa cabeza. A esta distancia aparece un cometa brillante como una estrella de cuarta o quinta magnitud. Esta "estrella" está rodeada de una niebla debido a la formación de la cabellera. Los cometas son escasamente descubiertos antes de formar su cabellera, y si el cometa se pierde en el resplandor del Sol cuando está formando su cabellera, puede pasar por inadvertido. En realidad hay muchos casos en los cuales se descubren cometas durante eclipses totales del Sol, y que fueron previamente invisibles debido al resplandor del Sol. Al respecto el Cometa 1948 XI no fue poco común. ¿Pero aún, no es extraordinario que un cometa sea descubierto cerca al Sol? No, en realidad la mayoría de los cometas son descubiertos después de que han alcanzado su punto más aproximado al Sol y están en su ruta, fuera del sistema solar.

¿Podrán los satélites espaciales y los lejanos cohetes espaciales descubrir el cometa antes que aparezca durante el eclipse total del Sol? Probablemente el gobierno lo descubra, pero eso no quiere decir que le informarán al publico. También, considere que pasó en 1979. En ese agosto, el Laboratorio de Investigación Naval de Estados Unidos fotografió por medio de un satélite, el previamente desconocido cometa XI de 1979 cuando chocaba contra el Sol, pero el hecho permaneció sin ser reportado por dos años y medio, hasta que investigadores miraron la película.

Nostradamus escribió otro cuarteto el cual indica que el cometa se aproximará a la tierra por detrás del Sol:

9

(6) Siglo VI, Cuarteto 6

Allá aparecerá hacia el Norte
no lejos de Cáncer la estrella barbada:
Susa, Siena, Boeotia, Eretria,
el grande de Roma morirá, la noche termina.

"Estrella barbada" era otra expresión común en la época de Nostradamus para un cometa, la "barba" siendo la cola del cometa, y la "estrella" su resplandeciente cabellera. Al tiempo del eclipse solar de agosto de 1999, el Sol estará casi fuera de Cáncer y avanzando hacia Leo. Como se afirma este cuarteto, el cometa aparecerá "no lejos de Cáncer": Luego debe acercarse a la tierra por detrás del Sol. Pocas semanas después la órbita de la tierra alrededor del Sol girará hacia una trayectoria casi de frente con el cometa, así que el choque ocurrirá a una gran velocidad. Un cálculo aproximado de esa velocidad se hará más tarde. Es también notable que el cometa, estando cerca de Cáncer, se aproximará al Sol en la superficie eclíptica, la misma superficie en la cual están los planetas. Un cometa a una órbita de noventa grados de la tierra (viniendo del polo) cruzará la órbita de la tierra por uno o dos lugares cuando más, y aun si sólo esta exactamente a 93,000,000 millas del Sol. Sin embargo, un cometa circulando en la superficie de los planetas puede gastar mucho tiempo cruzando la órbita de la tierra. La primera línea también indica que el cometa será más visible desde el hemisferio Norte ("Allá aparecerá hacia el Norte"), una delicada observación ya que durante el verano en el Hemisferio Norte el Sol está alto en el cielo, casi por encima, y el cometa será fácilmente visible cuando reaparezca unas pocas semanas después del eclipse. Los habitantes en latitudes medias del Hemisferio Sur, con el Sol bajo en el cielo norteño, tendrán una vista más pobre del cometa ya que este estará cerca del horizonte.

"Susa, Siena, Boeotia, Eretria" es difícil de interpretar por lo que nombra los lugares sin ninguna actividad. La explicación de Nostradamus sobre su importancia fue impuesta hasta cierto

10

punto por rima y longitud del verso, por tanto la importancia de estos lugares está abierta a interpretación. Erika Cheetham, en su libro The Final Prophecies of Nostradamus agrega, sin ninguna explicación, "temblará", a su interpretación al final del verso. Eso parece razonable, y esa interpretación será usada aquí también. ¿Por qué es razonable? Considere los lugares; Susa está al Noroeste de Italia, Siena en el centro de Italia, Boeotia una provincia al Sureste de Grecia, y Eretria en la isla de Euboea, justo al Este de Boeotia y Noreste de Atenas. Estás áreas sísmicamente activas están cercanas al borde del plato tectónico de Africa y Europa.

El límite exacto del plato tectónico Afro–Europeo es difícil de determinar debido al empuje de la corteza terrestre, pero se mueve a una velocidad aproximada de cuatro pulgadas al año deslizándose hacia el Norte por dentro y por debajo del plato Europeo. Este choque formó Los Alpes y Los Pirineos, los volcanes Vesubio y Etna, y una región activamente sísmica. Luego la razón lógica para juntar diversas áreas como Susa, Siena, Boeotia, y Eretria es que un terremoto de grandes proporciones causará deslizamientos de grandes secciones del plato Africano debajo del plato Europeo.

Durante este terremoto el Papa morirá ("el grande de Roma morirá") obviamente junto con mucha otra gente. A propósito, la teoría de plato tectónico ha sido aceptada por los científicos sólo en los últimos veinticinco años, y aquí Nostradamus coloca la longitud de la falla acertadamente. ¿Cómo pudo hacer esto sin algún conocimiento del futuro?

Hay más cuartetos relacionados con la aparición del cometa:

(7) Siglo II, Cuarteto 41

La enorme estrella arderá por siete días,
la nube causará la aparición de dos soles:
El mastín grande aullará toda la noche
cuando el gran pontífice cambie de país.

"La enorme estrella" se refiere al cometa, la "nube" su cabellera de apariencia borrosa. Por "siete días" "arderá" en el cielo lo suficientemente brillante para dar la ilusión de un segundo Sol. Note de nuevo que este será un cometa a la luz del día, viniendo de la misma dirección del Sol. Si viniera de otra dirección, sería visible durante la noche, no en el día. El brillo y el tamaño del cometa también indican un paso próximo a la tierra. La proximidad del cometa a la tierra en ese momento muestra que este cuarteto debe tener una fecha después del eclipse de agosto de 1999; pero antes de que ocurra la ruina del Cuarteto (3). El por qué debe ocurrir antes de la "ruina" será explicado más tarde. El "mastín grande" generalmente es aceptado como un símbolo para Gran Bretaña, el "aullido" indica una época de severa angustia nacional en ese país. El terremoto al Sur de Europa mencionado en el Cuarteto (6) no sólo matará al Papa, pero es de alguna forma conectado con el mismo Papado transladándose de Italia a otro país.

Tan detallado y fascinante como es este cuarteto, ¿es realmente posible? ¿Puede realmente un cometa hacer parecer como si el cielo tuviera dos soles? Después de todo, aún un cometa grande mide sólo unas pocas millas de largo. ¿Y qué tendrá esto que ver con una emergencia nacional en Gran Bretaña, el Papado transladándose de Italia para otro país, y un fuerte terremoto a través del Sur de Europa? Antes de contestar estas preguntas, más información sobre los cometas es necesaria.

El último cometa con gran brillantes fue llamado The Great Daylight (La Gran Luz del Día) de 1910, algunas veces confundido con el cometa Halley, el cual apareció más tarde ese año. Fue claramente visible durante el día (de ahí su nombre) y más brillante que todos los cuerpos celestes excepto el Sol y la Luna. Su cola cubría la mitad del cielo.

Otro cometa raro fue llamado The Great Comet (El Gran Cometa) del año 1402, considerado como el cometa más bello alguna vez visto. Algunos documentos indican que fue visible a la luz del día por ocho días, y era tan brillante que proyectaba una sombra. El cometa de 1577 fue tan brillante como la Luna,

12

y como tal, podía ser visto a través de nubes delgadas. En 1811, apareció un cometa que tenia una cabellera más grande que el mismo Sol, muchas veces el diámetro de la tierra. El Gran Cometa de 1843 tenía una cola de más de 200 millones de millas de largo, lo suficiente para extenderse desde el Sol hasta más de 58,000,000 de millas más allá de Marte. El cometa Tebbutt (1861) fue tan brillante como Saturno y su cola se extendía 120 grados a través del cielo, dos terceras partes de horizonte a horizonte. ¡Era tan grande y brillante que la cabeza del cometa se confundía con la salida de la Luna! Otros cometas grandes y brillantes aparecieron en 1861 y 1882.

El cometa Hyakutake en marzo de 1996, fue fácilmente visible a simple vista y considerado el más extraordinario visto en los últimos veinte años, pero no se considera un cometa espectacular. El cometa Hale–Bopp en abril de 1997 fue presagiado como el más brillante desde el Gran cometa de 1843, pero ese tipo de predicción es difícil de hacer. A mediados de 1970 predicciones similares fueron hechas acerca del cometa Kohoutek, el cual no resulto ser muy brillante. Si, Hale–Bopp no fue tan brillante, y salvo la aparición de cualquier otro cometa entre 1997 y 1999, entonces en agosto de 1999 los únicos individuos vivos que alguna vez hayan visto un cometa verdaderamente brillante estarán en sus noventa años de edad. En contraste, el siglo antes de 1910 tuvo cinco cometas espectaculares. En los últimos siglos hubo una expectativa general que un cometa muy brillante aparecería cada diez años. El Gran Cometa de 1729 fue visible a simple vista, aunque lo más cerca que llegó al Sol fue sólo dentro de la órbita de Júpiter. Si hubiera pasado cerca a la tierra, hubiera reflejado suficiente luz solar como para leer un periódico en medio de la noche.

La falta de cometas bien brillantes desde 1910 es muy poco común. Aún el cometa Halley en 1986 demostró ser una desilusión, registrando su más pequeño resplandor en el cielo en más de 2,200 años. En el pasado el historiador Romano Pliny, notó la aparición de un cometa que era muy brillante para mirarlo directamente. Para contestar la pregunta planteada hace unos pocos párrafos, si es muy posible que un cometa de la apariencia que el cielo tenga un segundo Sol. Sin embargo, el cometa debe de ser un poco más débil que nuestro Sol, desde que no genera luz y reflejando sólo la luz solar.

Bastante interesante es que la cabellera de un cometa alcanza su tamaño máximo aproximadamente a la misma distancia en la cual la tierra órbita alrededor del Sol. A medida que un cometa cruza la órbita de la tierra, una cabellera del tamaño de la tierra es bastante común, y como señalamos anteriormente, una cabellera del tamaño del Sol es también posible. El cometa Lexell (1770), en el momento de su paso más próximo a la tierra, tenía una cabellera que parecía ser cinco veces el diámetro de la Luna llena. Un cometa a la luz del día con una cabellera por lo menos del tamaño de la tierra pasando lo más próximo a ésta sería por cierto una escena espectacular. Y como la mayoría de los cometas conocidos tienen una órbita casi parabólica con su perihelio (su punto de aproximación más cercano al Sol) aproximadamente a 1 AU (la distancia de la tierra al Sol), el cometa Great Daylight puede estar oscilando cerca a la tierra cuando esté casi tan lejos del Sol como de la misma tierra, con su cabellera a su tamaño máximo, probablemente del mismo tamaño de la tierra, o más grande.

Aún cuando sería un hecho extraordinario, este evento no sería del todo único. Un cometa vendrá tan cerca como la Luna (240,000 millas) en promedio una vez cada 2,000 años. Compare eso con el cometa Hyakutake, el cual en su paso más cercano a la tierra estaba todavía a 9 millones de millas de distancia. Una vez cada un millón de años más o menos un cometa con un diámetro de un kilometro (cinco octavos de una milla) en efecto choca con la tierra, luego las probabilidades que un cometa de un kilometro choque en un año dado son una en un millón. ¡En un informe de 1992, NASA estimó las probabilidades de que la tierra fuera golpeada por un cometa, un asteroide, o un meteorito grande en toda una vida de sólo 1 en 10,000! El informe indica que esto puede "posiblemente acabar la civilización como la conocemos" y quizás aún "amenazar la supervivencia de la especie humana". Compare esto con la posibilidad que tienen los ciudadanos de Estados Unidos de ser alcanzados por un rayo (1 en 9,100), ser asesinado este año (1 en 12,000), morir en un incendio este año (1 en 40,000), morir en un accidente de automóvil (1 en 4,000,000) y morir en un accidente aéreo (1 en 4,600,000). ¡Imagínese! ¡Es casi 500 veces más probable que la tierra sea golpeada por un gran objeto espacial durante toda una vida que morir en un accidente aéreo!

Muchos toman muy en serio la posibilidad de morir en un accidente aéreo. La razón por la cual catástrofes de cometas y meteoritos no son tomados seriamente, es porque ocurren con poca frecuencia. Esta rareza es compensada por la inmensa destrucción que trae un impacto con un cometa. Eleanor Helin, una científica planetaria en el Laboratorio de Propulsión de Jets de la NASA en Pasadena, California, calcula que hay una probabilidad significativa que un asteroide del tamaño de una cancha de fútbol pueda chocar contra la tierra en el próximo siglo. Si golpea cerca a un área urbana, ciudades y suburbios serán completamente destruidos. "Encuentros cercanos" con objetos en el espacio no son raros del todo; en Estados Unidos y Canadá hay por lo menos 56 cráteres de meteoritos clasificados desde "grandes a enormes" y eso ni siquiera se tienen en cuenta los que explotan en lo alto de la atmósfera, arrollando la superficie de la tierra pero sin dejar cráter".

La última parte del Cuarteto (7) pronostica el traslado del pontificado a otro país. La única razón apropiada es el grado de destrucción que ocurrirá en Italia. También hay un precedente histórico para que la sede papal se encuentre en otra parte además de Roma. En 1309 el Papa Clemente V se trasladó a Aviñón, Francia, debido a guerras e inestabilidad política en Italia. Después de este período todos los Papas fueron franceses, vivían en Aviñón y eran fuertemente influenciados por el gobierno francés hasta que Gregorio XI devolvió el Papado a Roma en 1378. Nostradamus, hace de nuevo varias referencias al traslado del Papado a Francia, aparentemente por las mismas razones que Clemente V lo trasladó a Italia. Estos cuartetos se revisarán en otro capítulo.

Más cuartetos relacionados con la aparición del cometa:

(8) Siglo II, Cuarteto 62

Entonces Mabus morirá pronto,
ocurrirá una terrible derrota de personas y bestias.
Después, todos disputarán la venganza vista,
cientos ejecución, sed, hambre, cuando el cometa siga su curso.

Este es otro cuarteto que relaciona la aparición de un cometa con destrucción y guerra. Hay unas cuantas enfermedades capaces de matar a humanos y animales, así que la destrucción ("una terrible derrota") probablemente resultará de una guerra o severos cambios en el medio ambiente. "Mabus" es desconocido, y se considera un anagrama para una persona de futura importancia, o es también posible que sea una localidad. De este modo, Mabou Harbor, en Nueva Escocia, Canadá puede estar señalada para una destrucción (las reglas del anagrama que Nostradamus utilizó permiten no sólo el mezclar letras, pero también la substituirlas). Esta posibilidad es intrigante ya que Nueva Escocia fue primero una colonia francesa establecida 50 años después de la muerte de Nostradamus. Otros sitios geográficos posibles incluyen Tabus, Turquía; Babus, Afganistán; y Mabui, una pequeña montaña en la isla filipina de Biliram. Si Nostradamus señala un grupo de gente, los Mabus son los candidatos más probables. Ellos son una mezcla negroide, gente sudánica de cultura musulmana viviendo hoy en el este de Chad, en Africa Central. Chad es una antigua colonia francesa y los Mabus habían previamente combatido una jihad con los franceses en este siglo. Mientras que las posibilidades son interminables, no hay certeza que Nostradamus haya pensado en el término "Mabus". Se hará más claro como lo afirma el último verso, cuando aparezca el cometa.

Nota del autor— En julio de 1996 se publicó un artículo en la edición de *Selecciones* (*Reader's Digest*) titulado *Alarm Bells in the Desert*. En éste, el autor identifica al anterior Embajador de Estados Unidos en Arabia Saudita como Ray Mabus.

¿Se refiere esta profecía a él o algunos de sus familiares? Por su bienestar uno puede sólo esperar que no.

La última parte de este cuarteto dice "todos disputarán la venganza vista". Más tarde se aclara con qué chocará la tierra. Aquí Nostradamus señala, para explicar el cuarteto, que el "choque" sucederá con una venganza. ¿Qué tan cerca pasará el cometa por la tierra? Nostradamus responde esa pregunta en el siguiente cuarteto:

(9) Siglo II, Cuarteto 47

El gran enemigo viejo lamentándose muere envenenado,
las soberanías subyugadas por inmensas tropas:
Lloviendo rocas, cubiertos debajo de la cola ("Fleece"),
artículos de muerte en vano son mencionados.

Es incierto quien puede ser el "gran enemigo viejo". La derrota ("subyugadas") de por lo menos dos países ("soberanías") por gran número de tropas invasoras ("inmenso") en lugar de tecnología avanzada, evoca una imagen de Genghis Khan y su horda asiática. Los "artículos" son probablemente los de la Convención de Ginebra con respecto al comportamiento de tropas en período de guerra. Nostradamus predice que estos serán ignorados ("en vano son mencionados") y serán común las atrocidades.

Sin embargo, todo esto es bastante dudoso y puede aplicarse a cualquier época o guerra, excepto por la última parte. "Fleece" era una expresión común para la cola de un cometa y la única forma que puede "llover rocas" es si realmente la tierra pasa por entre la cola. La pregunta es ¿cuál cola? Muchos cometas tienen dos tipos de colas. La primera alargada y derecha y consiste en gases ionizados. Es conocida como la cola de gas o ion. La segunda es la cola de polvo, la cual es de forma más encorvada y de apariencia más nebulosa. Mientras la cola de ion de la mayoría de los cometas crea un mejor efecto de aspiradora que el que pueda ser producido en laboratorios científicos, la cola de polvo contiene una cantidad significativa de polvo y rocas arrojada desde el núcleo debido a la presión de la radiación y el viento solar. Por lo tanto la última parte parece describir un meteoro enorme a medida que la tierra pasa a través de la cola de polvo del cometa.

La tierra anteriormente ha pasado a través de la cola de cometas, la más notable en 1861. También en 1910 tropezó con el borde de la cola del cometa Halley y el cometa Suzuki–Signesa–Mori en 1975. Es interesante que Nostradamus comprendió que la cola de un cometa contenía polvo y rocas. Esto no fue totalmente comprendido ni siquiera por los científicos hasta este siglo. Si no como profeta, entonces él se debe honrar como un genio por su comprensión de Geología Planetaria y Astronomía además de ser reconocido en su época como doctor.

Todavía hay otro cuarteto acerca del cometa:

(10) Siglo II, Cuarteto 43

Durante la aparición de la estrella barbada,
los tres grandes príncipes serán enemigos:
Golpeados desde el cielo, paz en la tierra temblará,
Pau río Tíbet rebosará, serpiente colocada al borde.

La "estrella barbada" es, por supuesto, el cometa. Se desconoce quienes son "los tres grandes príncipes" línea, pero al parecer serán los líderes de tres países. Durante la aparición del cometa algo de gran peso caerá del cielo y chocará contra la tierra ("golpeado desde el cielo"). Este es el objeto misterioso previamente mencionado en el Cuarteto (3) como "la séptima roca". Está relacionado con un temblor en Pau al Suroeste de Francia y un temblor tan severo en Italia que el Río Tíbet rebosará sus orillas. No es claro que puede ser la "serpiente" de la última parte.

La clave para entender este cuarteto es "golpeado desde el cielo". Golpeado ¿por qué? La respuesta se encuentra en el siguiente cuarteto:

(11) Siglo I, Cuarteto 69

La gran montaña redonda de siete estadales,
después paz, guerra, hambre, inundaciones:
Rodará muy lejos inundando países enormes,
incluso antigüedades y enormes cimientos.

¿Qué podrá ser esta "gran montaña redonda"? El hecho que sea redonda implica que puede ser de forma esférica. Esto descarta cualquier objeto, tal como una montaña, que sea parte de la tierra, ya que sería más apropiado describir la montaña de forma cónica. El candidato más apropiado sería una roca de tamaño considerable. El único lugar para encontrar objetos de este tamaño que puede relacionarse con el resto del cuarteto sería en el espacio exterior, lo que en ese caso el objeto sería un meteoro. La tierra chocará con un meteoro, el Cuarteto (10) relató "choque" con el cometa. Cuarteto (9) habla de "rocas" en la cola del cometa, la "montaña redonda" del Cuarteto (11) debe estar incluida dentro de la cola del cometa. Nostradamus da la circunferencia del meteoro: Siete estadales* miden aproximadamente 4.250 pies.

Después del impacto habrá un breve período de "paz", seguido por "guerra" y "hambre". ¿Qué quería decir Nostradamus con "inundaciones"? Un impacto oceánico es implícito, lo cual no es sorprendente ya que casi tres cuartos de la superficie de la tierra están cubiertos de agua. Un choque oceánico de este tamaño ocasionará una enorme marejada, la cual se describe en la segunda parte. La marejada "rodará muy lejos" posiblemente alrededor del mundo. Inundará "países enormes", incluyendo algunos de ellos que tienen historias que van muchos siglos atrás ("incluso antigüedades"), tan bien como grandes potencias en el mundo ("enormes cimientos").

¿No sería mucho más simple estallar el meteoro antes que choque con la tierra? ¿Por qué no destruirlo o por lo menos des en

---

* Métodos de medir distancias a través de telescopios.

19

que ni los rusos ni los americanos poseen las herramientas para hacerlo. Para desviar un cometa, meteoro o asteroide para que no choque con la tierra se requiere el uso de armas nucleares localizadas a millones de millas de distancia del planeta, y ninguna de las superpotencias posee el medio para lanzar un cohete a esa distancia. También está la cuestión del momento oportuno para la explosión. La intercepción de proyectiles Scud durante la guerra del Golfo Pérsico con proyectiles Patriot fue bastante difícil; objetos espaciales son mucho más grandes, más pesados y más rápidos que los proyectiles Scud. Aún si los proyectiles pudieran llevarse hasta esa distancia es probable que la explosión no pudiera ocurrir al momento preciso, lo suficiente para hacer algún bien. Además, el cometa ni siquiera se verá hasta agosto y el meteoro chocará al mes siguiente. No habrá suficiente tiempo para preparar un lanza cohetes aún si el gobierno tuviera uno.

Ya que un cometa de buen tamaño tiene un núcleo de sólo unas cuantas millas de largo, ¿es realista que una "roca" en la cola de un cometa tenga un cuarto de milla de diámetro? Sí, hay muchos casos históricos de grandes cuerpos presentes en las colas de polvo de cometas. Mientras algunos pueden ser meteoros capturados por el pequeño campo gravitacional del cometa a través de los milenios, la mayoría parecen ser pedazos del mismo cometa. Por ejemplo, en 1908 del núcleo del cometa Morehouse salían fragmentos de tamaño proporcionado para volverse parte de la cola. Luego estos fragmentos también emitían colas, las cuales duraban unos cuantos días. Si no hubiera sido por la presencia de las colas, estos fragmentos hubieran pasado inadvertidos. Los astrónomos creen que la mayoría de los cometas, si no todos, rutinariamente pierden grandes pedazos de escombros durante su órbita alrededor del Sol.

La lluvia de meteoros son los residuos de las colas de polvo de cometas anteriores. Estos son otros ejemplos: En 1846 el cometa Biela se dividió en dos, el segundo cometa de 1882 (1882 II) se partió por lo menos en cinco núcleos individuales, en 1889 Brooks 2 arrojó por lo menos cuatro cometas más pequeños después de pasar a través del sistema de satélites de Júpiter, en 1916 el Cometa de Taylor (1916, l) se partió; el duodécimo cometa descubierto en 1947 (1947 XII) se dividió en dos, el cometa Ikeya–Seki (1965 VIII) arrojó varios fragmentos y en 1976 el cometa West se partió en cuatro fragmentos. Los astrónomos todavía no están seguros porque los cometas arrojan grandes pedazos de materia al espacio, pero el suceso es bastante común. Recientemente, en julio de 1992, el cometa Shoemaker–Ley (1993 e) pasó a unas 100.000 millas de Júpiter partiéndose por lo menos en veinte fragmentos, la mayoría de los cuales chocaron con Júpiter en una serie de explosiones espectaculares durante su siguiente paso por el planeta en julio de 1994. Algunas de las explosiones generadas por los choques fueron voluminosas; ¡la explosión más grande produjo una bola de fuego más grande que el planeta tierra! En toda la historia, esta es la primera vez que la humanidad ha sido testigo del choque de un cometa con otro planeta. Esto es un aviso de lo que ocurrirá algún día en el futuro de la tierra y un recordatorio de lo que ha sucedido muchas veces en la historia de nuestro planeta.

En el comentario sobre el Cuarteto (5) se hizo referencia a los cometas que Johannes Hevelius describió como "monstruosos", aparentemente el tipo de cometa que Nostradamus predijo que vendría. Dos de los cometas marcados como "monstruosos" muestran en sus dibujos aberturas desconectadas en sus colas que parecen indicar pedazos de fragmentos de cometas, cada uno mostrando su propia cola. Al referirse Nostradamus a los cometas "monstruosos" de Hevelius como el tipo de cometa que vendrá, nos advierte que también habrán grandes cuerpos en la cola del cometa Great Daylight de 1999.

Asumiendo un impacto oceánico del meteoro de Nostradamus ¿Qué tan desastroso sería el choque? Para contestar esta pregunta se debe calcular la cantidad de energía implicada. Esto se puede calcular conociendo la velocidad y la masa del meteoro. Luego se puede hacer una comparación con choques anteriores de materia interplanetaria con la tierra y con la energía generada en algunos eventos naturales.

Dividiendo la circunferencia del meteoro (4.250 pies) por la constante PI (3,14) da un diámetro cerca a 1.350 pies un poco más de cuatro décimos de un kilómetro. Suponiendo que el meteoro sea una esfera perfecta (varias suposiciones se deben hacer en los siguientes cálculos) su volumen será de 3.67×10^{13} cm.^{3}. Puesto que el meteoro parece ser un fragmento del cometa, puede tener una densidad igual al núcleo del cometa mismo. Sin embargo, hay todavía mucha duda acerca de la densidad de los núcleos cometarios. Durante la visita del cometa Halley en 1910, la densidad de su núcleo se calculó como dos veces la del agua, ó 2 gms. x cm.^{3}. Durante el paso del cometa Halley en 1986, la densidad fue calculada de nuevo entre 0.2 y 1.5 gms x cm.^{3}. Una densidad de menos de 1 gr. x cm.^{3} permitiría que el cometa flotara delicadamente en un cuerpo de agua lo suficientemente grande. Sin embargo, la descripción de Nostradamus del meteoro como una "montaña redonda" y "la séptima roca", más bien que una bola de nieve liviana, parece indicar una composición más densa, más rocosa que los valores obtenidos durante el paso del cometa Halley en 1986. Una composición más densa es sugerida ya que el meteoro en realidad alcanza la superficie del planeta. Objetos menos densos tienden a explotar en la atmósfera antes de chocar con la tierra. Una densidad de dos gramos por centímetro cúbico será usado en estos cálculos. Multiplicando el volumen (3.67×10^{13} cm.^{3}) por la densidad (2 gms. x cm.^{3}) da una masa de 7.34×10^{13} gms.

El cálculo de la velocidad del cometa y del meteoro a sus espaldas también implica alguna estimación. La velocidad de la tierra en su órbita alrededor del Sol es de 30 km./seg. (casi 19 millas/seg.). La velocidad de los cometas a 1 AU (la distancia de la tierra al Sol) es 42 km./seg. (26 millas/seg.) El impacto podría ocurrir a una velocidad de 12 km./seg. (7.4 millas/seg.) en caso que el meteoro choque la tierra por la parte posterior, a 72 km./seg. (45 millas/sec.) en una colisión de frente. Mientras un golpe lateral de uno u otro grado es probable, ya que la órbita de la tierra lo llevará de frente hacia el cometa que se aproxima, una colisión a velocidades por encima de la velocidad media de 42 km./seg. es probable y una velocidad cercana a la velocidad máxima de 72 km./seg. es posible. Una velocidad de 60 km./seg. será usada para calcular la energía involucrada en este impacto. A esta velocidad el meteoro viajará completamente a través de la atmósfera en menos de un segundo. Ni siquiera el océano sería suficiente para detenerlo porque en sólo una fracción de segundo el meteoro atravesará la profundidad completa del océano finalmente explotando en su fondo.

La energía descargada en el impacto es determinada multiplicando la mitad de la masa por el cuadrado de la velocidad. Observe que la variabilidad en la velocidad, la cual es cuadrado, es mucho más importante al total de la energía que cambia en la masa.

$$\text{Energía cinética} = \tfrac{1}{2}\, mv^2$$

Al reemplazar los valores resulta:

$$EC = \tfrac{1}{2} \times 7.34 \times 10^{13} \text{ gm.} \times (6.0 \times 10^6 \text{ cm.} \times \text{seg.})^2$$

lo cual se reduce a:

$$EC = 1.32 \times 10^{27} \text{ gm./cm.}^2$$

Un gramo/centímetro^2 (gm./cm.^{2}) es también conocido como un ergio. Un ergio es una unidad de energía muy pequeña, completamente desconocida en la vida diaria de la mayoría de la gente, pero puede ser convertida a unidades que son más comunes y comprensibles. La explosiones nucleares son medidas en millones de toneladas de TNT o megatones. Otro ejemplo del daño que puede ser causado por el impacto de un meteoro se puede encontrar en la revista "Final Frontier", edición de marzo/abril de 1992 en un artículo titulado "estaremos preparados ... cuando los mundos choquen". La revista describe un asteroide con un diámetro de un cuarto de milla (el mismo tamaño que predijo Nostradamus), viajando a unas 400 mil millas de la tierra. Si hubiera ocurrido un choque, el artículo también calcula una fuerza explosiva de 130 mil bombas del tamaño de la Hiroshima.

La idea de una explosión de 2 mil megatones de TNT es aterradora. Algunas comparaciones con la energía producida por otros sucesos naturales sería útil. Al amanecer de junio 30 de 1908 un cometa muy pequeño o un meteoro entró a la atmósfera y explotó a una altura de unas cuatro millas sobre el río Tunguska en una remota región de Siberia. Todos los árboles directamente debajo del lugar de la explosión permanecieron en pié, pero fueron empujados veinte pies bajo tierra y despojados de todas sus ramas. Al rededor del epicentro de la explosión, los árboles fueron derribados como palillos en un área de 750 millas cuadradas, a más de 15 millas del epicentro de la explosión. Desde el aire la escena de la destrucción se asemejaba a una rueda gigante de una carreta. Los sobrevivientes a 50 millas de distancia presentaban quemaduras a causa del calor de la explosión. Los caballos pastando a más de 400 millas fueron derribados y la vía férrea transiberiana casi se descarrila debido a las sacudidas de la explosión. El temblor de la tierra y las ondas de la explosión en el aire fueron registradas en sismógrafos y barómetros alrededor del mundo entero. El resplandor en el cielo era tan brillante que muchos europeos, tan lejos como Londres ¡podían leer el periódico afuera al anochecer sin necesidad de luz!

Recientemente, investigadores en la Antártida reportaron el encuentro de una capa delgada de polvo en el hielo el cual fue depositado en 1908. El polvo es rico en Iridio puro, indicando orígenes extraterrestres ya que el Iridio terrestre siempre se encuentra en aleación con el Osmio y el Platino. Luego este hecho fue conocido como el caso Tunguska. Todo esto causado por un objeto de sólo 160 pies de diámetro, viajando a una velocidad de 31 km./seg.: Nostradamus predijo que el impacto del meteoro venidero desprenderá más de 600 veces la energía del caso Tunguska.

Hay varias colisiones de otros meteoros enormes en el reciente pasado geológico. Duncan Steel del Observatorio Anglo–Australiano y Peter Snow un físico de Nueva Zelandia identificaron un cráter en ese país que parece fue causado por la explosión de Tunguska. Usando archivos locales de Maoni los investigadores estiman que la fecha de impacto fue aproximadamente hace 800 años.

Wakefield Dort, un geólogo de la Universidad de Kansas localizó en mal estado un cráter de una milla de diámetro en el medio de Nebraska. Después de examinar los sedimentos que llenaban el cráter Dort calculó que el impacto habría ocurrido hacia menos de tres mil años.

Otro cráter famoso es el Barringer Meteoro Cráter en Arizona cerca de Flagstaff. Aproximadamente hace 25 mil años un asteroide ferroso cortó un hueco enorme en el corroído desierto rocoso. El clima seco convierte este cráter causado por un meteorito en el mejor conservado del mundo. Aunque un poco más pequeño en tamaño que el meteoro Tungussska (cerca de unos 100 pies de diámetro) el centro ferroso de este meteorito aumentó la masa significativamente. Su masa ha sido estimada en 6.3×10^{10} gm y su velocidad 16 km./seg. Mientras la mayoría de los meteoritos se vaporizan al impacto, cerca de unas 30 toneladas de fragmentos han sido recogidas. El cráter que dejó tiene tres cuartos de milla de ancho y 600 pies de profundidad. La energía desprendida en esta explosión se calcula en mil bombas del tamaño de la de Hiroshima: La explosión venidera será 130 veces más poderosa que la que ocacionó el Meteor Cráter.

Grandes choques meteóriocos con la tierra no son raros, lo que es extraordinario es que ellos no ocurran con más frecuencia. Dos astrónomos de la Universidad de Arizona han calculado que asteroides del tamaño de 50 casas pasan entre la tierra y la órbita de la Luna cada día.

¿Cómo se comparan estas explosiones con el impacto al fin del período cretáceo hace 65 millones de años evento que ahora se califica como responsable de la extinción de los dinosaurios? El tamaño de ese objeto se calcula en un poco más de 6 millas de diámetro, convirtiéndolo en uno mucho más grande que el predicho por Nostradamus. La energía desprendida de esa explosión ha sido estimada en 100 millones de megatones de TNT, más de 50 mil veces la energía que tendrá el cometa de 1999. El impacto de un meteoro de un cuarto de milla de diámetro probablemente no destruya grandes cantidades de plantas y variedad de animales, pero el género humano ya se está encargando de eso. Además, cualquier ecosistema tambaleándose al borde de un colapso puede que no sea capaz de tolerar la tensión causada por cambios en el medio ambiente, o por una humanidad desesperada con la esperanza de sobrevivir al siniestro. Si un meteoro con el diámetro de un cuarto de milla choca con la tierra en 1999, la devastación y el desastre se darán con certeza.

Mientras la información ya mencionada sobre colisiones de meteoros nos ayuda a poner en perspectiva la energía involucrada, la imagen puede ser todavía un poco confusa para muchos lectores. Una comparación con las dos fuerzas más destructivas de la naturaleza, volcanes y temblores, puede ser útil.

La erupción volcánica más famosa ocurrida recientemente fue en Krakatoa, localizada en el estrecho de Sunda, al Sur de Sumatra y al Oeste de Java en Indonesia. En agosto 27 de 1883, una serie de cuatro violentas explosiones destruyeron al volcán y la mayor parte de la isla que ocupaba. La tercera y más grande explosión, se escuchó tan lejos como Singapur, al Oeste de Australia y a una distancia de aproximadamente 3 mil millas en la isla Rodríguez. Esta explosión destruyó las dos terceras partes de la isla. La onda causada por la explosión alcanzó en el aire el lado opuesto de la tierra 19 horas más tarde hasta pasar por Krakatoa nuevamente. En total se registraron siete pasadas de la onda causada por la explosión sobre la superficie de la tierra.

Volcanes localizados en islas, temblores bajo tierra y objetos espaciales que chocan en el océano todos pueden causar marejadas. Enormes marejadas ocurren cuando el fondo del océano se mueve causando olas en la superficie. En medio del océano, las enormes marejadas son relativamente poco profundos, quizás uno o dos pies de altura pero alcanzan hasta 100 millas de longitud. Un cambio tan pequeño en la altura de las marejadas sobre esa distancia tan amplia los hace imperceptibles a los buques en el medio del océano. Sin embargo, cuando las olas se aproximan a la costa el frente de la ola disminuye la velocidad pero la parte posterior continúa a toda velocidad obligando a la ola a elevarse a enormes alturas.

La altura original de una marejada desde Krakatoa era de más de 120 pies y pasó con mayor fuerza sobre Sava y Sumatra donde pueblos enteros fueron arrasados muriendo más de 40.000 personas. La parte de la enorme marejada que pasó a través del canal hacia el mar abierto causó en Ceylon (hoy Sri Lanka) una ola de más de tres pies de altura, y treinta y dos horas más tarde la ola llegó a la costa en Francia todavía con unos centímetros de altura.

Sobre el cielo de Krakatoa cenizas y gases fueron arrojados a 50 millas de altura, la cual es la máxima de la atmósfera. Antes de la erupción, el volcan tenía un pico de 2.640 pies sobre el nivel del mar. Después de la erupción el pico se había hundido a mil pies bajo el nivel del mar. El total de la energía desprendida no fue más de 150 megatones. El impacto meteórico será por lo menos 13 veces tan potente como eso. Aún más importante el volcán de Krakatoa soltó su energía en una serie de explosiones, sobre un período de tiempo. Los efectos desastrosos de un impacto meteórico, donde la energía es desprendida instantáneamente, serán mucho mayores. Por ejemplo, el volcán Mauna Loa en Hawai erupó en 1950 desprendiendo una energía similar al volcán Krakatoa, pero toda la energía fue desprendida lentamente, en forma de calor y los efectos destructivos fueron mínimos.

Mientras la erupción del volcán Krakatoa arrojó 5 millas cúbicas de rocas a la atmósfera y la erupción de la montaña Pinatubo en 1991 arrojó 30 millones de toneladas de partículas en la estratosfera, suficiente para cancelar el efecto de invernadero por varios años, ninguna de estas erupciones han sido las más poderosas en los últimos doscientos años. Ese honor le pertenece al volcán Tambora, en la isla de Sumbawa, también en Indonesia. Entre abril 5 y abril 10 del año 1815, repetidas erupciones arrojaron entre 25 y 40 millas cúbicas de desechos al aire, removiendo más de 3.600 pies de la cima del volcán. 10 mil personas murieron en la erupción inicial, y más de 80 mil murieron más tarde de hambre y enfermedades ya que la ceniza mató la vegetación en toda Sumbawa, Lambok y las islas aledañas.

27

La erupción del volcán Tambora también causó un efecto mayor en el clima alrededor del mundo al año siguiente. En el estado de New England las plantaciones de fruta no maduraron. En Pennsylvania nevó en junio. En Europa las cosas no estuvieron mucho mejor. En Londres llovió en los meses de mayo a octubre casi continuamente y la temperatura promedio entre 3° y 6° fahrenheit por debajo de lo normal. Cosechas malas en Gales e Irlanda condujeron a una enorme escasez de alimentos. A través de todo el hemisferio Norte, 1816 fue conocido como el "año sin verano" y el invierno siguiente como "mil ochocientos muertos de frío". ¿Por qué ocurrió esto? Mientras que no se pueden establecer cifras exactas, se calcula que polvo en la atmósfera del volcán Tambora redujo en un 20% el calor y la luz del Sol. Comparando la erupción del volcán Krakatoa con la erupción de 1812 de la montaña Katmai en Alaska la radiación solar se redujo sólo 10%.

Grandes erupciones volcánicas que afectan el clima de todo el planeta son comunes. El siglo anterior, en 1783, Benjamín Frankin notó un oscurecimiento parcial del Sol durante el verano seguido por un invierno muy frío. Demostrando una aguda percepción, él lo atribuyó a una erupción volcánica en Islandia.

La historia geológica reciente parece indicar que una o dos veces cada siglo una enorme erupción volcánica enfría el planeta por unos cuantos años. ¿Cuánta ceniza es necesaria para que ocurra este enfriamiento? En realidad muy poca ya que la atmósfera más alta es muy sensible al polvo. Una reducción en radiación solar del 20% sólo requiere $\frac{1}{1600}$ de una milla^3 de una ceniza muy fina en la estratosfera a 15 millas o más de altura. Entre más fino el tamaño del grano de polvo más lento para salir de la atmósfera.

La presencia de una gran cantidad de grano fino en la estratosfera puede causar un desastre ecológico. Por ejemplo, si la ceniza fuera reabastecida con frecuencia, luego una reducción de temperatura de 10° fahrenheit alrededor del globo sería posible. En comparación, hace 10 mil años la mayor parte del Norte de América y Europa se encontraban bajo una capa de hielo de una milla de espesor, pero la temperatura promedio alrededor del mundo era sólo unos grados más frío de lo que es hoy. Una de las consecuencias de un impacto meteórico será un invierno nuclear con duración de unos pocos años, posiblemente más. Si las consecuencias de la erupción del volcán Tambora se usan como guía, la cosecha del verano del año 2000 será desastrosa y el invierno del año 2000–2001 será sumamente severo. La resultante escasez de alimentos se sentirá alrededor del mundo y será sin precedentes en la historia de la humanidad.

Sin embargo, Tambora no fue la mayor erupción de las últimos dos mil años. Alrededor del año 150 a.C. el volcán Taupo en la isla Norte de Nueva Zelanda, eruptó en 8 ocasiones separadas, depositando más de 6 millas cúbicas de desechos sobre casi toda la isla, cubriendo 20.000 millas cuadradas con más de 4" de profundidad en ceniza y roca volcánica. Y mucho antes en la historia, todavía una erupción más grande ocurrió en los Estados Unidos cuando al Sur de Oregon el Mt. Mazama eruptó, arrojando una corriente de lava a más de 30 millas de distancia. Las cenizas de esa erupción cayeron sobre toda la parte Nor–oriental de Estados Unidos y tan lejos como Saskatchewan, Canadá. El derrumbamiento de la cima del volcán después dejó una caldera de seis millas de ancho y media milla de profundidad conocida hoy como Cráter Lake. En un pasado más lejano, el volcán Toba en la isla Sumatra de Indonesia (al parecer un área muy popular para fuertes explosiones volcánicas) explotó hace 74 mil años, dejando un lago de 500 millas^2 en el cráter de lo que fue una vez la cima de una montaña. Es estimado que Toba arrojó más de 11 millones de toneladas de cenizas y gas sulfúrico alrededor de 20 millas de altura. A esta erupción se le atribuye haber causado la edad de hielo. Es interesante notar que la tierra periódicamente crea sus propios inviernos nucleares, aún sin impactos cósmicos o meteóricos.

Además de los volcanes, los temblores de tierra son los únicos otros eventos naturales que desprenden tremendas cantidades de energía. En 1755, un gran movimiento en la unión de la plancha africana y europea en el océano Atlántico frente a la costa de Portugal, causó el temblor en Lisboa donde murieron 60 mil personas. El temblor produjo un levantamiento de 30 pies en el fondo del mar, el cual en turno produjo varias marejadas. El primero y más grande fue de más de 50 pies de altura y fue responsable por la mayor parte del daño y número de víctimas en Lisboa. Pero eso no fue todo. Los temblores se sintieron en la mayor parte de Europa y el Norte de Africa. El temblor también causó la muerte de 10 mil personas en Marruecos; otra vez, muchas víctimas causadas por una marejada. La ciudad de Argel fue casi completamente destruida. En Luxemburgo, 500 soldados murieron cuando se derrumbó un cuartel. Aún en Inglaterra causó grandes grietas en la tierra. En Escandinavia y Escocia, el agua en los grandes lagos se mecía rebosando las orillas, aunque el temblor no se sintió. Esta reacción en grandes masas de agua es conocida como una "seiche" y ocurre cuando hay terremotos de mucha duración causando resonancia a estos cuerpos de agua. Un terremoto muy grande puede hacer resonar el planeta entero como una campana. En agosto 15 de 1950 un terremoto de una magnitud de 8.4 en Assam, India mató a 30 personas ocasionó fluctuaciones en los niveles de reserva de agua en Inglaterra, al otro lado del mundo. Igualmente un enorme impacto meteórico probablemente resultará en seiches mundiales. Aún en los grandes lagos del centro del continente Norte americano, muy lejos de ser un lugar para un impacto oceánico, podrían verse serios daños después de muchos días debido a "seiches", mientras la energía vibracional resonante a través de la tierra es lentamente disipada.

En marzo 27 de 1964 ocurrió otro enorme terremoto en la costa de Alaska. La pérdida de vidas fue relativamente poca, sólo 144 muertos, pero el patrón de destrucción es interesante. El terremoto de Lisboa ocurrió mucho antes de la revolución industrial. El temblor de Alaska demuestra lo que un gran temblor puede causar a una ciudad moderna. En Seward, por ejemplo, el terremoto rompió oleoductos en una planta principal de almacenamiento de petróleo y causó voluminosas explosiones e incendios. Ya que las ondas de un terremoto viajan a través de la densa roca del fondo del mar a velocidades de casi mil millas por hora, mientras las ondas de una enorme marejada viajan a menos de 500 millas por hora, la enorme marejada siempre llega después del terremoto. En este caso el petróleo en llamas, tuvo tiempo de propagarse sobre el puerto, incendiando el agua. La marejada a continuación levantó el aceite ardiente y lo empujó profundamente dentro de la ciudad quemando todo bajo la marca de la altura de agua de la marejada. Toda la zona industrial fue destruida, incluyendo los patios del ferrocarril, central eléctrica, y 26 inmensos tanques de petróleo. Siete horas más tarde, cuando la enorme marejada llegó a la ciudad costanera de Crescent al Noroeste de California, todavía tenía suficiente fuerza para causar un incendio en otro depósito de petróleo.

Imagínese que puede hacer un inmenso terremoto, instigado por un choque de un meteoro en el océano, a instalaciones portuarias en el borde litoral del océano en el cual ocurra. Imagínese que puede hacer la marejada que lo sigue propagando incendios que seguramente ocurrirán después. Un incendio sin control es el riesgo más grande después de un inmenso terremoto. Es lo que convierte un desastre moderado en uno de proporciones históricas. El famoso temblor de San Francisco destruyó sólo el 20% de la ciudad, pero fue el incendio que lo siguió el que consumió la ciudad y causó la mayoría de las pérdidas. El incendio creció a tal tamaño que se convirtió en una "tormenta de fuego" cuando el calor generado creó vientos similares a los de un huracán que absorbía todos los objetos sueltos hacia ese infierno. Sin ese incendio, el temblor de San Francisco ni siquiera sería recordado.

Otro temblor, en la costa de Chile en mayo 22 de 1960, causó una marejada de más de 30 pies de altura sobre sus costas, pero cuando alcanzó la isla de Hilo en Hawai 15 horas más tarde, llegó a tierra firme a casi 40 pies de altura. ¿Cómo es esto posible? La forma del fondo del mar cerca de la costa afecta significativamente el tamaño de la marejada. Ensenadas, bahías y ríos pueden servir de embudo para la arremetida del agua y concentrar la fuerza. La marejada creada por el terremoto de Alaska en 1964 alcanzó mil pies de altura cuando bajó como un embudo, arrancó todo árbol de las laderas de las montañas. Los puertos, bahías y desembocaduras de ríos son puntos preferidos para facilidades de embarque, tanques petroleros y refinerías, e industrias de todo tipo. Una marejada generada por un meteoro en mitad del océano causaría estragos en todo puerto en este océano.

¿Qué tan grande será la marejada? No se puede generalizar, ya que muchos de los factores que influyen en su tamaño son determinados por la profundidad del mar y la forma cuando la marejada se aproxima a la tierra, pero se pueden hacer algunos cálculos. El impacto cometa/meteoro que causó el acontecimiento del período Cretáceo hace 65 millones de años dejó evidencia indicando que la su marejada tenía tres millas de altura.

Carl Sagan y Ann Druyan en su excelente libro titulado *Comet* (Cometa) cita del libro *Proyecto Icarus*, el resultado de un proyecto de un estudiante de ingeniería en el año 1968 del Instituto de Tecnología de Massachusetts. El proyecto calculaba las consecuencias de un choque de un enorme meteoro en el medio del Atlántico a mil millas al este de Bermudas. Se calcula que la energía emanada de ese meteoro fue de 500.000 megatones de TNT, ocasionando una explosión aproximadamente 250 veces el tamaño del desastre predicho para 1999. No obstante, los resultados de sus cálculos son muy ilustrados. El grupo estimó que una gran marejada golpeará a Boston, a más de 1.500 millas de distancia, con una pared de agua de 200 pies de altura. Esta ola llegará a la costa a una velocidad de aproximadamente 70 millas por hora, y ya que la cantidad de agua incluso en la marejada de tamaño moderado suma casi 2 mil toneladas por pie de playa, la destrucción de instalaciones costaneras será total. No será el Océano Atlántico el único lugar donde ocurrirán daños. Los autores del *Proyecto Icarus* calcularon que algunos lugares en el Océano Pacífico verán marejadas de 100 pies de altura.

Si un meteoro de un cuarto de milla de diámetro cayera en el medio del Atlántico ¿qué tan alta sería la marejada inicial?

¿50 pies? ¿100 pies? ¿Tal vez 200 pies o más en unos cuantos lugares desafortunados, especialmente donde el agua entrará como si fuera por un embudo hacia una bahía o desembocadura del río? En este momento no hay forma de saberlo. Pero imagínese los voluminosos complejos de refinamiento de aceite y petróleo químico del río Mississipi cerca del Golfo de México, una de las áreas industriales más críticas de los Estados Unidos, siendo golpeada por una pared de agua de "solo" 100 pies de altura desplazándose a 10 millas por hora. Oleoductos rotos derramarían material inflamable sobre muchas millas cuadradas. Una sola chispa de alguna parte podría ser desastrosa.

Tan importante como la altura de la marejada, es qué tan adentro en la tierra penetra el agua. En diciembre de 1992 un terremoto en Indonesia generó una marejada de 80 pies de altura que llegó mil pies tierra adentro. Otras marejada han arrastrado barcos en el Océano hasta tres millas tierra adentro. Todo lo encontrado, desde una milla hasta tres o aún cuatro millas de la costa rodeando el lugar del impacto será completamente destruido. En la parte baja del Mississipi la destrucción se puede extender río arriba por muchas millas lejos del Golfo y quizás tanto como dos o tres millas a cada lado del río. Un sólo incendio puede convertirse en una tormenta de fuego, imposible de extinguir. Las tormentas de fuego arderán con fuerza por semanas, posiblemente meses, hasta que toda fuente de combustible en la región haya sido agotada. Ya que una gran parte de la industria petroquímica de los Estados Unidos está localizada en el Mississipi delta, la pérdida de estas instalaciones resultaría en la mutilación de la economía entera en este país.

La escala Richter es la escala universal por la cual se mide la intensidad de un terremoto. Nombrada así por el Sismólogo Charles Richter (1900–1985), esta escala calcula el total de energía descargada en un terremoto determinando la amplitud de las ondas sísmicas en varios puntos alrededor de la tierra. Si la energía del choque del meteoro de Nostradamus fuera descargada toda en olas sísmicas en lugar de una explosión, ¿qué número clasificaría este impacto en la escala Richter? ¡1.32 x 1027 ergios se convierte en un número mayor de 14.0 en la escala Ritcher! En comparación, el terremoto de San Francisco en 1906 marcó 7.9 en la escala, el terremoto de Lisboa en 1755 se calculó en 8.6 y el terremoto de Alaska en 1964 en 9.2. El temblor de Chile en 1960 registró 9.6 en la escala, el cual puede ser el número más alto alcanzado por un terremoto no causado por un meteoro.

La fuerza destructiva de un terremoto de una magnitud de 14 es simplemente inimaginable. Sin embargo, la comparación entre terremotos y choques con meteoros es muy limitada. Ya que casi todos los terremotos ocurren en rocas frías y quebradizas de la corteza terrestre, por lo general no están a más de 12.5 millas de profundidad donde las rocas son muy flexibles para quebrarse. Sin embargo, los terremotos más superficiales ocurren por lo menos a 3 millas de profundidad, porque por encima de esa profundidad no se puede crear suficiente fuerza en las rocas para causar un terremoto. En cualquier terremoto hay por lo menos tres millas de roca aislante en el punto donde la energía es descargada y la superficie de la tierra, lo cual es bastante diferente de un choque meteórico donde la energía descargada ocurre en la faz del planeta.

Viajando a una velocidad de aproximadamente 40 millas por segundo, el meteoro atravesará completamente la atmósfera y el océano en menos de un segundo, explotando en la corteza terrestre en el fondo del océano. Partes del meteoro podrían aún penetrar unas cuantas millas dentro de la misma corteza. Las marejadas que ocurren a causa de terremotos son atribuidos a los cambios de altura en el fondo del mar debido al temblor. Como se notó durante el temblor de Lisboa un cambio en la altura del fondo del mar de 30 pies causó otra marejada de más de 30 pies de altura. Cambios en la altura del fondo del mar después de un choque meteórico de esta magnitud puede medirse en los miles de pies.

Otro factor que limita la comparación de energía emitida por terremotos con la colisión de meteoros es la forma en que esa energía es disipada. Los terremotos tienden a dispersar su energía a lo largo de la falla geológica, mientras choques meteóricos concentran su energía con exacta precisión. Como se notó anteriormente, las erupciones de Krakatoa y Mauna Loa soltaron la misma cantidad de energía, pero por la concentración en tiempo y espacio hubo mucho más destrucción en Krakatoa. La descarga instantánea y precisa de energía resultará en una marejada más grande y más destructiva que lo que podría generar cualquier terremoto con la misma descarga de energía, aún a un nivel de más de 14 en la escala de Richter.

¿Qué tan graves serán los daños causados por el meteoro de Nostradamus? Podría lanzar más cenizas, sin mencionar vapor y sal de mar, en la estratosfera que lo que hizo la erupción de Tambora, creando al mismo tiempo el terremoto más violento alguna vez visto. La destrucción en la tierra, aún a miles de millas de distancia, es simplemente inconcebible. Probablemente las marejadas llegarán a toda playa donde sea rodeado el océano a una altura de 50–200 pies, quizás mucho más en regiones industriales localizadas en las desembocaduras de los ríos y otras áreas "protegidas" del mar abierto que pueden servir del embudo para incrementar la fuerza del agua. La distancia no provee seguridad contra marejadas; ¡recuerde el terremoto de Chile de 1960 causó una ola más grande en Hawai que lo que hizo en Chile!

Además de los daños causados por el terremoto y la marejada, las tormentas de fuego resultantes se extenderán arrojando tremendas cantidades de hollín a la atmósfera, hollín que además servirá para bloquear la luz del Sol e infriar el planeta. ¡Un análisis reciente del hollín depositado en el momento del suceso del Período Cretáceo muestra que la tormenta de fuego resultante quemó aproximadamente una tercera parte de la vegetación del planeta entero!

La información antes mencionada sobre históricos impactos meteóricos, volcanes y terremotos ayuda a dar alguna perspectiva sobre la voluminosa energía emitida, pero todos estos ejemplos son sólo una imagen pálida de lo que una colisión con un meteoro puede realmente traer. Ya que Nostradamus invoca este desastre, ¿menciona dónde va a suceder? Una clave puede encontrarse en el siguiente cuarteto:

(12) Siglo IX, Cuarteto 31

El temblor de tierra en Mortara,
Tin St. George la mitad hundida.
Paz soñolienta la guerra despertará,
en el templo en pascuas abismos se abrirán.

"Mortara" está al Norte de Italia 35 millas al Suroeste de Milán. "Tin St George" es una referencia a Gran Bretaña y su santo patrón St. George. La parte "Tin" se refiere a las islas Scilly, cerca de las costas de Inglaterra, las cuales también son conocidas como las islas Tin. Aquí Nostradamus hace referencia a un área localizada en el plato fronterizo entre Africa y Europa el cual sufrirá un terremoto ("el temblor de tierra en Mortara"), y esta vez vincula el terremoto con una inundación que cubre la mitad de Inglaterra. Mientras Escocia y Gales tienen regiones montañosas, mucha parte de Inglaterra es plana y cerca del nivel del mar. De hecho, la mayoría de la población en Inglaterra vive a una altura de menos de 300 pies sobre el nivel del mar. También Inglaterra es una isla angosta y es imposible alejarse más de 70 millas de distancia del mar. En el caso que ocurra un impacto cerca a Gran Bretaña, la marejada podría inundar la mitad del país. Nostradamus insinúa que el meteoro chocará en la parte Norte del Océano Atlántico. Chocando cerca del borde en el fondo del océano los platos tectónicos de Europa y Africa, la sacudida servirá para rebotar estos platos, permitiendo la desunión temporal de estos y deslizarse uno sobre otro. El terremoto secundario resultante (el impacto siendo el temblor inicial) desunirá los límites de los dos platos tectónicos a todo lo largo y el terremoto se sentirá en todo el Sur de Francia, al Norte de Italia y Grecia.

La última parte del cuarteto es difícil de entender. "Paz soñolienta la guerra despertará" se podría entender mejor como "después de una soñolienta paz, la guerra despertará y caerá sobre la humanidad". "En el templo en Pascuas abismos se abrirán" es aún más difícil de entender. Ya que se supone que esto ocurrirá en septiembre ¿cómo se puede mencionar pascuas? Es posible que Nostradamus no se esté refiriendo al festín de pascuas pero si a un edificio que contiene la palabra "pascuas" como parte de su nombre. Otra posibilidad es que esté indicando un suceso que ocurrirá algunos meses más tarde, tal vez un enorme terremoto después del choque. Puesto que él menciona una guerra, la cual posiblemente no empezará por meses, tal vez años, después del impacto, es muy posible que se esté refiriendo a un evento que ocurrirá la siguiente Pascua. Sus intenciones no se pueden determinar con precisión en este momento.

Dos cuartetos previamente discutidos (7) y (10) también indican un sitio para el impacto en el océano Atlántico. En el Cuarteto (7) Inglaterra "el gran mástin aullará" porque la marejada habrá arrasado la mitad del país. "El gran pontífice" el Papa, posiblemente cambie de país porque el terremoto secundario a lo largo del plato fronterizo entre Europa y Africa, junto con las marejadas probablemente generados en el mar Mediterráneo por los terremotos secundarios, destruirán grandes partes de Italia, y en particular el Vaticano. Sin embargo, otros cuartetos indican que el Papa "cambiará países" como resultado de la guerra que seguirá al impacto del meteoro. Más adelante se hablará acerca de esto.

En el Cuarteto (10) se nota la relación de un terremoto en Pau, Francia y un "seiche" en el río Tibet con la aparición del cometa. ¿Es esto probable con un impacto en cualquier océano distinto al Atlántico? Un impacto en el Mar Mediterráneo no podría generar una marejada que inunde gravemente la mitad de Inglaterra. Nostradamus predice que el meteoro chocará en el océano Atlántico en la unión bajo el mar de los platos tectónicos de Europa y Africa, cerca de las islas Azores.

Como ya se discutió brevemente, uno de los mayores efectos de la ceniza arrojada a la atmósfera será la significante reducción en la cantidad de luz solar que llegue a la tierra. Así como la erupción de Tambora de 1815 creó un diminuto invierno nuclear, los inviernos de los años 2000–2001 y 2001–2002 serán severos.

Nostradamus tiene un cuarteto describiendo estos inviernos:

37

(13) Siglo X, Cuarteto 71
La tierra y el aire congelarán tanta agua,
cuando ellos vendrán para el jueves de veneración:
Esa que será, nunca será tan hermosa como era,
desde las cuatro partes vendrán a honrarla.

Mientras la primera parte de este cuarteto describe claramente los fuertes inviernos que seguirán al impacto, la última parte es difícil de interpretar. Parece decir que la vida después del meteoro nunca será tan lujosa, tan profusa o tan materialmente rica como era antes. Las "cuatro partes" se refiere a las "cuatro esquinas" de la tierra, significando el planeta entero, el cual "honrará" la memoria de los "buenos tiempos pasados" antes del impacto meteórico.

El tema de "jueves de veneración" es intrigante. Ninguna de las principales religiones ofrece servicios de veneración los jueves. Para los cristianos el domingo es el día sagrado, sábado es el día de la adoración para los judíos y el viernes para los musulmanes. Si Nostradamus pensaba en servicios religiosos los jueves, luego una nueva religión mundial sería necesaria. Mientras esto es posible, no es probable ya que ninguna de sus otras escrituras tratan este tema. Es posible que Nostradamus esté haciendo una vaga referencia a Estados Unidos con su día de fiesta el jueves de acción de gracias. Puede que a Estados Unidos se le pida que abra sus cajas de almacenamiento de alimentos después del impacto. En este caso las otras naciones estarán venerando, en cierto sentido, al altar de alimentos de los Estados Unidos. Mientras esto es posible, esto parece incierto porque los Estados Unidos serán incapaces de solucionar sus propios problemas y menos los del resto del mundo. Todavía otra posibilidad es que Nostradamus haga una vaga referencia a Júpiter. Todos los días de la semana están nombrados en memoria a los antiguos dioses. El jueves, Jeudi en francés, es el día nombrado en memoria de Júpiter, el rey romano de los dioses. En inglés el jueves fue nombrado en memoria del dios escandinavo Thor. Entre sus otras obligaciones ambos,

Júpiter y Thor, eran responsables de dirigir rayos desde los cielos. Nostradamus puede estar describiendo el choque del meteoro como si un rayo fuera arrojado desde los cielos, dirigido por Júpiter, con inesperados resultados desastrosos. También es posible que él piense que el jueves es el día del impacto del meteoro, en tal caso un día anual mundial de duelo en el aniversario del impacto sería bastante comprensible. Esto también explicaría muy bien el "jueves de veneración" y "desde las cuatro partes vendrán a honrarlo".

Nostradamus tiene otro cuarteto sobre el invierno nuclear:

(14) Presagio 124
Granos no abundarán, de todas otras frutas la fuerza,
el verano, lluviosa primavera, largo invierno, nieve, hielo.
El Este en armas, la misma Francia se reforzará,
muerte del ganado y mucha miel, la sede asediada.

Ya que una "lluviosa primavera" y un "verano" también fueron vistos al Este de Europa en el año 1816 después de la erupción de Tambora en 1815, este cuarteto probablemente pertenezca a la primavera y verano del año 2000. El "largo invierno" del año 2000–2001 será relacionado con la carrera de "armas" en Francia y el Este. Este "largo invierno" será lo tan severo como para causar la "muerte al ganado" y abejas en toda Francia. En abril de 1993 las peores tempestades en más de 30 años causaron la muerte de más de un millón de cabezas de ganado en Mongolia; un invierno de tipo nuclear será desastroso para los animales domésticos de Europa. Las cosechas de grano también serán malas, así como lo fueron en 1916, y la fruta de mayor abundancia será la "fuerza" y la violencia, probablemente en un lucha por alimento y otros recursos vitales. Este cuarteto sugiere que la carrera de "armas" terminará en guerra, la cual incluye un asedio de la silla Papal en la ciudad del Vaticano. Un ataque al Vaticano como se describe aquí, también está de acuerdo con el Cuarteto (7) el cual describe el traslado del papado a otro país.

Para estas personas que están teniendo dificultad imaginándose los sucesos pronosticados, las próximas páginas los presentarán en orden cronológico.

Durante el eclipse total del Sol en Francia el 11 de agosto de 1999, se verá un cometa. Puede que haya sido previamente identificado por varios satélites, pero esta será la primera vez que se vea a simple vista desde la tierra. Después del eclipse éste desaparecerá en la luz deslumbradora del Sol una vez más, sólo para reaparecer unos días o semanas más tarde. Su proximidad a la tierra será tanta que el cielo parecerá tener un segundo Sol, causada por el reflejo de la luz del Sol en la voluminosa cabellera del cometa. La tierra en efecto pasará por la cola del cometa compuesta por cenizas en algún momento durante septiembre de 1999. Dentro de la cola del cometa habrán muchos fragmentos cometarios, algunos grandes, otros pequeños. Un fragmento aproximadamente de un cuarto de milla de diámetro, chocará con la tierra, posiblemente un jueves, a una velocidad aproximada de 60 kilómetros (37 millas) por segundo. El lugar proyectado para el impacto está en el Océano Atlántico, al Este de las islas Azores.

La bola de fuego causada por la explosión rápidamente se elevará a la parte superior de la atmósfera y luego se propagará lateralmente. La bola de fuego fácilmente puede tener cincuenta, tal vez cien millas de diámetro. La explosión de un arma nuclear de sólo un megatón genera temperatura de cien millones de grados en su centro, como mínimo se puede esperar esta temperatura. A muchas millas a la redonda todo se quemará a causa de la llamarada de la explosión y cualquier satélite pasando por el área será destruido. La onda causada por el choque desplomará cualquier aeronave en la atmósfera a miles de millas.

La onda inicial del terremoto viajará a velocidades aproximadas de 1.000 millas por hora. El movimiento vertical en la corteza terrestre cerca del epicentro de la explosión será de miles de pies de altura; para cuando la onda causada por el choque alcance las áreas costaneras, es probable que todavía tenga varios pies de altura. Cuando esta onda pase debajo de las ciudades costeras, los edificios allí localizados tendrán que subir con la onda y luego bajar sobre ésta en la cuesta abajo. Similar a edificios de juguete sobre una hoja que es sacudida. Muchos, si no todas las edificaciones se desplomarán, y pequeños fuegos comenzarán en muchas áreas. Las áreas costaneras del Atlántico de todo el Oeste europeo, Africa y la costa este del Norte y Sur de América serán severamente averiados, posiblemente destruidos completamente, por el terremoto más fuerte alguna vez visto. El modelo de destrucción será similar en carácter a otros temblores, edificios derrumbados, carreteras, puentes, y vías de ferrocarril imposibilitadas, oleoductos y tubería para gas natural quebradas, tanques de aceite y químicos rotos y lo peor de todo ... fuego.

La marejada seguirá pronto después de esto. Lugares a 1.000 millas del epicentro del impacto tendrán una hora de diferencia entre el temblor y la marejada, lugares a 4 mil millas de distancia tendrán 4 horas de diferencia. La magnitud del daño a causa del temblor, especialmente la ruptura de la tubería para agua, frustrará cualquier esperanza de extinguir todo incendio. A una hora, los incendios estarán bien establecidos y pocos se habrán apagado en cuatro horas, así que la marejada servirá para propagar el incendio a todas partes. La fuerza de la marejada arruinará aún más las costas, pero los daños serán diferentes de los de las ondas del terremoto en un aspecto importante. La topografía continental en el fondo del mar afecta inmensamente la concentración de la energía de la marejada. Las bahías y desembocaduras de los ríos servirán de amplificadores de la marejada. Por desgracia estos son los lugares donde precisamente están localizados los puertos con sus ferrocarriles, depósito de petróleos, refinerías, plantas eléctricas e industrias pesadas de todo tipo. Luego la destrucción de instalaciones portuarias protegidas del clima serán probablemente amplificadas por la marejada, y los incendios ya existentes serán extendidos inmensamente por el agua, esparciendo las ruinas ardientes y los productos petroleros. Es probable que en muchos lugares los incendios se conviertan en tormentas de fuego, similares a los que crearon los bombarderos aliados en Dresden y Tokio durante la II Guerra Mundial, destruyendo ambas ciudades. Imposible de combatir los incendios se extinguirán sólo después de haber agotado toda fuente de combustible en ciudades enteras. Nostradamus señala que Inglaterra, un país angosto, con costas sin tierras elevadas, será en especial asolada.

Mientras la marejada inicial será la peor, muchas más, sobre un período de días o aún semanas, la seguirán. Aún la capa de hielo en el polo Norte no presentará un obstáculo, porque una marejada típica en medio del océano tiene sólo un pie o dos de altura, pero muchas millas de largo. Es sólo cuando llega a la costa que se junta nuevamente en una ola inmensa. Por consiguiente cada ola pasará por debajo del polo Norte y reaparecerá al Norte del Pacífico sin debilitarse, con suficiente fuerza para destruir los países que también rodean el Pacífico quizás tan lejos como la costa Norte de Australia. También es posible que la parte baja de la marejada en movimiento destruya la capa de hielo del Antártico. Si esa destrucción ocurre, causaría que una gran parte de la cubierta de hielo del Antártico se deslice hacia el océano, causando una elevación permanente del nivel del mar de varios países.

Como si el terremoto original no fuera suficiente, temblores secundarios muy fuertes, ocurrirán a lo largo de todo el borde de la planchas africanas y europeas. A causa del impacto, la onda obligará al plato tectónico africano a deslizarse debajo del plato europeo. El Sur de Francia, el Norte de Italia, Grecia y el Norte de Africa sufrirán en particular, una fuerte destrucción a causa de estos temblores y las marejadas subsecuentes.

Los huracanes agobiarán aún más a los sobrevivientes. Sobre el lugar del impacto, el agua caliente creará un enorme huracán. Estudios recientes indican que si un área del océano de unas treinta millas de diámetro se pudiera calentar a 120 grados Fahrenheit, lo cual es exactamente de esperarse con una explosión causada por un enorme meteoro, luego los huracanes engendrados desde ese lugar no serían huracanes ordinarios, serían super huracanes muy severos. La tempestad en sí será de sólo 10 millas de diámetro y el centro del huracán de sólo 100 yardas de diámetro. ¡pero los vientos superarán las 100 millas por hora! Brevemente, después de su formación, este severo huracán flotará hacia el oeste, desde la excesiva agua caliente del océano, y probablemente se reducirá a sólo un fuerte huracán. En un día o dos, otros huracanes severos se formarían en el lugar del impacto. Este proceso continuará hasta que el agua se enfríe lo suficiente. Que sólo huracanes ordinarios puedan formarse, así que es probable que grandes tempestades se generen desde el lugar del impacto por lo menos por varias semanas.

Un problema adicional causado por los huracanes es su altura. Se calcula que éstos alcanzarán hasta 35 millas de altura, bien adentro en la estratosfera, arrojando vapor y sales marinas a la atmósfera. Estas sales ayudarán a bloquear la luz solar que llega a la tierra y también es posible que el cloro de estas sales destruya la capa de ozono.

Aún si estos violentos huracanes se reducen rápidamente a huracanes comunes, habrá luego muchas tormentas tan grandes como los huracanes Hugo y Andrés formándose casi diariamente cuando el planeta intente disipar las enormes cantidades de energía termal presentes en el Atlántico. Pequeñas olas de calor y tormentas tropicales durarán varios meses, quizá hasta un año. Ambas, la frecuencia y la intensidad de las tempestades en el mundo entero serán algo sin precedente. La "lluvia" ya mencionada en el Cuarteto (4) parece referirse a la época después del impacto en el cual las tempestades y las lluvias serán continuas. La "leche" mencionada también en ese mismo cuarteto puede referirse al color blancuzco de la lluvia salada cuando cae del cielo.

Después de este período de tempestades de gran intensidad y de una frecuencia sin precedentes vendrá una época mejor descrita como un invierno nuclear cuando la ceniza arrojada por la explosión inicial a las partes más altas de la atmósfera se propaguen mundialmente, reduciendo significativamente la cantidad de luz y calor solar que llegan a la tierra. Este "invierno" será mucho más severo que el del año 1816 "año sin verano", ya mencionado. Las cosechas en los años 2000 y 2001 serán malas en todas las áreas de clima templado a nivel mundial. Los años siguientes a éstos, también verán cosechas pobres debido a la falta de fertilizantes e insecticidas compuestos por petroquímicos, junto con la falta de semillas de malas cosechas anteriores. Esto se tratará en más detalle en el tercer capítulo.

En el sitio del impacto, la corteza terrestre rebotará inmediatamente después, así como una gota de lluvia que cae en un charco, produce una ondulación hacia adentro y hacia afuera en el agua. En los sembrados de maíz del estado de Iowa se encontró enterrado un cráter de 22 millas de diámetro, causado por un meteoro de una milla de diámetro. Ray Anderson, un Geólogo del Departamento de Recursos Naturales de Iowa, señala que el impacto causó que el granito enterrado a una profundidad de 20 mil pies brotara al instante formando una cúpula permanente. Dado el lugar del impacto próximo a la cadena de montañas en medio del Atlántico, donde la corteza terrestre es delgada y donde ya ocurren actividades volcánicas, y dada la posible penetración de un meteoro de varias millas dentro de la corteza terrestre, la formación de una enorme isla residual de actividad volcánica es posible. Islandia pudo haberse formado de esta manera en épocas prehistóricas. En caso que ese volcán permanezca bajo la superficie del océano, éste será fuente de calor que contribuirá a la formación de huracanes severos. En caso de que salga sobre la superficie del agua, este será aún otro factor que agregue cenizas a la atmósfera y contribuya al enfriamiento mundial.

El número de víctimas en la humanidad causado por el impacto será enorme, terminando con la civilización moderna y regresando el mundo a un nivel de vida similar al de antes de la revolución industrial, y aún posiblemente al de la Edad Media. La gran "economía mundial" pronosticada por los economistas modernos tiene un peligro que es poco reconocido. Si este choque hubiera ocurrido hace 100 años su efecto en la civilización hubiera sido mucho menor. ¿Por qué? Durante los años 1800, la población de los Estados Unidos era más del 90% de carácter rural. La mayoría de la gente proveía sus propios alimentos, vivienda, energía y vestimenta. Comparado a hoy en día, cuando menos del 5% es rural y de ese 5% la mayoría no tienen un jardín, huerta o ni siquiera animales pequeños. Después del choque, las destrucción del sistema de transporte, especialmente el transporte aéreo, terminará con la economía mundial.

¿Qué efecto tendrá la pérdida de la economía mundial? Tomemos la ciudad de Chicago, por ejemplo. Distante del lugar del choque, debe permanecer estructuralmente intacta. Sin embargo, la ciudad corre con petróleo bombeado de la tierra a diez mil millas de distancia, refinado a miles de millas de distancia, en carros manufacturados en Asia y Europa. Los comestibles no son nada distintos. Papas de Idaho, trigo de Nebraska, carne de Tejas, cítricos y vegetales de California y Florida o peor todavía, de petróleo y de refinerías conducirán a una escasez de combustible que lesionará el transporte y hará más difícil para la ciudad abastecerse así misma después de unas cuantas semanas. En el mundo moderno, pocas de las necesidades básicas son producidas localmente. Sea ropa de china o computadoras de las Filipinas, acero de Brasil o maquinaria de Alemania, petróleo de Arabia Saudita o plátano de América Central, la economía de los Estados Unidos junto con toda la civilización occidental, depende desesperadamente de una economía global. Cualquier obstáculo grave al transporte por cualquier causa lisiarán toda sociedad industrializada en el mundo, pero particularmente a los Estados Unidos. La actual interdependiente economía mundial es única en la historia y tiene muchos beneficios, pero también tiene un punto flojo no reconocido. El talón de Aquiles de la economía mundial es la dependencia absoluta en el transporte barato de mercancías.

Después del choque con las instalaciones portuarias destruidas en todo el Atlántico y posiblemente también el Pacífico, el comercio mundial se interrumpiría instantáneamente. Aún si el Océano Pacífico no es afectado, el terremoto también puede causar deslizamientos de tierra en las montañas alrededor del Canal de Panamá causando su cierre o la marejada puede destruir su entrada hacia el Este, igualmente cerrando el canal. También un fuerte terremoto al Sur de Europa y una subsecuente marejada en el Mediterráneo puede cerrar el Canal del Suez. Es muy posible que los países que bordean el Océano Atlántico queden completamente aislados de los países del Pacífico y toda la posibilidad de ayuda.

Aquellos que no viven en una ciudad tan grande como Chicago y que se sienten más seguros en sus suburbios lejanos harían bien al pensar cómo sobrevivirían sin gasolina. ¿Serían capaces de caminar hasta el trabajo? ¿Qué tal para ir a los centros comerciales? Y si van, ¿habrá alguna cosa en los almacenes? ¿Y que tal para ir al doctor o al hospital? En toda la historia, los suburbios como comunidades de vivienda han existido sólo desde la II Guerra Mundial, cuando la energía barata y el automóvil hicieron posible el transporte a lugares apartados. Aún sin un encuentro cercano con un meteoro, el mundo se está acercando a la época cuando la energía se encarecerá gradualmente. Cuando esto ocurra, los suburbios ya no serán económicamente viables. Estos se convertirán en barrios bajos y las ciudades, gracias a un sistema masivo de transporte más barato, serán rejuvenecidas. Los suburbios en la escala que existen hoy, han existido por casi 50 años. Tal vez en otros cien años dejarán de existir, excepto como referencia de página en los libros de historia.

La pérdida de supertanqueros en el Atlántico, la destrucción de instalaciones portuarias, y la pérdida del Canal del Suez (si no por un desastre, entonces por terroristas musulmanes buscando enterrar el último clavo en el ataúd de la civilización occidental) diezmará a Europa y América, las cuales dependen del petróleo del Medio Oriente. Los campos del Mar del Norte no servirán, por decir lo menos, y el Norte de Alaska escasamente estará mejor. Sin petróleo los carros, camiones, trenes y aviones serán inservibles.

Además de la falta de combustible, los aviones tienen otro problema ... polvo. A finales de junio de 1982 un Boeing 747 de British Airways estaba volando de Singapur a Australia a una altura de 37 mil pies. Una nube negra en frente de ellos resultó ser la nube de ceniza del volcán Galunggun de Indonesia. Al pasar por la nube todos los motores fallaron y el piloto no pudo volver a encenderlos hasta que el avión había descendido a una altura de 12 mil pies. Dos semanas más tarde, a un 747 de aerolíneas Singapur en la misma ruta, se le apagaron tres motores pasando por otra nube de ceniza del mismo volcán. Los motores de Jet no funcionan bien en condiciones polvorosas, ya que el polvo tapa el paso de combustible y gasta las turbinas. Viajes aéreos a través del Atlántico serán impedidos por lo menos por unas cuantas semanas, lo suficientemente largo como para que la civilización colapse, así que cuando el transporte aéreo sea posible nuevamente, muy pocos se preocuparán de cruzar el océano.

Junto con la destrucción de avanzados sistemas de transporte vendrá la destrucción de uno de los otros grandes avances del siglo XX: ...Las comunicaciones mundiales. El choque no sólo empujará enormes nubes de polvo a la parte superior de la atmósfera, también arrojará millones de trozos de roca en la órbita terrestre. Estas rocas dentro de unos cuantos años cuando más, destruirán todos los satélites de comunicación, militares, y del clima que estén en la órbita. Por ejemplo, de las naves espaciales enviadas a observar el cometa Halley en 1986, tres sufrieron daños, dos de ellas, daños extensos de colisiones con polvo. ¡Las partículas de polvo que averiaron la nave espacial Giotto no pesaban más de 0.17 gramos! El número de partículas de este tamaño o más grande serían simplemente incontables.

En el caso de un impacto meteórico grande con la tierra, millones de pequeñas rocas del meteorito arrojados cerca de la órbita terrestre destruirán en pocos años todo satélite espacial. Los desechos permanecerán por muchos años, tal vez siglos. Los viajes de la humanidad a las estrellas están a punto de ser aplazados por unas cuantas generaciones. Con la pérdida de satélites de comunicación y la ruptura de cables transoceánicos causados por la marejada, la era de la información se acabará junto con la era del transporte.

Un colapso en los sistemas de transporte y de información resultará en un colapso general de las empresas. Por ejemplo, Louis Rukeyser (anfitrión del popular programa de televisión "Wall Street Week" en PBS) en la edición de *Individual Investor* de mayo de 1992, escribe: "Históricamente, las compañías que experimentan una interrupción en sus sistemas de computadora con una duración de diez días o más, nunca se recuperan por completo. Cerca del 50% cierran sus puertas en los siguientes cinco años ... Una compañía promedio pierde de 2 a 3% de sus ventas brutas en los siguientes ocho días después de sufrir una interrupción en sus computadoras como estos causados por el huracán Hugo o el terremoto de 1990 en San Francisco" Las interrupciones de las computadoras causadas por un impacto meteórico durará mucho más de diez días y los negocios de todo tipo se quebrarán. El colapso general de la industria sobrepasará el de años 1920 y 1930 y será de carácter mundial.

La Gran Depresión resultará de la subida de gobiernos totalitarios en España, Alemania, Italia y Japón entre otros países. El colapso económico después de impacto será seguido por un colapso político general en muchos países, lo cual causará una nueva ola de totalitarismo. Nostradamus tiene muchas predicciones sobre un gobierno totalitario Pau–Musulmán naciente de religiosos fundamentalistas islámicos en las repercusiones de la destrucción causada por el cometa. Este tema será discutido en detalle más tarde.

Finalmente, el efecto ecológico del impacto también será pasmoso. Mientras no es probable que haya extinción de especies a gran escala en todo el mundo, extinciones en el Océano Atlántico si pueden ocurrir. Las marejadas no son solo olas superficiales, estas ocurren por todo el fondo del mar, arrasandolo también. Toda vida acuática por muchas millas alrededor del epicentro será aplastada por la ola. La contaminación resultante a causa de la quema de desechos envenenará las aguas costaneras, donde existe la mayoría de vida marina. También la bola de fuego producirá tremendas cantidades de óxido nitroso que caerá del cielo como lluvia ácida, envenenando aún más los océanos, lagos y ríos. Es estimado que la lluvia ácida generada en el desastre del Período Cretáceo fue suficiente para acidificar la parte superior, entre 100 y 300 pies, de todos los recursos de agua mundiales, envenenando la vida marina. Aún cuando las energía generadas en ese período fueron mucho mayores que lo que se aproxima, es concebible que el Océano Atlántico, por lo menos por una generación o dos, pueda convertirse en una masa de agua muerta.

Se debe anotar en este momento que es muy posible que Nostradamus esté completamente equivocado, o que este autor esté erróneo en su interpretación de los escritos. A pesar de todo, si un pedazo pequeño de un cometa o un meteoro/asteroide chocara en el Océano Atlántico en cualquier momento, o mejor dicho, cuando un pedazo de materia espacial choque con la tierra una vez más, la información técnica de lo que pasará en tal caso, es correcta así como se explicó en el resto de este capítulo. Aún cuando Nostradamus podría estar completamente equivocado, el resto de este libro presenta una evaluación justa de la situación política, económica, militar y consecuencias en el medio ambiente de tal inaudito desastre para la raza humana. El lector debe notar que desastres a nivel planetario ocurren con frecuencia y eventualmente ocurrirá otra vez.

Muchos individuos perderán sus vidas cuando ocurra un desastre por causa de un choque con un cometa, muchos más perderán todas sus pertenencias; pero estos que pierden todas sus pertenencias, aún sus vidas, no habrán sufrido la última tragedia humana. Después de todo ¿cuál es el propósito de la vida? ¿Es el deseo de adquirir más dinero, acciones, bonos, carros modernos, más joyas, más ropa, mayor categoría social más ... en fin cualquier cosa, vale la pena? ¿Vale la pena el prolongar la vida? ¿Es aún más importante vivir hasta los 90 en vez de 55? ¡La vida no consiste de posesiones materiales! ¡El propósito de la vida ni siquiera es vivir más tiempo! El propósito es encontrar quien nos envió aquí y por qué, luego llevar a cabo los propósitos por los cuales estamos aquí. No hay ninguna religión en el mundo que crea que el propósito más importante de la vida es adquirir más "cosas" y el vivir más tiempo. Posesiones materiales se pueden perder en un instante y además no tienen ningún uso en la tumba. Aún si Nostradamus y este escritor, están equivocados acerca de los sucesos de 1999, la muerte le llegará a todos estos que lean este libro dentro de unos cuantos años. ¿Qué es una vida de más de 100 años comparada con la eternidad? En el evangelio, Jesús compara la vida con la hierba de un campo, crece y florece en un día y luego es recogida y arrojada en el horno. Es muy importante que usted, el lector, piense en el por qué está aquí, cuál es el propósito de su vida y como va a vivirla. Muchos pasan sus vidas solo adquiriendo posesiones materiales o tratando de vivir más saludable y más tiempo sin nunca pensar el por qué. El morir de viejo, con una abundancia de posesiones materiales, después de haber vivido en forma egoísta, haber tenido un estilo de vida materialista, nunca considerando el propósito de la vida, es la posible tragedia más grande. Piense en el número de gente con ese estilo de vida actual, el mundo puede estar experimentando en este momento una tragedia mayor que si el cometa de Nostradamus realmente apareciera.

CORRELACIONES BÍBLICAS DE LAS PROFECÍAS

Antes de continuar con las predicciones de Nostradamus sobre lo que seguirá a la aparición del cometa y el impacto del meteoro, es necesario abordar algunos pasajes proféticos de la Biblia. Además de sus visiones del futuro Nostradamus también afirmaba estar inspirado por la Biblia. Específicamente en su carta a su hijo Cesar, Nostradamus escribió: "Porque con el uso de las Santas Escrituras, con la ayuda de la inspiración y la revelación divina y el continuo cálculo, he colocado mis profecías por escrito". Desafortunadamente no especificó de manera exacta que partes de las Santas Escrituras utilizó. Aunque hay muchos pasajes proféticos encontrados a través del *Viejo y Nuevo Testamento*, el *Libro de las Revelaciones* contiene quizás la mayor parte de las profecías no cumplidas que están por venir, seguramente algunas de las más vivas y fascinantes. Varios capítulos del *Libro de las Revelaciones* efectivamente si respaldan la visión de Nostradamus. Para los que creen que Nostradamus es un charlatán, es posible que él haya tomado los eventos de las revelaciones y los haya adaptado a sus propios propósitos. Aunque esto parece improbable, él puede haber tomado la profecía bíblica y haberla reelaborado en sus propios cuartetos, declarando las visiones como propias. Sin embargo, manténgase o no las predicciones de Nostradamus, para los cristianos las profecías de las revelaciones no necesitan verificación externa; son ciertas y se cumplirán cuando Dios vea que es el momento conveniente. Si Nostradamus esta en lo cierto o no sobre los sucesos de 1999, los acontecimientos predichos contenidos en El *Libro de las Revelaciones* sucederán; en el tiempo de Dios. El propósito de este capítulo es explorar los vínculos entre la profecía Bíblica y los cuartetos de Nostradamus que fueron discutidos en el primer capítulo de este libro.

Han habido muchas interpretaciones de las revelaciones, y algunas de las más populares en las últimas décadas colocan todo el contexto en un período de tres años y medio. Sin embargo, en ninguna parte en la Biblia se afirma que todos los sucesos descritos en las revelaciones ocurren al mismo tiempo, y hay múltiples pasajes por toda la Biblia de las así llamadas "profecías divinas" en las cuales se combinan dos o más sucesos separados en una sola historia. Por ejemplo, fíjese en las palabras de Jesús, citadas del Capítulo Veinticuatro del *Evangelio según S. Mateo* (todas las referencias bíblicas son de la versión en inglés de hoy):

Jesús partió y se estaba alejando del templo cuando sus discípulos se le acercaron para atraer su atención hacia sus edificaciones. "Si" dijo él, "miren a su alrededor" Les diré esto: Ni una sola piedra aquí quedará en su lugar, cada una de ellas será derribada".

"Mientras Jesús se sentaba en el Monte de los Olivos, los discípulos vinieron a él en privado. "Dinos cuando sucederá todo esto", preguntaron ellos, y que señalará el momento de su venida y el fin de la era".

"Jesús respondió: "Cuidado y no dejen que nadie se burle de ustedes. Muchos hombres, que afirman hablar en mi nombre, vendrán y dirán, "¡soy el Mesías!" y se burlarán de mucha gente. Ustedes van escuchar el ruido de las batallas cerca y las noticias sobre éstas lejos; pero no se preocupen. Esas cosas deben suceder, pero no significa que el fin ha llegado. Los países pelearán unos contra otros, los reinos se atacarán uno al otro. Habrá escasez de alimentos y terremotos en todas partes. Todas estas cosas serán como los primeros dolores del parto.

"Y luego será arrestado y entregado para ser castigado y ejecutado. Toda la humanidad te odiará por mi causa. Muchos dejarán de tener fe en ese tiempo; ellos se traicionarán y odiarán uno al otro. Luego aparecerán muchos falsos profetas y se burlarán de mucha gente. Tal será la expansión del mal que el amor por el prójimo se desvanecerá..."

Esta parte del *Evangelio según S. Mateo* y sus pasajes acompañantes en Marcos y Lucas, fueron escritos al menos varios años antes de que el segundo templo de Jerusalén fuera destruido por los Romanos en el año 70 de la era cristiana. Los pasajes comienzan con Jesús predicando la destrucción del templo. Sus seguidores hacen la pregunta obvia...¿cuando? Sin embargo, equivocadamente ellos suponen que la destrucción del templo está relacionada con la segunda venida de Jesús. La respuesta de Jesús cubre ambos eventos y era imposible saber antes del año 70 de la era cristiana que estos sucesos estaban separados en el tiempo por miles de años. Otra profecía divina se encuentra en el Capítulo Noveno del *Viejo Testamento* de Daniel:

"...Yo estaba estudiando los libros sagrados y pensando sobre los setenta años que Jerusalén estaría en ruinas de acuerdo a lo que el Señor le había dicho al profeta Jeremías..."

Aquí Daniel menciona una profecía escrita antes por el profeta Jeremías, que parecía describir un cautiverio de setenta años de los Judíos en Babilonia. Mientras estudiaba y oraba sobre el significado de esta profecía, el ángel Gabriel se le apareció a Daniel y le dijo:

"Siete épocas de setenta años es el tiempo que Dios ha fijado para liberar su pueblo y su santa ciudad del pecado y del mal. El pecado será perdonado y la justicia eterna se establecerá, de tal forma que el sueño y la profecía se harán realidad y el Templo Santo será consagrado de nuevo. Fíjese en esto y entiéndalo: Desde el momento en que se dé la orden para reconstruir a Jerusalén hasta que venga el líder escogido por Dios, pasarán siete épocas de siete años. Jerusalén será reconstruida con calles y fuertes defensas y resistirá siete épocas de setenta y dos años, pero éste será un tiempo de desgracias. Al final de ese tiempo el líder escogido por Dios será asesinado injustamente. La ciudad y el templo serán destruidos por el ejército invasor de un gobernante poderoso. El fin vendrá como un diluvio, trayendo la guerra y la destrucción que Dios ha preparado. Ese gobernante realizará un acuerdo firme con mucha gente durante siete años y cuando haya pasado la mitad de ese tiempo, él pondrá fin a los sacrificios y ofrendas. El Espantoso Horror será colocado en la parte más alta del templo y permanecerá allí hasta que la persona que lo colocó encuentre la muerte que Dios le ha preparado".

Lo que originalmente fue dado como una profecía de un exilio de setenta años del pueblo Judío, fue más tarde clarificado como una profecía que duró setenta semanas de años o ¡490 años! No solamente eso, los 490 años son divididos en cuatro segmentos separados, que durarán 49 años, 434 años, y dos segmentos de tres años y medio cada uno, con períodos no marcados entre cada segmento. Así que la interpretación por adelantado de las estructuras correctas de tiempo de las profecías futuras encontradas en la Biblia es extremadamente difícil, sino completamente imposible. Desde luego, en retrospectiva todo esto será perfectamente claro. De manera extraña, muchos investigadores aún creen que todo el libro de las revelaciones se cumplirá en un período de tres años y medio. Los precedentes establecidos en Mateo y Daniel demuestran de manera muy clara que los sucesos descritos en las revelaciones, ocurrirán en un período extendido. Algunas profecías pueden suceder muchos cientos de años antes de la segunda venida de Cristo, y los pronósticos de todo el libro pueden inclusive abarcar miles de años.

Ya que hay pasajes proféticos de la Biblia parcialmente acertados, ¿se puede decir lo mismo de los cuartetos de Nostradamus? Por ejemplo, ¿podrían los dos primeros renglones de un cuarteto referirse a un acontecimiento y los dos últimos a otro tiempo y lugar? Ya que Nostradamus, ha diferencia de los pasajes de la

Biblia anotados antes, no dejó indicio de que alguna vez hubiera pretendido que cualquiera de sus cuartetos fuera interpretado de esa manera, la respuesta parecería ser no. Además, la mayoría de cuartetos son bastante difíciles de interpretar. Sí se permite la división de los cuartetos entonces sus predicciones se convierten en jerigonza vaga sin esperanza. Mientras el precedente de un ángel dado permite que las profecías bíblicas tengan cumplimientos divididos, ni el precedente ni el sentido común permiten la división de los cuartetos de Nostradamus. En *Nostradamus 1999* cada cuarteto será tratado como un todo.

Volviendo al capítulo veinticuatro de Mateo, fíjese en las predicciones de Jesús sobre lo siguiente: la aparición de falsas religiones, guerras, hambrunas, terremotos y persecución religiosa de sus discípulos. Estos sucesos también son temas comunes de los cuartetos de Nostradamus. Una vez más, estos temas están interconectados con varios lugares y acontecimientos, los que crean un modelo que forma los últimos capítulos de este libro.

Si ha de haber un cometa que roza la tierra en 1999 y una consiguiente colisión meteórica, el terremoto del capítulo veinticuatro de Mateo es fácilmente explicado como un resultado directo de la misma colisión. La aparición de falsas religiones, persecución, guerra y hambruna también es predecible en la desolación posterior. Si Nostradamus vio el futuro correctamente, ¡entonces parte del capítulo veinticuatro de Mateo se cumplirá muy pronto!. Sin embargo, esto no incluye la segunda venida de Cristo. En respuesta a solicitud de un discípulo de una fecha para su regreso él afirmó en este pasaje que "todas esas cosas son como los primeros dolores del parto". Obviamente Jesús implicaba que la venida de estas miserias sobre la humanidad no serían seguidas pronto por su regreso, justo como las primeras punzadas no son seguidas en forma inmediata por el parto. La confirmación de esto continua en el capítulo veinticuatro de Mateo.

"Sin embargo, nadie sabe cuando vendrá ese día y esa hora, ni los ángeles ni el hijo, sólo el padre lo sabe. La venida del hijo del hombre será como lo que sucedió en el tiempo de Noé. En los días antes del diluvio la gente comió y bebió, los hombres y mujeres se casaron, hasta el día en que Noé entró a el arca; aunque ellos nunca se dieron cuenta de lo que estaba sucediendo hasta que el diluvio vino y los arrastró. Así será cuando el hijo del hombre venga. En ese tiempo dos hombres estarán trabajando en un campo; uno será llevado, el otro se quedará. Dos hombres estarán en un molino haciendo harina: uno será llevado, el otro se quedará. Entonces tenga cuidado, porque usted no sabe que día vendrá su señor. Si el dueño de una casa supiera el momento cuando el ladrón vendrá, puede estar seguro que permanecería despierto y no permitiría que el ladrón irrumpiera en su casa. Así que entonces se debe estar siempre listo porque el hijo del hombre vendrá a una hora en que uno no lo está esperando".

Aunque Jesús afirma que nadie sabe el día y la hora de su regreso, él si da algunas pistas al comparar ese momento con el tiempo de Noé. ¿Cómo era ese tiempo? Jesús lo describe como "comer, beber, casarse"; todo lo cual implica una existencia calmada y pacífica, sin ninguna pista del inminente juicio final. Después del impacto de un gran meteoro es muy improbable que una vida pacífica describa aquellos que queden vivos. Jesús predice que su retorno ocurrirá mientras la gente está comprometida en actos tan simples como el moler harina, el arado de los campos sin hacer frente a los desastres ecológicos o prepararse para la guerra. Su descripción trae a la mente un mundo pacífico, sin guerra. En el tiempo de Noé nadie esperaba el inminente desastre; de la misma forma el retorno de Jesús no será anticipado completamente.

Otro pasaje que refuerza la visión de que esa segunda venida sucederá durante un tiempo de paz mundial es encontrado en las capítulos cuarto y quinto de la primera carta de San Pablo a los Tesalonisenses:

"Habrá grito de mando, la voz del arcángel, la trompeta del señor bajará del cielo... el día del señor vendrá como un ladrón llega de noche. Cuando la gente diga, "todo está en calma y seguro", luego de repente ¡llegará la destrucción!. Vendrá como los dolores que le llegan a una mujer en parto, y la gente no escapará".

Estos dos pasajes contrastan con la predicción de la venida de Cristo durante un tiempo de paz y el históricamente marcado aumento de predicciones de su retorno durante tiempos de desolación y confusión. Es rara la predicción de su retorno durante un tiempo de paz y prosperidad, a pesar de las propias palabras de la Biblia. Así como su primera venida ocurrió durante la paz Romana, a través de la mayoría de los diez mundos conocidos, de igual forma la segunda venida ocurrirá durante un periodo de paz y prosperidad entre los países , pero con el mal dentro de las vidas de los hombres y mujeres. Inclusive si Nostradamus está equivocado, las tendencias del mundo actual descritas en el siguiente capítulo parecen indicar que varias décadas después de 1999 no serán marcadas por la paz o la prosperidad. Aquellos cristianos que anticipan que Cristo vendrá durante la aparición del cometa para llevarlos al cielo en el éxtasis, evitando que el infierno llegue a la tierra, pueden estar tristemente desilusionados.

Habiendo establecido que las profecías con frecuencia han dividido el cumplimiento de los hechos y que la venida de Jesús no es probable durante o después de la aparición del cometa (pero de nuevo, él puede volver cuando nadie lo espera), la atención puede retornar al libro de las revelaciones. La posibilidad del cumplimiento dividido de los hechos permite el lujo de no tener que explicar todo el libro. Varios capítulos de las revelaciones describen los sucesos físicos que se correlacionan de manera perfecta con las predicciones de Nostradamus para 1999 y más allá. En varios libros proféticos del Antiguo Testamento se encuentra más respaldo para estos sucesos. No obstante, se debe tener cuidado cuando se interpretan las revelaciones. El libro más obscuro del Nuevo Testamento; lleno de un extraño lenguaje simbólico. El nombre "revelaciones" significa "descubrimiento" o "manifestación divina" Este descubrimiento explica con toda evidencia los acontecimientos futuros que van a suceder en la tierra, mientras muestra la soberanía de Dios sobre ella. Aunque el lenguaje y las imágenes dificultan la interpretación, ¿por qué escribirlo todo? Es evidente todos intentan comprender los eventos predichos. En las primeras oraciones de las revelaciones Juan establece su propósito:

"Este libro es el registro de los sucesos que Jesucristo reveló. Dios le dio estas revelaciones con el fin de mostrarle a sus siervos lo que debe suceder..."

¿De que sirve mostrar lo que va a suceder sino se puede entender ni influir sobre esto? A pesar de las imágenes y el lenguaje, los hechos descritos en *Libro de las Revelaciones* deben ser entendibles como sucesos reales y físicos, ¡sucesos que pueden ser entendidos! El libro continua con un saludo de Juan a las siete iglesias en Asia menor, probablemente iglesias en las cuales él antes había sido un obispo. Esto es seguido por una visión del Cristo resucitado y los mensajes de Cristo a esas siete iglesias. Luego se describe una escena que sucede en el cielo. Enseguida de eso está la primera de una serie de pasajes que describen los acontecimientos que van a suceder en la tierra, los cuales tienen un asombroso parecido con aquellos sucesos descritos por Nostradamus en sus cuartetos. Mientras lee los pasajes, intente pensar como éstos podrían relacionarse con las predicciones de Nostradamus. Más adelante en el capítulo se dará una interpretación de todos estos sucesos. Comenzando con el primer verso del capítulo sexto:

"Entonces vi al cordero que abría el primero de los siete sellos, y escuché una de las cuatro criaturas vivientes diciendo en una voz que sonaba como un trueno; "¡vengan!" Miré, y había un caballo blanco. Su jinete sostenía un arco y le entregaron una corona. El cabalgó como un conquistador en conquista".

"Luego el cordero abrió el segundo sello y escuché la segunda criatura viviente decir, "¡venga!". Otro caballo salió, esta vez uno rojo. A su jinete le dieron poder para traer guerra sobre la tierra, de tal manera que los hombres se maten unos a los otros. Le dieron una gran espada".

"Luego el cordero abrió el tercer sello y escuché la tercera criatura viviente decir, "¡vengan!". Miré, y había un caballo negro". Su jinete sostenía un par de balanzas en sus manos. Escuché lo que sonaba como una voz proveniente de entre las cuatro criaturas vivientes, que decía, "un cuarto de trigo por los salarios de un día, y tres cuartos de cebada por los salarios de un día. ¡Pero no dañe los olivos y los viñedos!"

"Luego el cordero abrió el cuarto sello y escuché la cuarta criatura decir, "¡venga!". Miré y había un caballo de color pálido". El nombre de su jinete era la muerte, y seguían infiernos cerca de él. A ellos les dieron autoridad sobre un cuarto de la tierra para matar por medio de la guerra, el hambre, la enfermedad y los animales salvajes".

"Luego el Cordero abrió el quinto sello. Bajo el altar vi las almas de aquellos que habían sido asesinados porque habían proclamado la palabra del señor y le habían sido fieles testigos". Ellos gritaron en voz alta, "¡Señor todo poderoso, santo y verdadero! ¿Cuánto tiempo pasará hasta que juzgues la gente en la tierra y los castigues por matarnos? A cada uno se le dio una sotana blanca y se le dijo que descansaran un tiempo más, hasta que todos sus compañeros siervos y hermanos fueran asesinados, como lo habían sido ellos".

"Y vi que el cordero abrió el sexto sello. Hubo un violento terremoto, y el Sol se oscureció como un paño negro grueso, y la Luna se puso completamente roja como la sangre. Las estrellas cayeron a la tierra, como los higos verdes caen del árbol cuando un fuerte viento los sacude. El cielo desapareció como un rollo que se envuelve y cada montaña e isla cambió de lugar. Luego los reyes de la Tierra, los gobernantes y los jefes militares, los ricos y los poderosos y todos los hombres, esclavos y libres, se escondieron en cuevas y bajo las rocas en la montaña. Ellos gritaron a las montañas y a las rocas, "¡Caigan sobre nosotros y ocúltanos de los ojos del que se sienta en el trono y de la ira del cordero!" El día terrible de su cólera ha llegado y ¿quién puede enfrentarlo?.."

"Después de esto vi cuatro ángeles parados en las cuatro esquinas de la Tierra, deteniendo los cuatro vientos para que ninguno golpeara la Tierra o el mar o contra algún árbol. Y vi otro ángel que venia del este con el sello del Dios viviente. El gritó en voz alta a los cuatro ángeles a quienes Dios les había dado el poder de destruir la Tierra y el mar. El ángel dijo: "No dañes la Tierra, el mar o los árboles hasta que le indiquemos a los siervos de nuestro Dios con un sello en sus frentes..."

Sigue una corta descripción de los ángeles colocando de manera simbólica el sello de Dios en la frente a su gente y luego unos pocos párrafos que describen una escena en el trono de Dios en el cielo. Como ninguno de estos acontecimientos será observable por los que viven en la tierra, no serán discutidos aquí. Continuando con las revelaciones, la historia se recupera de nuevo al comienzo del capítulo octavo:

"Cuando el cordero abrió el séptimo sello, hubo silencio en el cielo durante más o menos media hora. Luego vi los siete ángeles parados frente a Dios, y les dieron siete trompetas".

"Otro ángel que tenía un recipiente con incienso dorado vino y se paró frente al altar. A él le dieron mucho incienso para agregárselo a las oraciones de toda la gente de Dios y para que la ofrecieran en el altar dorado que está delante del trono. El humo de incienso se elevó con las ovaciones del pueblo desde las manos de los ángeles parados al frente de Dios. Luego el ángel tomó la vasija de incienso, la llenó con fuego del altar y la lanzó sobre la tierra. Hubo estruendos y truenos, destellos de relámpago y un terremoto".

"Luego los siete ángeles con las siete trompetas se prepararon para tocarlas".

"El primer ángel tocó su trompeta. Granizo y fuego, mezclado con sangre, se derramaba sobre la tierra. Un tercio de la tierra fue consumida por el fuego, un tercio de los árboles y cada brizna de pasto verde".

"Luego el segundo ángel tocó su trompeta. Algo que parecía como una enorme montaña en fuego fue lanzada al mar. Un tercio del mar se convirtió en sangre, un tercio de las criaturas vivientes del mar murieron, y un tercio de las naves fueron destruidas".

"Luego el tercer ángel tocó su trompeta. Una gran estrella, ardiendo como una antorcha, se desprendió del cielo y cayó sobre un tercio de los ríos y sobre las fuentes de agua (el nombre de la estrella es "Amargura"). Un tercio de agua se puso amarga y mucha gente murió al beberla porque estaba amarga".

"Luego el cuarto ángel toco su trompeta. Un tercio del Sol fue golpeado, y un tercio de la Luna, y un tercio de las estrellas de tal forma que su luz perdió un tercio de su brillo; no hubo luz durante un tercio del día y también durante un tercio de la noche".

"Luego miré y escuché decir en voz alta a un águila que estaba volando alto en el aire: "¡Oh horror! ¡Horror! ¡Qué terrible será para todos los que viven en la tierra cuando venga el sonido de las trompetas que los otros tres ángeles deben tocar!"".

"Luego el quinto ángel tocó su trompeta. Vi una estrella que había caído a la Tierra, y le fue dada la llave para el abismo. La estrella abrió el abismo, y éste echaba humo, como el humo de un gran horno; la luz del Sol y el aire se oscurecieron por el humo del abismo. Salieron langostas del humo y se posaron sobre la tierra, y les dieron la misma clase de poder que tienen los escorpiones. Les dijeron que no le hicieran daño al pasto o a los árboles o a cualquier otra vegetación, solamente podrían hacerle daño a la gente que no tuviera la marca del sello de Dios en sus frentes. A las langostas no se les permitió matar estas personas, sino sólo torturarlas durante cinco meses. El dolor causado por la tortura es como el causado por un aguijón de un escorpión. Durante esos cinco meses ellos buscarán la muerte, pero no la encontrarán; ellos desearán morir, pero la muerte huirá de ellos".

"Las langostas parecían como caballos listos para la batalla; en sus cabezas tenían lo que parecía ser coronas de oro y sus rostros eran como de hombres. Sus cabellos como el de las mujeres, sus dientes como los de los leones. Sus pechos estaban cubiertos con lo que parecía como una coraza de hierro y el sonido hecho por sus alas era como el ruido de muchos carros tirados por caballos en camino hacia la batalla. Tenían colas y aguijones como los de un escorpión, y es con sus colas que ellos tenían el poder para hacer daño a la gente durante cinco meses. Ellos tienen un rey que los gobierna, que es el ángel encargado del abismo. Su nombre en hebreo es Abdón. En griego el nombre es Apolión (que significa "El Destructor").

"El primer horror ha terminado; después de este aún quedan dos horrores por venir".

"El sexto ángel tocó su trompeta. Escuché una voz que venia de las cuatro esquinas del altar de oro que estaba frente a Dios. La voz le dijo al sexto ángel: ¡Libere los cuatro ángeles que están atados al gran río Eufrates!.

"Los cuatro ángeles fueron liberados; durante esta misma hora de este mismo día de este mes y año, ellos habían estado listos para matar un tercio de la humanidad. Me dijeron la cantidad de tropas montadas que habían: eran doscientos millones. Y en mi visión vi los caballos y sus jinetes: tenían corazas rojas como fuego, azul como el zafiro y amarillo como el azufre. Las cabezas de los caballos eran como de leones y de sus bocas salía fuego, humo y azufre. Un tercio de la humanidad fue asesinada por aquellas tres plagas: el fuego, el humo y el azufre salían de las bocas de los caballos. El poder de los caballos está en sus bocas y también en sus colas. Sus colas son como culebras con cabezas y las usan para lastimar la gente".

"El resto de la humanidad, todos aquellos que no han sido asesinados, no se alejaron del mal que habían hecho. Ellos no dejaron de alabar los demonios, ni los ídolos de oro, plata, bronce, piedra y madera, los cuales no pueden ver, oír, o caminar. Ni se arrepintieron de sus asesinatos, su magia, su inmoralidad sexual, o sus robos".

Los sucesos que Juan (escritor del *Libro de las Revelaciones*), ha trazado como grupo parecen terminar aquí. La siguiente sección, que comienza con el capítulo décimo, tiene que ver con un encuentro entre Juan y un ángel. El encuentro termina con el ángel diciéndole a Juan:

"Una vez más usted debe proclamar el mensaje de Dios sobre muchas naciones, razas, lenguas y reyes".

¿Por qué haría el ángel esta declaración: "una vez más usted debe proclamar..." a menos que el mensaje anterior haya sido completado? El ángel interpreta la visión anterior como una serie conectada de sucesos y completada y la siguiente profecía consistirá en un nuevo mensaje para una época diferente. La séptima trompeta y el resto de la revelaciones, esperan otro tiempo para que se cumplan, quizás inclusive miles de años a partir de ahora. Ya que es muy posible que todo el libro se cumpla de una vez, el precedente establecido por las otras profecías bíblicas divididas aboga por la probabilidad de un gran vacío antes de que se completen los sucesos predichos. Nostradamus indica, a través de la correlación de los cuartetos ya clarificados y aquellos que aún están para ser examinados, que el cumplimiento de al menos algunos de los sucesos del *Libro de las Revelaciones* va comenzar en 1999. Note una vez más, que las profecías de las revelaciones tiene su propia importancia. Si Nostradamus está equivocado, o las interpretaciones de este autor son incorrectas, la integridad o el cumplimiento de las Sagradas Escrituras ha sido comprometido.

¿Cómo se puede organizar e interpretar la información del *Libro de las Revelaciones*? Aquí se supone que el tener cada hecho en orden cronológico no era importante para Juan. La evidencia que respalda esto se encuentra más adelante en el *Libro de las Revelaciones*. Por ejemplo, en una visión posterior, que es contenida en el capítulo decimocuarto, se encuentra una descripción de la "Cosecha de la tierra". En esta "cosecha" todas las personas buenas son reunidas en el cielo y todo el mal es aplastado "por la ira violenta de Dios"; aunque el capítulo decimoquinto consiste en ángeles vertiendo siete "tazones de ira" sobre la gente de la tierra para castigarlos. ¿Cómo puede estar el libro en orden cronológico si los habitantes de la tierra están siendo castigados después de que el juicio final ya ha sido dado por Dios?. La caída de Babilonia, encontrada en el capítulo décimo octavo, es igualmente difícil de interpretar si los habitantes de la tierra están todos en el cielo o en el infierno. Para estos ejemplos, como para otros, el libro no se puede considerar que esté estructurado en un orden estrictamente cronológico.

Además de los ejemplos anteriores, también se debe anotar que en la lectura apocalíptica judía de los tiempos de secuencia cronológica no era esencial. Parece probable que Juan tuvo una visión de gran magnitud y alcance y buscó colocar por escrito lo que vio, agrupando diferente sucesos. También parece que los sucesos desde el comienzo del capítulo seis hasta el final del capítulo nueve representan un grupo de acontecimientos, pero de nuevo no es necesariamente en orden cronológico. Como se anotó antes, lo que Juan vio y describió son sucesos físicos reales. Ahora se intentará explicar lo que podrían ser esos sucesos físicos y a organizarlos en orden cronológico.

Con el sonar de la segunda trompeta algo que parecía "una enorme montaña de fuego fue lanzada al mar". La mayoría de los estudiantes bíblicos explican este suceso como una erupción volcánica cerca al mar. ¡Pero lea el pasaje de nuevo! La descripción no es de una erupción volcánica donde algo es lanzado al cielo y luego cae al mar, es de algo que parece estar en fuego y es lanzado al mar.

"Si no es una erupción volcánica", entonces ¿qué podría ser esta "enorme montaña de fuego"? Todos los meteoros tiene la apariencia de estar encendidos cuando caen a través de la atmósfera, tienen sus capas exteriores quemadas, y la velocidad de su paso también dan la ilusión de haber sido lanzados. Cualquiera que presencia tal suceso sin saber lo que es, fácilmente podría describir un paso de un gran meteoro a través de la atmósfera que se asemeja a una montaña de fuego.

La segunda trompeta también incluye: "Un tercio del mar se convierte en sangre, un tercio de las criaturas vivientes del mar morirán, y un tercio de las naves serán destruidas". La pérdida de una gran cantidad de peces durante el impacto de un enorme meteoro fue discutida en el primer capítulo y es entendido de manera fácil así como las marejadas son capaces de destruir cualquier nave cerca al puerto; pero ¿cómo puede el mar convertirse en sangre? La sangre podría ser algo simbólico de la muerte, pero si el impacto redistribuye una gran cantidad de hierro cualquier otra roca rojiza, desde la corteza de la tierra al agua del mar, entonces el agua podría tomar una apariencia roja sangrienta. Como es el hierro en hemoglobina el que le da el color rojizo a la sangre, los poetas inclusive podrían comentar sobre las rocas rojizas revueltas del mar que dan la apariencia que la tierra está "sangrando" a causa de la herida hecha por un meteoro. Note que la "montaña de fuego" está relacionada con la destrucción de un tercio de las naves que están en ese mar, la muerte de un tercio de los peces y un tercio del mar que es convertido en sangre. Mientras que un suceso meteórico es completamente capaz de lograr este nivel de destrucción, una erupción volcánica, inclusive una muy grande, no lo es.

El capítulo vigésimo primero de Lucas también describe el cometa y el meteoro: "...Habrán cosas extrañas y espantosas que vienen del cielo". ¿Puede esto ser diferente a un cometa o un meteoro? ¿Hay alguna otra explicación para un objeto espantoso que viene del cielo? Este pasaje es muy similar al pasaje discutido antes del capítulo vigesimocuarto de Mateo. Lucas también vincula la aparición del cometa con la aparición de falsas religiones, guerra, revoluciones, terremotos, hambruna y plagas por todo el mundo.

La apertura del sexto sello está relacionada con varios acontecimientos. Un "violento terremoto" ocurrirá y el Sol se volverá negro como "un paño negro grueso y la Luna se pondrá completamente roja como la sangre". ¿Puede un terremoto oscurecer el Sol y la Luna? Puesto que los terremotos pueden elevar polvo al aire, la cantidad es relativamente pequeña, con seguridad no lo suficiente para obscurecer el Sol y la Luna. Sin embargo, si el terremoto es causado por un impacto meteórico, entonces la tremenda cantidad de polvo lanzada a la atmósfera podría obscurecerlos a ambos con facilidad. Además, ¿cómo puede el sol, que genera su propia luz, ser más oscuro que la Luna que sólo refleja luz? El cambio no puede ser en el brillo intrínseco del Sol, porque entonces la

La Luna se oscurecería en forma proporcional y sería más oscura que el Sol. La única explicación posible es que un filtro de alguna clase, como el polvo atmosférico, cambie la apariencia del Sol y la Luna para los que viven en la tierra. Durante uno o dos días después de un impacto en el océano Atlántico alguien en la ciudad de Nueva York (o al menos lo que queda de ésta), al ver la nube de polvo que se expande, podría notar que el Sol naciente está totalmente oscurecido mientras la Luna, si está ubicada en el oeste, tendría sólo un tinte rojizo. Alguien en Europa oriental notaría el mismo efecto con un Sol que se oculta y una Luna saliente. Notará que la profecía se cumple incluso si esto ocurre sólo durante una noche y solamente en un lugar de la Tierra. La profecía no establece que el Sol ennegrecido y la Luna enrojecida deben ser visibles en todo el mundo, ni especifica un espacio de tiempo. El Sol y la Luna estarán separados lo más lejos uno del otro en el cielo, es decir, una Luna llena, más o menos el 23 de septiembre en 1999. A propósito esa fecha también cae en un Jueves. Remítase al Cuarteto (13) para una posible indicación de que el impacto puede ocurrir un Jueves. ¿Es posible que el 23 de septiembre de 1999 sea la fecha del impacto?

La apertura del sexto sello también contiene: "Las estrellas caerán a la tierra como higos verdes que caen del árbol...". Las así llamadas "estrellas" de Juan son meteoros, "estrellas fugaces" en nuestra propia lengua vernácula. Ya que el meteoro de un cuarto de milla de ancho que predice Nostradamus es parte de la cola de polvo del cometa, otros meteoros más pequeños también iluminarán el cielo. Puede ocurrir una lluvia de meteoros, quizás inclusive una tormenta. Durante las lluvias de meteoros estos objetos celestes pueden ser vistos iluminando el cielo a un índice de aproximadamente uno por minuto, pero durante las tormentas de meteoros, que ocurren varias veces en un siglo cuando la tierra pasa a través de una posición relativamente densa de polvo de una vieja órbita de un cometa, los meteoros pueden iluminar el cielo tan frecuente como sesenta veces por segundo. En raras ocasiones estos meteoros pueden incluso llegar a tierra, muy similar al granizo (hay más sobre esto en el Cuarteto (16) en el siguiente capítulo). Mirando esto, Juan debió haber estado muy presionado a explicar lo que vio. El mejor ejemplo para explicar esta primera experiencia del siglo fue la visión de una fruta verde que cae a la tierra durante un fuerte viento.

La apertura del sexto sello también incluye: "el cielo desaparecerá como rollo que se envuelve y cada montaña e isla será cambiada de su lugar". De nuevo se describe un terremoto muy grande, relacionado con la desaparición del cielo. Note que el terremoto será sentido en cada montaña e isla en todo el planeta, lo que implica una sacudida de intensidad sin precedente.

¿Qué causará que el cielo desaparezca? Una enorme nube de polvo, que se expande lentamente a través de la atmósfera superior, dará la apariencia de un cielo de día que se envuelve como un rollo de papel, o una alfombra. En una noche clara, iluminada por las estrellas el efecto sería inclusive más pronunciado a medida que las estrellas desaparezcan una por una. La respuesta de la humanidad a estos acontecimientos, desde el más grande hasta el más pequeño, será de temor. Juan describe este temor:

"Entonces los reyes de la tierra, los gobernantes y los jefes militares, los ricos y los poderosos, y todos los hombres, esclavos y libres, se ocultarán en cuevas y bajo las rocas en las montañas. Ellos le gritarán a las montañas y a las rocas. "Caigan sobre nosotros y ocúltanos de los ojos del que se sienta en el trono y de la ira del cordero" El día terrible de su ira está aquí y ¿quién puede enfrentarlo?".

Los sucesos descritos en el capítulo sexto son similares a otros pasajes de la escritura por ejemplo, en el capítulo trigésimo cuarto de Isaías está escrito:

"El Señor está enojado con todas las naciones y todos sus ejércitos. Los ha condenado a la destrucción. Sus cuerpos no serán enterrados, pero yacerán por ahí pudriéndose y hediendo, y las montañas serán rojas de sangre. El Sol, la Luna y las estrellas se derrumbarán hasta quedar en polvo. El cielo desaparecerá como un rollo que está siendo envuelto, y las estrellas caerán como hojas que se desprenden de un árbol de vid o de higo".

Este pasaje de Isaías se correlaciona precisamente con aquel de revelaciones. Además, Isaías vincula con estos sucesos la destrucción de los ejércitos, lo que implica una guerra muy grande. ¿Qué otra cosa puede ser esto sino una guerra mundial?

En el tercer capítulo del libro del *Viejo Testamento* del profeta Joel se encuentra lo siguiente:

"El Sol y la Luna se oscurecerán y las estrellas no brillarán más".

Hay varios temas encontrados en Joel que se correlacionan con los sucesos predichos por Nostradamus y descritos en las revelaciones. Los principales temas de Joel son sequía, hambruna, una plaga masiva de langostas, una guerra que aparentemente incluye la conquista de Israel, y la posible restauración del mismo país una vez más. Todos aquellos que creen que por el hecho de Israel haber sido restablecido como nación Jesús puede volver en cualquier momento deberán notar que Joel predice el cautiverio de Israel al menos una vez más. Pero antes de que estos acontecimientos sucedan, Dios envía un aviso de que ellos van a llegar. Del segundo capítulo de Joel:

> "Daré avisos de ese día en el cielo y la tierra; habrá derramamiento de sangre, fuego y nubes de humo. El Sol se oscurecerá y la Luna se pondrá roja como la sangre antes que llegue el gran día terrible del Señor".

Una vez más la guerra es relacionada con el oscurecimiento del cielo. El impacto traerá como resultado la muerte de muchos ("derramamiento de sangre") y el "fuego" será la tormenta de fuego generada por el impacto del meteoro. Estos "avisos" en el cielo (pérdida de luz) y en la tierra (cráter del impacto, fuego y humo) van a preceder los otros sucesos (hambruna, sequía, langostas guerra) esbozados por Joel. Observe que todo esto va a suceder "antes de que llegue el gran día terrible del señor", una indicación clara de que la segunda venida no seguirá en forma inmediata estos acontecimientos. Se recomienda al lector a estudiar el libro resumido de Joel en su totalidad.

Otro pasaje del *Viejo Testamento*, en el octavo capítulo de Amos, también describe el oscurecimiento del Sol y la Luna. El pasaje comienza con una condena de aquellos que engañaron a los pobres y necesitados, y luego continua:

> "El Señor, el Dios de Israel, ha jurado: Nunca olvidaré sus malvadas acciones. Y por lo tanto la tierra se sacudirá y todos en ella estarán angustiados: Todo el país será sacudido, se levantará y caerá como el río Nilo. Está llegando el momento en que haré que el Sol se oculte a medio día y la tierra se oscurezca de día. Yo, el Señor soberano, he hablado. Convertiré sus fiestas en funerales y cambiaré sus alegres canciones por llantos de dolor. Haré que ustedes se afeiten sus cabezas y usen sayales, y serán como padres en luto por su único hijo. Este día será amargo hasta el final".

Note una vez más que la relación del terremoto severo con el oscurecimiento del Sol a medio día. ¿Qué otra cosa diferente a una nube masiva de polvo, que se expande lentamente a través del cielo, podría lograr esto? También se indica que esto va a suceder a medio día, confirmando de nuevo que el cometa y el meteoro se estarán acercando a la tierra desde la misma dirección del Sol. Es interesante como, mientras el pasaje de Isaías describe a Dios enojado, Amos predica que la causa de su ira, la razón por este castigo, es al menos en parte debido al engaño de los pobres y necesitados por los ricos del mundo.

En el vigésimo primer capítulo de Lucas, así como en un pasaje similar del vigésimo cuarto de Mateo, Jesús da instrucciones a sus seguidores:

> "Habrán extrañas cosas que le sucederán al Sol, la Luna y las estrellas. En la tierra todos los países estarán desesperados, temerosos del rugido del mar y las furiosas mareas. La gente se desmayará del miedo mientras esperan lo que se aproxima para toda la tierra, porque los poderes en el espacio serán desviados de sus cursos".

¿Podría algo diferente a un cometa que roza la tierra provocar tal desespero y temor? ¿Podría algo diferente a una colisión de un meteoro en el océano causar que el mar muja y las mareas se enfurezcan? ¿Podría una cosa diferente a un cometa y al meteoro oculto en su cola ser los "poderes en el espacio que serán desviados de sus cursos"? Este pasaje es seguido en forma inmediata por otro que predice el retorno de Jesús, pero como ya ha sido mostrado, el método de cronometraje y, de secuencia los sucesos no son necesariamente lo que la humanidad cree que debe ser.

Con el sonar de la cuarta trompeta la escena cambia de un período inmediatamente después de la colisión del meteoro a varias semanas más tarde, posiblemente meses. "Un tercio del Sol fue golpeado, y un tercio de la Luna, y un tercio de las estrellas, así que su luz perdió un tercio de brillo". Mientras la nube de polvo se expande y se extiende por todo el mundo ésta también reducirá se espesor. Juan indica que la cantidad de luz de

Sol que llega a la tierra será reducida aproximadamente un tercio. En comparación, la erupción de Krakatoa sólo redujo la luz del Sol en sólo un 10% e inclusive la gran erupción de Tambora que redujo en forma significativa las temperaturas globales el año siguiente se estima haber reducido la luz del Sol en un 20%. Poco después de la erupción de Mt. Pinatubo en 1991 Patrik Mcormick, un científico atmosférico del Centro de Investigaciones Langely de la NASA en Virginia, voló sobre la Isla de Barbados, en el mar Caribe, a una altura de 20.000 pies. Allí él y su grupo midieron una reducción del 30% en algunas longitudes de honda de la luz solar que llega a la tierra. A medida que esta nube continuaba extendiéndose y haciéndose delgada, el efecto fue menos pronunciado. Juan indica que después de que la nube se adelgace, la suma total de toda la luz visible será disminuida en una tercera parte.

El sonar de la cuarta trompeta continua con: "No hubo luz durante un tercio del día ni tampoco durante un tercio de la noche". ¿Por qué debería ser esto así? A las cuatro en punto de la tarde la luz del Sol tiene que pasar a través del doble de la capa atmosférica y el polvo que lo hace a medio día. Mientras el Sol se acerca al horizonte este efecto se pronuncia aún más. Al amanecer y al anochecer esta atmósfera adicional sirve para filtrar la luz azul de longitudes de honda corta, mientras la luz roja de longitud de honda larga pasa en forma más fácil. Esta es la razón del color rojo normal del Sol cuando aparece y cuando se oculta. Después del impacto el polvo adicional en el aire filtrará inclusive la luz roja cerca de los horizontes. El "tercio" de Juan es probablemente un cálculo aproximado y no un número exacto.

Si él quiso decir treinta y tres por ciento, entonces la salida del Sol ocurrirá cuando éste esté a 30 grados sobre el horizonte oriental y finalmente sea capaz de atravesar la nube de polvo y se pondrá en 30 grados sobre el horizonte occidental al anochecer.

La cuarta trompeta concluye con: "¡Oh horror! ¡Horror! ¡Que terrible será para todos los que viven en la tierra cuando llegue el sonido de las trompetas que los otros tres ángeles deben tocar!". En los años siguientes al impacto del cometa, las cosas empeorarán, no mejorarán. Como se dijo antes, la séptima trompeta esperará durante muchos años después de que concluya esta visión particular antes de que ésta sea cumplida. La quinta trompeta habla de un volcán y una plaga de insectos, la sexta de la guerra. Mientras ambos sucesos seguirán a la expansión de la nube de polvo este es aparentemente un ejemplo en el que Juan registró parte de su visión en orden cronológico.

El sonar de la quinta trompeta es ligado con varios sucesos. Comienza con la descripción del meteoro y los sucesos ya descritos: "Vi una estrella que caía a la tierra...la estrella abrió el abismo, y salió humo de éste, como sale humo de un gran horno; la luz del Sol y el aire fueron oscurecidos por el humo del abismo". La descripción de Juan sobre el sitio del impacto parece indicar que el meteoro realmente penetrará la corteza de la tierra, abriendo una grieta desde las profundidades. El humo que sale del abismo puede ser vapor del mismo océano que lentamente disipa el calor del impacto, pero es también posible que el meteoro penetre en forma completa la corteza terrestre. Como se describió en el primer capítulo, la corteza es más delgada en los océanos que en los continentes e inclusive aún más delgada cerca de zonas de fallas geológicas tales como la elevación del Atlántico Medio. Un meteoro que penetra la corteza cerca de un lugar que ya está formado de volcanes, tales como la elevación del Atlántico Medio, fácilmente podría generar una isla volcánica instantánea.

En la quinta trompeta Juan continua con: "Las langostas salieron del humo y bajaron a la tierra con el mismo poder que tienen los escorpiones...". En los trastornos climáticos que se dan en forma segura después de cualquier gran cambio repentino en el medio ambiente, la muerte a gran escala de la vida animal es inevitable. Ya que los depredadores se reproducen más lentamente, ellos se recuperan en números reducidos en forma mucho más lenta que la presa; por lo tanto, los años que siguen al golpe del meteoro estarán marcados quizás por plagas de insectos de todos los tipos. Un insecto específico al cual Juan se refiere como una "langosta saldrá del humo", mientras la nube de polvo se asienta de nuevo en la tierra en los años siguientes al impacto. Esta plaga de "langostas afectará la gente que no tenga la marca del sello de Dios en sus frentes". Es probable que Juan esté describiendo aquí países no cristianos más que individuos. El número de insectos capaces de llevar a su cabo esto en el Medio Oriente, India, Sureste de Asia y la China es incontable (desde luego esto supone que la sociedad Occidental es una cultura Cristiana, una suposición que incluso un observador casual difícilmente puede creer). Estas plagas de langostas no son indefinidas y sólo durará cinco meses. Probablemente las "langostas" agotarán sus fuentes alimenticias en ese tiempo, o quizá, como la mayoría de insectos, son de vida relativamente corta. También es posible que la enfermedad que ellas causan dure sólo cinco meses.

La quinta trompeta continua con una descripción de estas langostas: "...parecían como caballos listos para la batalla... en sus cabezas tenían lo que parecían ser coronas de oro ...los rostros como los del hombre... el cabello como el de las mujeres, los dientes como los de los leones... el pecho cubierto con algo parecido a corazas de hierro... colas y aguijones como los de un escorpión". ¿Suena increíble esto? ¿Quizás demasiado extraño para que sea posible? Antes de la invención de los lentes de aumento y los microscopios este pasaje debió haber causado asombro a los historiadores, pero la descripción de Juan es razonable cuando se describe un insecto a través de la lupa o un lente magnificador.

El sonar de la tercera trompeta está asociada con: "Una gran estrella, encendida como una antorcha que se cae del cielo...", quizás otra referencia del meteoro pasando a través de la atmósfera o posiblemente una descripción del mismo cometa. Aquí se genera que "un tercio del agua se ponga amarga y mucha gente muera por tomarla". ¿Qué envenenará el agua? Ya que los pedazos del cometa contienen cantidades grandes de material orgánico, tal como el cianuro, la mayor parte de éste es probable que sea destruido en el calor de la explosión del impacto y está en duda si la cantidad total es mucho más de la contenida en el aire en cualquier ciudad grande en un día nublado y lleno de humo.

También es posible el envenenamiento por metal pesado en las cenizas de las lluvia radioactiva, pero no probable, dada la cantidad relativamente pequeña de material, el área sobre cual se expandirá éste y la baja solubilidad de las mayorías de metales en el agua. La explosión y la bola de fuego resultante del impacto generará tremendas cantidades de óxidos nitrosos en la atmósfera, precipitándose luego como lluvia ácida. Se podría generar cantidades suficientes para acidificar los acuíferos existentes sobre la tierra en una tercera parte del mundo, dándole al agua un sabor amargo. Sin embargo, no es probable envenenar suficientemente el agua potable de tal manera que muchos pudieran morir. Otra posibilidad es el envenenamiento petroquímico de los ríos, lagos y corrientes debido a la ruptura de tuberías subterráneas y a instalaciones de almacenamiento causadas por el impacto que genera el terremoto y las consecutivas marejadas. En circunstancias normales las plantas de tratamiento de agua municipales pueden filtrar estos contaminantes, pero sólo cuando están presentes en pequeñas cantidades. Además, cualquier área con tuberías y tanques de almacenamiento rotos es improbable que tenga un sistema de distribución y un tratamiento del agua funcional. La población se verá forzada a beber directamente de fuentes de agua envenenadas. Es muy interesante que la última posibilidad, el envenenamiento por hidrocarburo, era imposible antes del rápido crecimiento de la industria petroquímica en los últimos cincuenta años.

En el sonar de la primera trompeta: "Granizo y fuego, mezclado con sangre que caía a la tierra". El granizo se generará por la cantidad masiva de agua vaporizada en el momento del impacto del meteoro, luego se enfriará de repente en los niveles más altos de la atmósfera. Las piedras grandes de granizo requieren tormentas con grandes corrientes de aire superiores para mantenerse arriba. Cada paso sucesivo de la piedra a través de las posiciones más calientes y más frías o la tormenta agrega una capa de hielo a la piedra de granizo. Un gran impacto meteórico, que ya ha sido discutido, resultaría en enormes alteraciones de agua y tormentas violentas sin precedentes en las semanas y meses siguientes. Tormentas violentas tales como huracanes, tifones, tornados ocurren como un mecanismo de autorregulación del planeta para distribuir el calor a las altitudes más altas desde las regiones ecuatoriales. La tremenda cantidad de energía generada por el impacto, especialmente si el sitio del impacto está cerca al Ecuador, creará violentas tormentas por todo el hemisferio Norte y Sur. Serán comunes las grandes y frecuentes tormentas de granizo. El "fuego" de la primera trompeta es también fácilmente explicado como huracanes de fuego que se formarán como secuelas de la explosión del meteoro, causando incendios a cientos, quizás aún a miles de millas de distancia. Grandes cantidades de hollín encontradas en la capa de polvo asociada con la extinción de los dinosaurios hace 65 millones de años a causa de un meteoro, indica que la bola de fuego de ese suceso generó incendios forestales masivos en todo el mundo. Inclusive algunos investigadores creen que una tercera parte de todos los bosques del mundo entero se quemaron por tormentas de fuego gigantescas. Después de la colisión de otro meteoro se puede esperar incendios similares, pero a menor escala. Es también posible que el "fuego" de Juan sea una referencia a las tormentas de fuego costera esparcidas por las marejadas.

La "sangre" mencionada en la primera trompeta podría referirse a la gente muerta en la explosión y a los sedimentos de color rojo lanzados a la atmósfera desde el fondo del mar. Al caer la ceniza, quizás junto a pequeñas piedras, mantendrán un color rojo a medida que se asienta en todo el mundo. Juan describe la devastación física simplemente como "un tercio de la tierra fue consumida por el fuego, un tercio de los árboles y cada hoja de pasto verde". La destrucción de una porción significativa de los bosques del mundo por el fuego es entendible, pero ¿puede "cada hoja de pasto verde ser destruida"? Es posible que Juan se esté refiriendo sólo a un país o continente. Si él quiere decir que todo el globo, quizás entonces las hondas de calor masivo después de la explosión son responsables o, quizás, los complejos petroquímicos alimentarán las tormentas de fuego en muchas partes del mundo. La sequía mundial es también una causa posible en cuyo caso la "quema" no es física, sino un marchitamiento por falta de humedad. Los árboles sobrevivientes que tienen más raíces profundas que los pastos, permanecerán verdes durante las sequías que pondrán los pastos color marrón.

Un respaldo a la idea de que después de las tormentas iniciales seguirá una sequía a gran escala se encuentra en el primer verso del capítulo séptimo: "Después de esto vi cuatro ángeles parados en las cuatro esquinas de la tierra, atajando los cuatro vientos para que ninguno soplara sobre la tierra, el mar o se estrellaran contra cualquier árbol". Después de las hondas de calor masivas y las tormentas que siguen al impacto, quizás un año después, el clima cambiará de nuevo. Con la luz del Sol reducida de manera significativa y una caída en la temperatura, la evaporación de los océanos se disminuirá en forma considerable. La evaporación de los océanos genera los sistemas de baja presión que finalmente producen precipitación en las masas de tierra y es el calor del Sol que calienta los interiores continentales los que atraen las lluvias. Menos evaporación significa sistemas débiles de presión baja y la lluvia que ocurra es probable que permanezca en el mar o cerca de las costas.

Es la interacción de los sistemas de alta y baja presión la que produce el viento. Tiempo después del impacto, los sistemas de alta y baja presión resultarán en una aguda caída en la velocidad del viento, quizás en todo el mundo. La sequía, particularmente en los interiores continentales lejos de los océanos, se expandirá. Es precisamente en los interiores continentales donde están localizadas las grandes áreas de cultivo de grano en el mundo entero.

El pasado reciente trae como pequeño ejemplo de lo que podría esperarse de una reducción en la intensidad de la luz solar debido a la presencia del polvo atmosférico. Los vientos Monzones de 1982 en la India fueron muy débiles por razones que nadie entendió bien. Pero una investigación reciente hecha por Alan Strong, un oceanógrafo de la Academia Naval de los Estados Unidos, ha relacionado la falta de lluvia en la India con la erupción del volcán Mexicano El Chichón, en Abril de 1982.

La nube de ácido sulfúrico generada por la erupción permaneció cerca al Ecuador y se expandió en forma gradual sobre el subcontinente Indio. Aún cuando la nube de ácido reflejaba sólo una pequeña cantidad de luz solar devuelta al espacio, era suficiente para prevenir que la India se calentara lo necesario para atraer el aire húmedo del océano Indico, lo cual generó una estación Monzónica inusualmente débil. Multiplique este pequeño bloqueo de luz solar muchas veces y expándalo por todo el planeta y resultará en vientos reducidos dramáticamente y precipitación en todo el mundo. Este efecto será pronunciado de manera especial en las principales regiones de cultivo de los interiores continentales.

¿Qué efecto tendrá la luz solar reducida, la caída en la temperatura a nivel mundial y la sequía en la producción de alimento? La respuesta se encuentra en la apertura del tercer sello:

> "... había un caballo negro. Su jinete sostenía un par de balanzas en sus manos. Escuché lo que sonó como una voz que venía de entre las cuatro criaturas vivientes, las cuales dijeron, un cuarto del trigo por los salarios de un día, y tres cuartos de cebada por los salarios de un día. Pero no dañe los olivos y los viñedos".

En el tiempo de Juan con un día de salario se podía comprar 10–15 cuartos de trigo. Un cuarto de trigo era casi lo que un trabajador promedio consumía en un día. En este pasaje se da a entender una escasez de alimento con un importante aumento en el precio. Un trabajador promedio gastará todo su salario en alimento sólo para sobrevivir. Alimentar una familia en muchas partes del mundo no será una tarea difícil, sino realmente imposible. Sin embargo, no todo está perdido por completo. Las uvas y los olivos representan plantas perennes de raíz profunda capaces de sobrevivir a uno o dos años de sequía. Inclusive si los frutos no se dan, las plantas sobrevivirán. Esta ventaja no se aplica a los granos que requieren semilla y abono para que hayan buenas cosechas anuales. Al ser las uvas y olivos alimentos más costosos que los granos, Juan también puede estar dando a entender que los pobres del mundo que confían más en los alimentos más baratos, pueden sufrir más que los ricos con sus dietas más costosas.

El hambre a gran escala servirá como un elemento provocador de las guerras en todo el mundo. Tome cualquier país densamente poblado, la India por ejemplo, su población es mayor que toda la de Africa y Sur América juntas, aproximadamente tres veces la de Estados Unidos; y su área territorial es sólo un tercio de los Estados Unidos. Una gran hambruna traerá muertes por inanición de millones de personas. La tentación de usar la fuerza militar para obtener el alimento de países vecinos será tremenda. Incluso si millones de sus soldados mueren en una guerra por intentar conseguir alimentos, el número de pérdidas podría ser menos que si se sientan en casa a esperar la muerte por hambre. Es probable que esta situación se repita en países por todo el mundo.

En las revelaciones la guerra después del hambre es descrita en el primer sello: "Entonces vi al cordero abrir el primero de los siete sellos... Miré y había un caballo blanco. Su jinete sostenía un arco y le entregaron una corona. El partió cabalgando como un conquistador en conquista". Algunos historiadores creen que el jinete del caballo blanco es Jesús y su cabalgata es un símbolo de la predicación del evangelio. Pero ¿cómo puede ser así, si Jesús es el "cordero" que rompe el sello? ¡El es el que enviará el jinete blanco! ¿Cómo puede enviarse él mismo? El evangelio ha sido predicado durante siglos. Enviar un jinete a proclamar su mensaje ahora no tiene sentido. Lo que representa el jinete está claramente establecido. El cabalga "como un conquistador en conquista". ¿Por qué el color blanco? Está implícita la percepción de la pureza y la santidad que el blanco representa. Este "conquistador" será quien afirma representar al mismo Dios. Aquel que organizará una guerra santa en el nombre de Dios. Sin embargo, no es necesario que él sea realmente santo, sólo que lo parezca. Inclusive no es esencial que este "conquistador" sea un buen hombre, un hombre bendecido por Dios que finalmente verá el paraíso. Después de todo, en el Viejo Testamento Dios envió los Asirios y Babilonios a castigar su propia gente escogida cuando no se arrepintieron y volvieron a él. El empleó gente mala y malvada para lograr su voluntad. De hecho, el jinete del caballo blanco puede en realidad ser un individuo malo incluso quizás, el mismo Anticristo. Nostradamus habla bastante sobre este "conquistador" y el tema será abordado en su totalidad en el capítulo cuarto.

La ruptura del segundo sello también describe la guerra expandida, aparentemente una guerra que traerá el jinete del caballo blanco: "Otro caballo saldrá, uno rojo. A su jinete le ha sido entregado el poder para traer la guerra a la tierra, de tal manera que los hombres se matarán unos a otros". El rojo ha sido el símbolo tanto de la sangre como de la guerra durante miles de años. Inclusive los antiguos romanos llamaban a Marte, el planeta rojo, su Dios de la guerra.

Con el sonar de la sexta trompeta, Juan es mucho más específico sobre el lugar donde va a comenzar la III Guerra Mundial: La voz dijo al sexto ángel: "Libere los cuatro ángeles que están atados al gran río Eufrates. Los cuatro ángeles fueron liberados; durante esta misma hora de este mismo día de este mismo mes y año ellos habían sido mantenidos listos para matar un tercio de toda la humanidad". El río Eufrates es parte del Irak de hoy. Nostradamus tiene mucho que decir sobre esta guerra, la cual también será abordada en los siguientes capítulos, pero aquí se necesita mencionar un aspecto. Muchas profecías no cumplidas en la Biblia se refieren a "Persia", la cual consiste en los países modernos de Irán e Irak. La Biblia y Nostradamus están ambos de acuerdo en la unificación final de Irak e Irán en una Persia Moderna. Con el sonar de la sexta trompeta Juan indica que Irán e Irak se unirán en el futuro y una nueva Persia será responsable de la III Guerra Mundial. Si Nostradamus está en lo correcto en las fechas, entonces la III Guerra Mundial comenzará en los primeros años del próximo siglo. Si Irán e Irak no se han unido hacia 1999, lo que no parece probable, ellos lo harán en los años siguientes al impacto del meteoro.

Continuemos con la sexta trompeta: "Me dijeron la cantidad de tropas montadas: Eran doscientos millones". Este número es muy interesante. Las revelaciones tienen números que están llenos de simbolismo. Por ejemplo, el número tres representa perfección, como en la trinidad de Dios; el cuatro simboliza el mundo visible, como en las cuatro esquinas de la tierra; el siete significa plenitud y perfección, como en los siete días de la creación; el doce representa las doce tribus de Israel y, por extensión, todo el pueblo de Dios, y mil representa un período completo de tiempo. Pero, ¿es 200 millones un número simbólico? Juan afirma en forma clara que este libro pretendió ser entendido y mostrar los acontecimientos que van a darse, así que sin ninguna aplicación posible doscientos millones no es un número simbólico, sino un número real. Es el número de las tropas que la nueva Persia comprometerá en la batalla durante la III Guerra Mundial.

En toda la historia registrada nunca ningún país reclutó un ejercito de doscientos millones, y aún menos uno de "tropas montadas". Sin embargo, la explosión demográfica en la última parte del Siglo XX, especialmente notable en los países de Asia, significa ahora que China, o posiblemente un estado musulmán unificado, podría reclutar ejércitos de ese tamaño a comienzos del próximo año. Recuerde que estas son tropas montadas. ¿Como podría cualquier ejército montar alguna vez tantos hombres a caballo? La respuesta se encuentra en unidades de "caballería" de hoy. Las así llamadas "tropas montadas" no tienen caballos. La caballería de hoy consiste en camiones, vehículos de combate blindados y tanques. Juan está intentando comunicar que los ejércitos se conducirán en vehículos, no caminarán hacia la guerra; y andarán en máquinas, no en caballos. El describe sus colores (¿posiblemente la bandera de la nueva Persia?) como "rojo como el fuego, azul como el zafiro y amarillo como el azufre". Luego él hace una descripción de los así llamados "caballos" que llevan las tropas montadas: "las cabezas de los caballos eran como la de los leones, y de sus bocas salía fuego, humo y azufre". En efecto este sería un asombroso animal, pero suena de manera extraordinaria como un tanque. Ya que el hocico de un tanque (su boca) no podía asemejarse a la cabeza de un león, seguramente parece una cuando dispara. Y el "fuego" (fogonazo de la boca), "el humo" (autoexplicativo) y "el azufre" (olor a pólvora) que proviene "de sus bocas" son fácilmente entendidos. Fíjese también que los colores del fuego (rojo), el humo (quizás azul) y el azufre (amarillo) son probablemente los mismos colores de la bandera de la nueva Persia. Ya que los colores son algo simbólico para un país y los colores mencionados son los colores de la guerra, Juan sólo puede estar indicando que ésta sería una nación que está en guerra. El hecho de que estos "caballos" serán armados es reforzado a medida que continua la sexta trompeta:

"Un tercio del género humano fue asesinado por esas tres plagas: El fuego, el humo y el azufre que salía de las bocas de los caballos. Porque el poder de los caballos está en sus bocas y también en sus colas. Sus colas son como serpientes con cabezas y las usan para herir la gente".

Las "bocas de los caballos" ya han sido explicadas como algo parecido al cañón de un tanque de guerra. La "cola" parece ser pieza de artillería en remolque. Juan escribe que una tercera parte del género humano morirá en esta guerra. Un informe de las Naciones Unidas publicada en 1992 proyectaba que la población mundial para el año 2000 sería de 6.2 billones de personas. Así que, en la primera parte del próximo siglo, incluso después de registrarse los cientos de millones de muertos como resultado del meteoro y sus consecuencias, la III Guerra Mundial matará aproximadamente dos billones de personas.

Uno de los países conquistados por los nuevos ejércitos persas será Egipto (este tema será cubierto más adelante). Relacionado con el oscurecimiento del Sol y la Luna, en el capítulo treinta y dos de Ezequiel está escrita la siguiente profecía dirigida a Egipto:

"Cuando los destruya, cubriré el cielo y borraré las estrellas. El Sol se esconderá tras las nubes, y la Luna no alumbrará. Apagaré todas las luces del cielo y sumiré su mundo en la oscuridad. YO, EL SEÑOR soberano, he dicho".

"Muchas naciones estarán preocupadas cuando riegue la noticia de su destrucción por países de los cuales usted nunca ha escuchado. Lo que le haré a ustedes conmocionará a muchas naciones. Cuando blanda mi espada, los reyes temblarán de terror. El día que ustedes caigan, todos ellos temblarán de miedo por sus propias vidas".

Note la rapidez y la violencia implicada en la caída de Egipto durante la III Guerra Mundial, que provoca gran temor entre los que saben que ellos serán el próximo objetivo. Como ha sucedido durante toda la historia, Egipto ocupa una posición geográfica clave. Una vez se de la caída de Egipto, los ejércitos del Este serán capaces de tomar rápidamente el control de toda el Africa del Norte y de amenazar todo el Mediterráneo.

Con la ruptura del cuarto sello Juan relata lo siguiente: "Miré y había un caballo de color pálido. Su jinete se llamaba muerte y el Hades le seguía muy de cerca. A ellos les dieron autoridad sobre un cuarto de la tierra para matar por medio de la guerra, el hambre, las enfermedades y los animales salvajes". ¡Contradice este "cuarto" con lo que ya fue discutido, es decir ¿un tercio del género humano? No. Lea con cuidado la profecía! En este caso Juan está discutiendo la masa de tierra, no su población. Aunque es posible en muchas áreas geográficas el surgimiento de un estado Islámico unificado y de una guerra religiosa contra la Europa cristiana indica que el Medio Oriente, parte del Occidente de Asia, y el continente Europeo son al menos algunos de los campos de batalla. El veinticinco por ciento de la superficie de la tierra será golpeada por la guerra. En comparación, la II Guerra Mundial realmente afectó menos del diez por ciento de la superficie de la tierra; así que la III Guerra Mundial debe incluir mucha más del área terrestre ocupada por el Medio Oriente, el Occidente de Rusia y Europa. Las indicaciones que ésta va a ser una guerra religiosa contra la cristiandad se encuentra en el quinto sello.

> "Luego el cordero abrió el quinto sello. Debajo del altar vi las almas de aquellos que habían sido asesinados por haber proclamado la palabra de Dios y haber sido testigos fieles".

¡Este sello da testimonio de la persecución religiosa que esta guerra incluirá! Quién desearía matar a los cristianos por sus creencias religiosas. La única posibilidad es otra religión que compite en busca de la exterminación de los cristianos, a través de la conversión o de la masacre. En el mundo de hoy los únicos grupos imaginables son todos los de naturaleza islámica extrema, encontradas principalmente en el Irán. Similares episodios de "bautizo o muerte" ocurren en la historia de muchas religiones, incluyendo la cristiana. Estos grupos terroristas de base iraní ya han mostrado ser capaces de cometer atrocidades. Dada una oportunidad, muchos se comprometerían en una guerra santa religiosa contra los cristianos.

¿Cuál será la respuesta de la gente del mundo a estos desastres, muertes y destrucción? Juan también da una respuesta al final del capítulo noveno, en los versos finales de esta sección en el *Libro de las Revelaciones*.

> "El resto del género humano, todos aquellos que no habían muerto a causa de estas plagas, no le dieron la espalda a lo que ellos mismos habían hecho. Ellos no dejaron de alabar los demonios, ni los ídolos de oro, plata y bronce, piedra y madera, que no pueden ver, oír y caminar. Ni se arrepintieron de sus asesinatos, su magia, su inmoralidad sexual o sus robos".

¡Esto es asombroso! ¡El género humano no cambiará! Si estos sucesos eran de naturaleza sobrenatural, como lo aseguran la mayoría de los historiadores sobre las revelaciones, entonces el arrepentimiento vendría fácilmente. Pero cuando esto se pueda explicar por "fue un meteoro, aquellas cosas ocurren con mucha frecuencia" o "las guerras sucederán en forma segura", entonces quienes no desean la mano de Dios en la historia de la humanidad continuarán con su forma de ser y no verán razón para arrepentirse. Estos últimos versos implican que esta sección del *Libro de las Revelaciones* deben describir los eventos físicos y reales. Si esto no fuera así ¿por qué estaría Juan sorprendido ante la falta de arrepentimiento?.

DESPUÉS DEL DESASTRE

En los años siguientes al impacto del meteoro, ¿Cuál será el estado del medio ambiente y geopolítico del mundo? Para entender la situación en forma completa, tanto los efectos indirectos como los directos del meteoro, es necesario combinar las actuales presiones ambientales sin precedentes que el género humano está ejerciendo sobre la tierra. Desde un punto de vista práctico habrá sólo un hecho a considerar: ...El hambre. El cuarteto (8) relaciona el hambre con la aparición del cometa, y el cuarteto (11) predice la escasez de alimento después del impacto del meteoro. Aquí hay otro cuarteto que relaciona los marejadas con la escasez de alimento:

(15) Siglo VI, Cuarteto 5

Escasez tan grande a través de onda nociva,
a través de una larga lluvia hasta el Polo Artico:
Samarobryn a cien leguas del hemisferio,
ellos vivirán sin ley y sin política.

Una "legua" en el tiempo de Nostradamus era una unidad de distancia aproximada que variaba de 25 a 45 millas. Ya que la única forma de alcanzar cien leguas desde el hemisferio es yendo en línea recta, Nostradamus predijo que el género humano estará de 250–450 millas sobre la superficie de la tierra, la cual es la altura de vuelo del transbordador espacial. ¡Nostradamus también predijo el viaje espacial! "Samarobryn" es un anagrama, posiblemente para una persona, que no ha sido resuelto aún. La "onda" mencionada en la primera línea es desde luego la marejada vista viajando dentro y por debajo del Polo Norte, que emerge de nuevo en el Pacífico Norte. La última línea incluye "Ellos vivirán sin ley" una indicación de una anarquía que estará presente al derrumbarse los gobiernos en todo el mundo.

Ahora hay cuatro cuartetos que vinculan el hambre y la escasez con el cometa, el meteoro y las marejadas. Es suficiente hacer de la escasez un tema principal de Nostradamus relacionado con los sucesos de 1999. ¿Es probable que la escasez a gran escala siga al impacto meteórico? Ya que ha habido episodios de inanición en las últimas décadas, principalmente en Africa, ¿cómo es posible que grandes cantidades de personas alrededor del mundo puedan morir de hambre? Antes de continuar con los cuartetos de Nostradamus, se debe trazar un cuadro claro de las capacidades de producción de alimento del planeta en los años previos al impacto.

Hay cuatro sistemas biológicos que constituyen la infraestructura básica sobre la cual se basan todas las economías en el mundo. Estos sistemas son los océanos y los mares, las selvas y los bosques, los pastos y las tierras de pastoreo y las tierras de cultivo (tierras usadas para cultivar grano). Los océanos suministran el pescado, un alimento de alta calidad proteínica; las selvas suministran la madera para el combustible, la vivienda y el papel como también una pequeña cantidad de alimentos en forma de frutas; los animales que apacientan en los pastizales suministran la carne, los productos lácteos, el cuero y la lana; y las tierras de cultivo son las principales fuentes de alimento además de suministrar artículos comerciales tales como fibras y aceites. La salud de estos cuatro sistemas es absolutamente crucial para la economía mundial y la mejor forma de medir la salud del planeta. Si estos sistemas se derrumban, entonces todo lo construido sobre ellos también se derrumbará. Desafortunadamente, para la humanidad gran parte de estos sistemas ya están debilitados y se derrumbarán o están próximo a hacerlo hacia 1999. Ahora se examinará en detalle cada sistema.

LOS OCÉANOS

En 1987 los arrecifes coralinos que rodeaban la isla de Puerto Rico comenzaron a tornarse blancos. Este "blanqueamiento" es común y temporal, ocurriendo durante períodos de presión, tales como marea muy baja, contaminación, agua que es demasiado caliente o fría, o escorrentía de cieno desde tierras cercanas. Los científicos marinos esperaban que el blanqueamiento se resolviera en corto tiempo, pero esto no fue así. Por el contrario, pronto se observó que el blanqueamiento coralino se extendió por el mar caribe y luego en todos los corales tropicales del mundo entero. Ya que la causa aún no se ha conocido, se sospecha que la polución, la explotación humana y posiblemente el calentamiento global tiene que ver con este fenómeno.

En 1992, Clive Wilkinson del Instituto Australiano de la Ciencia Marina estimó que el hombre ha causado la muerte de un 10% de los arrecifes coralinos en todo el mundo. También predijo que, a los índices actuales de destrucción al menos otro 60% podría perderse en los próximos 20–40 años. Además de su belleza natural, los arrecifes coralinos son importantes productores de alimento. Los arrecifes producen de 10 a 100 veces más pescado que un área equivalente de océano abierto y por lo menos un 10% de todo el pescado del océano cogido en el mundo son cultivados en los ecosistemas de los arrecifes. Muchos países dependen del pescado cogido de los arrecifes para alimento. Por ejemplo, los isleños del Pacífico dependen del pescado del océano como la fuente de proteína animal. Lo es también para el Sureste de Asia, el Este de Africa y el Caribe. La destrucción de los arrecifes coralinos traerá consigo una reducción significativa de proteína para aquellas regiones, incluso si sus poblaciones pudieran estabilizar su crecimiento.

Aunque los arrecifes coralinos pueden ser el ejemplo más visible de la futura caída en la producción del pescado, ellos no son los únicos responsables. La Organización para la Agricultura y la Alimentación de las Naciones Unidas (FAO) estimó a comienzos de los años 90 que de las 17 zonas pesqueras en el mundo, 4 estaban siendo saturadas y la producción en esas zonas caerá, quizás en forma precipitada. Por ejemplo en 1968 se pescaron 1.6 billones de libras de bacalao en las costas del Labrador y Newfoundland. En julio de 1992, cuando el Ministro Canadiense de los Océanos y las Industrias Pesqueras prohibió la pesca de bacalao, quedaba solamente 44 millones de libras del mismo en todo el mar fuera de Newfoundland. Ha habido poca mejoría en las reservas de pescado desde la prohibición y algunos expertos creen que pueden pasar décadas antes de que se permita de nuevo la pesca de bacalao en la región.

Aún cuando la historia de la industria pesquera de Newfoundland es angustiante, no es la única. La mayoría de las otras 13 zonas no saturadas ya están siendo utilizadas en su máximo nivel de producción. Entre 1950 y 1988 el total del cultivo del pescado del mundo incrementó el 4% cada año. Durante los próximos cuatro años esto cayó realmente a un total de 7%. Para decirlo en forma muy simple, los océanos del mundo ya están suministrando todo el alimento que pueden dar. Lo mejor que se puede esperar es nivelar la producción, pero con la destrucción en marcha del arrecife coralino y la actual saturación en la pesca, lo más seguro es que sucedan más reducciones.

LAS SELVAS

Mientras el registro de la pérdida gradual de productividad de los mares es difícil, la deforestación es mucho más fácil de documentar. Como resultado, la mayoría de la población es consciente de la deforestación de la selva lluviosa Brasileña, pero no puede ser consciente de lo global que se ha vuelto el problema. Las áreas pobladas de árboles en el mundo han estado reduciéndose gradualmente durante varios siglos, pero el índice de reducción incrementó con el avance económico mundial después de la II Guerra Mundial, y de nuevo aumentó durante la oleada económica de una década de duración en los años 80. Como consecuencia, en 1984 el mundo estaba perdiendo 11 millones de hectáreas (una hectárea es aproximadamente 2.25 acres) de selva lluviosa tropical al año. En 1992 esa pérdida se había incrementado a 17 millones de hectáreas al año, y estaba todavía subiendo. Esto representa sólo las pérdidas de selva lluviosa tropical. Cuando se suma la pérdida en selvas lluviosas templadas, el total aumenta aún más. En sólo un período de veinte años, de 1970 a 1990, la pérdida neta de selvas a nivel mundial fue cerca de 200 millones de hectáreas, ¡un área que supera todo el tamaño al Este del río Mississsippi en los Estados Unidos! Desde 1950, el 20% del total de la selva lluviosa tropical del mundo ha sido cortada y la demanda de madera aún sigue creciendo. La pérdida de árboles combinada con el gran crecimiento de la población (la población mundial continua creciendo en 90 millones de personas cada año), llevará a un 20% de reducción en la áreas forestales del mundo por persona durante sólo la década de los noventa.

¿Por qué están siendo arrasadas las selvas? Hay varias razones. En Brasil y en muchos otros países, los árboles están siendo cortados para actividades agrícolas y ganaderas. ¿Es posible aumentar la producción de alimento en los años siguientes al cometa cortando selvas y plantando más cultivos? Consideremos lo que está sucediendo en el Brasil. El suelo allí, como en la mayoría de los países tropicales, es muy fragil. La mayoría de nutrientes encontrados en la vegetación marchita está concentrada en la superficie del suelo vegetal. Cuando esta capa de nutrientes es expuesta a los rayos directos del Sol tropical, el suelo se seca y endurece en forma rápida quedando inútil para la agricultura. El suelo se pone tan fuerte y sin nutrientes que incluso hasta la maleza tiene dificultad para crecer en él. Los suelos de selvas lluviosas tropicales ayudan a la ganadería durante no más de 10 años y a la agricultura durante no más de 5 años, antes de volverse improductivos y luego abandonados como tierra no cultivable. No más de diez años después de haber sido una selva lluviosa tropical exuberante, la tierra se convierte en un desierto tropical estéril. La tierra que ha estado poblada de vegetación durante millones de años se está convirtiendo en un desierto día tras día en todo el mundo tropical.

Sin embargo, la agricultura no es la única razón por la que las selvas se están reduciendo. Otra razón para el corte de árboles es la obtención de leña para combustible. Para las dos terceras partes del tercer mundo, incluyendo China, India, Sur América Andina y la mayor parte de Africa, los árboles constituyen la única fuente principal de energía. Las poblaciones que una vez pudieron satisfacer sus necesidades de leña recogiendo sólo la madera seca del suelo, se ha aumentado hasta el punto en que también los árboles vivos deben ser cortados. En 1980, más de un billón de personas estaban cortando leña lo que superaba el tiempo que la naturaleza se toma para reemplazar estos árboles. Hacia el año 2.000 esa cantidad estará cerca de los dos billones y medio. ¡Dos billones y medio de personas! ¿Qué harán ellos cuando la madera verde finalmente se agote? ¿Cómo vivirán? ¿A dónde irán? ¿Sobrevivirán dos billones y medio de personas?

Los problemas forestales no son limitados a los países del tercer mundo. Las lluvias ácidas también están reduciendo significativamente los índices de crecimiento de los árboles en los países industrializados. Por ejemplo, el servicio forestal de los Estados Unidos, encontró que el tamaño de los anillos de crecimiento anual de los pinos amarillos disminuyó entre un 30–50% en los años de 1955 a 1985. El pino amarillo es una de las principales especies forestales en el Sureste de los Estados Unidos que cubre más de 40 millones de hectáreas. El problema del crecimiento lento no es el único. En 1975 el 9% de los árboles de aquellas selvas de pino amarillo estaban muertas. Sin embargo, por 1985, sólo diez años después, el número de árboles muertos totalizó el 15%. Los expertos en bosques están reportando similares, o inclusive peores descubrimientos en Europa y las repúblicas de la antigua Unión Soviética, de tal forma que la productividad de las selvas existentes en todas las selvas templadas parece estar disminuyendo. A pesar de la replantación masiva de árboles por las compañías forestales en los Estados Unidos (la superficie en acres de selvas en los Estados Unidos es ahora mayor que en cualquier otra época de este siglo), las selvas están disminuyendo su tamaño rápidamente en todo el mundo y mermando su productividad. En un mundo de selvas que se reducen y creciente demanda de madera y sus productos, la posibilidad de convertir más bosque maderable en tierra de cultivo es limitada en el mejor de los casos. Cuando se tiene en cuenta también la disminución del crecimiento en las selvas que quedan y el crecimiento acelerado de la población, las tierras maderables están enfrentando una crisis futura muy similar a la que están enfrentando los mares.

LOS PASTIZALES

Los pastizales consisten en tierras de pastoreo poco nutritivas o pobres en agua para los cultivos. Al tener el suelo niveles más bajos de nutrientes y humedad, éste se deteriora en forma mucho más rápida que la tierra de cultivo cuando se abusa de ella. Sin embargo, el abuso es un término poco severo para calificar lo que está ocurriendo en las tierras de pastoreo en gran parte del mundo. En la mayoría de los países del tercer mundo las necesidades de alimento de los animales excede mucho la disponibilidad de tierras de pastoreo. El resultado es el sobrepastoreo lo cual, si es bastante severo, puede convertir un pasto verde en un desierto en unos pocos años. Por ejemplo, el sobrepastoreo en el campo sub–sahárico de Malí en combinación con la deforestación, ha causado que el desierto del Sahara se expanda hacia el Sur en más de 350 kilómetros (220 millas) en sólo 20 años. ¡Imagínese un desierto que se extiende hacia el Sur a un promedio de 11 millas al año!

En 1990 las tierras de pastoreo del mundo promediaban 0.61 hectáreas por persona. Sólo los años noventa esa cifra disminuyó el 20%, junto con la disminución del 20% en tierra forestal per capita. De nuevo, las dos principales razones son la expansión de la población y el sobreuso. Sin embargo, el excesivo pastoreo es mucho más serio que la sobrepesca. Inclusive las áreas aún explotadas por la pesca pueden ser reabastecidas y tornarlas productivas en unas pocas décadas. Por otro lado, las tierras sobrepastoreadas se convierten en desiertos y no son siempre recuperables como tierras de pastoreo. Convertir el pasto en un desierto inútil se puede lograr muy fácilmente en muchas partes del mundo, pero convertir de nuevo un desierto en cualquier tipo de tierra productiva es imposible para todos los propósitos prácticos.

LAS TIERRAS DE CULTIVO

Las tierras de cultivo buenas y productivas son el eslabón clave en la cadena de producción de alimento y de todos los tipos de cosechas sembradas, los cultivos de grano son los más importantes. La mitad de las calorías consumidas por la humanidad vienen directamente de los granos, y de una buena porción de comer carne, leche y huevos de animales alimentados con grano. Dada la importancia estratégica de las tierras para el cultivo de granos es de vital importancia que se tome una determinación sobre su estabilidad y salud a largo plazo.

¿Cómo se mide la salud de la tierras de cultivo? La medida más simple y directa es a través de la cantidad actual de suelo vegetal. Numerosos estudios en los Estados Unidos han mostrado una relación directa entre la cantidad de suelo presente y la productividad. Por cada pulgada de suelo vegetal erosionado, la producción disminuye aproximadamente un 6%. Por desgracia en la década de los 80, la agricultura perdió más de 250 billones de toneladas de suelo vegetal. Esta cantidad iguala al menos la mitad del total del suelo vegetal en los Estados Unidos, todo el suelo de las tierras para el cultivo de trigo en Australia o una pulgada menos la mitad de la tierra de cultivo en China! ¡Y esto sucedió en sólo una década! En los años setenta, una cantidad similar del suelo vegetal se perdió, así que el total de pérdida de suelo de 1970 a 1990 fue igual a la cantidad de todas las tierras de cultivo de la India. Desde el final de la II Guerra Mundial, al menos el 20% del total del suelo vegetal del mundo, suelo que tomó milenios para construirse, ha desaparecido por la erosión. Dadas las tendencias actuales, ¿cuál será la calidad del suelo dentro de otros 50 años?

En los años noventa la cantidad de tierra de cultivo por persona a nivel mundial se espera que se reduzca a casi el 2% cada año. Este es otro caso de una disminución del 20% per capita sólo para esa década. Tanto la fertilidad como la productividad en la tierra existente continua disminuyendo. Por ejemplo en Ontario, Canadá, el suelo que en 1950 tenía un contenido de materia orgánica del 10% (la materia orgánica contiene todo el material viviente en el suelo) ahora sólo tiene el 3% y ese porcentaje continua reduciéndose. Aunque, los agricultores en 1992 lograron alimentar 1.6 billones más gente que en 1972, incluso con 500 billones de toneladas menos de suelo vegetal, las tendencias inseparables de una pérdida gradual de la fertilidad de la tierra agrícola debido a la erosión y el crecimiento de la población está en camino ha convertirse en un conflicto. Los ambientalistas vieron que ese conflicto ocurría en los años 70, pero fueron desacreditados porque este fenómeno no ocurrió. Sin embargo, finalmente estas dos tendencias conducirán a una escasez a gran escala en algún momento. Simplemente, no hay más tierra agrícola disponible en el mundo, la fertilidad y la productividad está decayendo en las granjas existentes y la población mundial está aumentando en 90.000.000 cada año, un cuarto de millón de personas cada día sin excepción.

Aún peor a la continua erosión es la indiferencia hacia el problema por parte de los gobiernos en todo el mundo. Los Estados Unidos es el único país que está haciendo un esfuerzo significativo para reducir su problema de erosión. Entre 1985 y 1990 leste país redujo la erosión del suelo en un tercio y probablemente la redujeron en otro tanto entre 1990 y 1995, pero en la mayoría de los países del Tercer Mundo el problema esta empeorando. Y a pesar de la crítica relación entre el suelo vegetal y la productividad del suelo, la mayoría de los países no tienen idea cuanto suelo vegetal poseen, la rapidez con que se erosiona y lo pronto en que su tierra de cultivo se volverá estéril.

La naturaleza crea el suelo vegetal del pasto seco, los residuos de cultivos, hojas y del proceso natural de desgaste de las rocas.

Una pulgada de suelo vegetal puede tomar de cien a mil años para acumularse dependiendo de las condiciones. Bajo condiciones de extrema erosión, tal como en Oklahoma en los años 30, o las del Africa sub–sahárica del presente, el suelo vegetal puede erosionarse por completo en sólo unos años. Aún con menos impacto la erosión está presente incluso en la mayoría de tierras de cultivo fértiles. El departamento de Agricultura de los Estados Unidos ha estimado que el 25% de toda la tierra de cultivo de este país no puede sostener la agricultura de manera indefinida debido a los problemas de erosión. Finalmente necesitará ser abandonada y colocada para otros usos, sea para sembrar árboles o para tierras de pastoreo. El suelo vegetal, parte vital de la tierra, está hoy en día desapareciendo mucho más rápido de lo que se está generando en todo el mundo.

El deterioro de las tierras de pastoreo, de cultivo y de los bosques ha acelerado la expansión de los desiertos. Cada año se forman 6 millones de hectáreas de nuevo desierto. En Asia y Africa cada año la tierra se deteriora 20 millones de hectáreas adicionales, hasta el punto en que la agricultura y el pastoreo ya no son rentables y la tierra es abandonada. En total el 35% de la superficie de la tierra ya es un desierto o está en proceso de serlo. Además estas áreas que sufren descertificación son el hogar para casi un billón de personas.

Un billón de personas que viven en esas áreas en proceso de descertificación residen principalmente en Asia y Africa. Por desgracia, esas son las mismas áreas que ya están sufriendo escasez de alimento; escasez que se convertirá en hambruna debido al impacto del meteoro. Pero ¿qué pasa con el resto del mundo? ¿Enfrentarán también Europa y Norte América la escasez de alimento? Ya que el impacto del meteoro será significativo, incluso es posible que detenga el comercio mundial, aún una severa disminución en las cosechas dejará quizás a los países exportadores de grano del mundo con suficiente grano para el consumo interno.

¿Cuáles son los actuales países exportadores de grano? Durante cientos de años antes de la mitad de este siglo, las economías locales eran autosuficientes en producción de alimento con excepción de Norte América que era un neto exportador de alimento y la Europa Occidental, que era un neto importador. Sin embargo, durante los últimos cuarenta años el panorama ha cambiado ampliamente. Norte América es ahora el granero del mundo, exportando más de 100 millones de toneladas de grano al año, un incremento del 500% desde el fin de la II Guerra Mundial. Es interesante que la Europa Occidental se está convirtiendo con rapidez en el segundo exportador de grano después de Norte América, dando fin a cientos de años de dependencia en el grano importado. Mientras Australia y Nueva Zelandia son todavía grandes exportadores de grano, Africa, Asia y aún Latinoamérica son ahora grandes importadores.

Las cosechas de 1989 ilustran los recientes índices de producción y consumo de grano. Dentro de los exportadores estaba Norte América con casi 120 millones de toneladas de grano (a pesar de la sequía de ese año), la Europa Occidental con más de 20 millones de toneladas y Australia/ Nueva Zelandia con casi 15 millones de toneladas. Dentro de los importadores estaban Latino América con 11 millones de toneladas, Europa Oriental y la antigua USSR con 27 millones de toneladas, Africa con 28 millones de toneladas y el resto del Asia (excepto la USSR) con una cifra fenomenal de 90 millones de toneladas. Aún peor, el tonelaje de las importaciones a Africa y Asia todavía se están acelerando en forma similar a las curvas de crecimiento de la población de los países que forman estos dos continentes.

Con la destrucción de las instalaciones portuarias y la pérdida de los buques cargueros es improbable que el hambre del Africa y Asia intenten apropiarse del grano de Australia o Norte América, pero Europa es una cosa diferente. Como repercución del golpe del meteoro, el hambre que dura décadas puede ser casi universal entre la población de Africa y Asia, mientras Europa, en particular la Occidental, estará probablemente en mejor condición. Si la guerra se va a desarrollar, ésta muy probablemente enfrentará escasez de alimentos de Africa y Asia contra la riqueza de granos de la Europa Occidental. En el siguiente cuarteto, Nostradamus predice que incluso los europeos tendrán escasez de alimentos:

93

(16) Siglo III, Cuarteto 42

El infante nacido con los dos dientes en su boca,
rocas en Toscana como lluvia caerán:
Unos pocos años después no habrá trigo,
ni cebada para satisfacer aquellos que desfallecen de hambre.

"Rocas caerán como lluvia" no es tan inverosímil como parece. En julio 24 de 1970 una gran cantidad de meteoritos cayeron cerca de Agen, en el Sureste de Francia. Episodios similares ocurrieron en diciembre 14 de 1807 cerca de Weston, Connecticut y en Siberia en 1947. Las únicas razones concebibles para que las rocas pudieran caer como lluvia son intensas tormentas de meteoros, como cuando la tierra pasa a través de la cola de un cometa, una erupción volcánica local masiva o incluso un "chorro" de rocas del impacto meteórico. Si no es por el impacto del meteoro, entonces ¿cómo se podría relacionar esta "lluvia de rocas" con la hambruna en Italia varios años más tarde? La importancia real de este cuarteto es que Italia estará en hambruna "unos pocos años después" del impacto, posiblemente por el año 2001, a más tardar por el año 2002. Note también como este cuarteto se correlaciona con la predicción de Juan de la revelación de una lluvia de meteoros en la cual las rocas llegan a la tierra como higos verdes que caen del árbol ("las estrellas caían a la tierra como higos verdes que caen del árbol cuando un fuerte viento lo sacude"). El niño nacido con dos dientes en su boca se menciona en otro cuarteto y será discutido de nuevo en un capítulo posterior.

Nostradamus tiene un cuarteto sobre otra de las razones de la hambruna en Italia:

(17) Siglo IV, Cuarteto 48

La llanura de la Ausonía fértil,
lo espacioso producirá tantos tábanos y saltamontes:
El brillo del Sol se opacará, todo devorado,
mucha pestilencia vendrá de ellos.

Ausonía era parte del reino de Nápoles. Campania es la principal llanura cerca de Nápoles en la costa oeste del Sur de Italia. Nostradamus predice un enjambre de insectos que devoran la producción de la llanura. En tiempos modernos han habido enjambres de insectos en el Norte del Africa en cantidades suficientes para oscurecer el Sol en forma completa. Algunos de estos enjambres incluso han atravesado el Mediterráneo hacia el Sur de Europa en balsas formadas por los insectos muertos en su camino migratorio. La gran pestilencia que proviene de ellos probablemente será la escasez y las enfermedades que la acompañan. Si una cantidad suficiente de los insectos lograra cruzar el mar mediterráneo para que "el brillo del Sol se opacará", entonces es posible imaginar la escala de destrucción en el Norte de Africa.

¿Por qué habrá tal aumento de insectos? Como se discutió previamente, el invierno nuclear después del impacto del meteoro hará desaparecer grandes cantidades de criaturas de todos los tipos. Además, los mismos insectos se producen en fantásticas proporciones, cientos e inclusive miles de veces más rápido que sus depredadores (aves). Hasta que no se establezca de nuevo un balance natural, las plagas de todas las clases de insectos similares a las langostas serán comunes, no sólo en Italia sino también a través de gran parte del mundo. Los modelos ecológicos muestran que el establecimiento de un nuevo punto de balance o la homeóstasis tomará muchos años, quizás una o dos décadas en lograrse. Hasta que se llegue a ese punto las plagas de insectos pueden ser comunes. El siguiente cuadrante refuerza lo anterior:

(18) Siglo I, Cuarteto 16

Guadaña para el estanque unido hacia Sagitario
en su incremento superior de exaltación,
plaga, hambre, muerte de mano militar:
El siglo se acerca de renovación.

En el momento en que Saturno ("Guadaña") y la Luna ("el estanque") estén en la constelación de "Sagitario", una "plaga, hambre" y guerra ("muerte de mano militar") ocurrirá. Estos eventos se darán al final del "siglo". Saturno entra en Sagitario en febrero de 1994 y lo deja en enero de 1996. Lo cual estaría relacionado con el fin del presente siglo. Si es así, entonces una gran guerra estallará antes de que comience el nuevo siglo en enero 1 del 2001. Esta guerra será asociada con plagas y hambruna. Quizás incluso marcará los comienzos de lo que vendrá a conocerse como la III Guerra Mundial, aunque no se llamará así hasta mucho tiempo después. Sin embargo, esta fecha supone que Nostradamus calculó los movimientos planetarios correctamente o previó sus posiciones por su habilidad para mirar el futuro. La mayor parte de sus configuraciones son imposibles de fechar con precisión, por razones que serán explicadas en un capítulo posterior.

Y aún hay otro cuarteto sobre el hambre:

(19) Siglo I, Cuarteto 67

La gran hambre que siento que se acerca,
con frecuencia cambiando, luego volviéndose universal,
tan grande y larga que uno vendrá a halar
las raíces de los árboles y a los infantes de pecho.

Este cuarteto es claro autoexplicativo. La única debilidad es que Nostradamus no relaciona "la gran hambre" con ningún otro suceso en este cuarteto, lo que permitiría colocarlo allí sin ninguna duda. Sin embargo, ya que él la describe como "la gran hambre", la cual "se volverá universal" es colocada aquí ya que eso es exactamente lo que se puede esperar después del impacto del meteoro.

Suponiendo que este libro está equivocado en su interpretación de Nostradamus (que es muy posible), es probable que el hambre a gran escala agobie a la humanidad en algún momento al comienzo del próximo siglo. Si los índices de fertilidad del mundo se mantienen en los niveles actuales en el próximo siglo, por el año 2025 la amenaza mundial será para más de 11 billones de personas, el doble de la cantidad actual. ¿Pueden todos ellos ser alimentados? Las pasadas y actuales hambrunas en Africa exigen que la respuesta sea: No siempre. ¿Los hambrientos se sentarán calmados y morirán de hambre o pelearán por sobrevivir? Las hambrunas africanas de los últimos 25 años han sido en países pobres con capacidades militares insignificantes. ¿Qué pasa si el equivalente moderno de la hambruna de papa irlandesa golpea a Rusia, Paquistán o India? ¿Qué tal si los Estados Unidos con más de 400 millones de personas en el año 2025 ve con paciencia como una sequía arruina las Grandes Llanuras? ¿Quién sobreviviría a las guerras que los "pobres" lanzaran sobre los "ricos" en un tiempo cuando los "pobres" tengan armas nucleares?

El cuarteto (19) insinúa el canibalismo. Hay otro cuarteto que lo describe esta teoría con mayor claridad:

(20) Siglo II, Cuarteto 75

El sonido de la rara ave se escuchó,
en el cañón de la chimenea:
Tan alto se levantará el valor del trigo,
que el hombre devorará a su prójimo.

El alimento será tan escaso y costoso que se dará el canibalismo. La mención a canibalismo durante tiempos de escasez severa de alimento es desafortunadamente larga. Aquellas épocas quizás mencionadas por Nostradamus incluyen Italia en el año 450, Inglaterra e Irlanda entre 695–700, Alemania de 845–851, Escocia de 936–940, en toda Europa en varias ocasiones de 950–1000, Inglaterra durante la invasión de 1609 de Guillermo el Conquistador y todo Egipto de 1201–1207. En Egipto en particular, el horror inicial del canibalismo al final fue aceptado; hubo muchos casos de carne humana vendida en plazas de mercado. Los tiempos desesperantes producen iguales comportamientos. Para que el lector no piense que en el así llamado mundo "civilizado" del siglo XX, estos eventos no ocurrirán en algunos de los episodios más actuales de canibalismo incluyen las tropas Napoleónicas en su retiro de Moscú durante su desastrosa campaña de invierno, el famoso destacamento Donner que fue atrapado por el invierno en las montañas Wasatch de Utah en 1846, en Alemania y a lo largo de las riveras del río Volga después de la I Guerra Mundial, en Ucrania de 1923–31 durante el genocidio de Stalin del pueblo Ucraniano y de 1941–44 en Leningrado mientras los Alemanes bloqueaban la ciudad. En este último caso la violencia fue notable de manera especial, ya que muchas personas fueron secuestradas en las calles y asesinadas para ser utilizadas como alimento. Inclusive en el pasado reciente, 16 uruguayos sobrevivieron a un accidente aéreo en las montañas Andinas en 1972 comiéndose a los muertos. No debería dudarse que cuando el hambre a gran escala vuelva al mundo, el canibalismo será puesto en práctica por aquellos desesperados por sobrevivir a través de cualquier medio posible.

A continuación se dará una visión del mundo, continente por continente, en los años siguientes a la aparición del cometa.

NORTE AMÉRICA

Toda la costa Este de los Estados Unidos, y quizás también la costa del golfo, será devastada. El terremoto, las marejadas y las posteriores tormentas de fuego causarán una destrucción inimaginable. Sin embargo, la pérdida inicial de vidas será relativamente baja, debido al excelente sistema de autopistas en los Estados Unidos y a la abundancia de automóviles. Al evacuar 100 millas, un viaje corto puede alejar del desastre inminente a los habitantes costeros. Incluso teniendo en cuenta la congestión de tráfico masivo, el largo período de visibilidad del cometa permitirá la evacuación de los que deseen hacerlo. Sin embargo, esto crea el problema de que hacer con decenas de millones de gentes sin hogar. Los inmensos huracanes de 500 millas por hora que se formarán en el sitio del impacto también se arrastrarán al Atlántico Occidental y al golfo de México. Estas tormentas son aún probables de llevar vientos de al menos 150 millas por hora, y podrá haber una docena de ellas. Al menos unos pocos golpearán la costa de los Estados Unidos causando más destrucción, quizás también hacia el interior del país. Enormes tormentas en cantidades imaginables se formarán mientras la atmósfera busca dispersar calor del repentino calentamiento abrasador del océano Atlántico. La cantidad de inundaciones será simplemente incomprensible; para decirlo en forma sencilla: Cada parte de todo el país puede sufrir las peores inundaciones en los últimos mil años. Muchos tornados, que son más frecuentes en los Estados Unidos que en cualquier país del mundo, ocurrirán diariamente en toda la región Este de las Montañas Rocosas. La cantidad e intensidad de tormentas destruirán grandes secciones de la red de distribución eléctrica por todo el país.

Mientras el calor del impacto se disipa en forma gradual el clima comenzará a enfriarse. La nube de polvo inducirá al invierno nuclear que comenzará aproximadamente 15 meses después del impacto, congelando la tierra por debajo del nivel en que están enterradas las provisiones municipales de agua en la nación; en particular hacia el centro del país donde ocurren inviernos extremadamente fríos. En Febrero de 1996, el fuerte frío en Chicago congeló la tierra cuatro pies bajo el nivel del suelo. Si hubiera permanecido con este frío glacial sólo unos pocos días más, el nivel de congelación hubiera llegado a los cinco pies, el nivel a que están enterrados los sistemas de tubería para el agua en la ciudad. Si la escarcha hubiera llegado al sistema principal de tubería muchos, incluso miles, de tuberías se habrían estallado, dejando la ciudad entera sin agua. El departamento de obras públicas no tiene suficiente equipo, hombres o suministros para atender esa cantidad de sistemas de tubería rotos y tomaría al menos varios meses antes de que el agua pudiera ser restaurada en toda la ciudad.

Si el sistema de gasoducto de gas natural interestatal no es estropeado severamente en los terremotos o destruido por las tormentas de fuego, el frío los hará fallar. La ola de frío de febrero de 1996 hizo que mucho gas se escapará haciendo que las instalaciones de gas tuvieran dificultad para conservar la presión suficiente en las tuberías para mantener el sistema funcionando. Un invierno nuclear bien podría causar que todo el sistema fallara; como mínimo se pondría en marcha un plan de racionamiento severo.

Pocas personas comprenden lo frágil que es la civilización moderna y lo fácil que puede ser alterada. El impacto no sólo reducirá las importaciones y exportaciones, acabará con las comunicaciones globales y trastornará el transporte en el país, paralizando la economía de los Estados Unidos, sino que también estropeará en forma severa la distribución de electricidad, gas natural y agua potable a través de gran parte del país. Después del cometa las enfermedades más comunes de los países del tercer mundo, tales como la disentería y el cólera abundará entre los que queden sin hogar. En este punto el lector debería detenerse y considerar lo fácil como una roca espacial podría cambiar su vida: Sin calefacción, sin electricidad, sin agua, probablemente sin empleo, gasolina racionada, clima violento, etc. ¡Y esto ocurrirá en aquellas áreas afortunadas que escapen a la peor destrucción!

Como el productor más grande de grano en el mundo, los Estados Unidos también tiene cantidades enormes de grano almacenado, por lo que la muerte por hambre no deberá ocurrir a gran escala si el grano puede ser distribuido. Recuerde que las hambrunas en Africa en las recientes décadas han sido debido a problemas de transporte (usualmente al intentar pasar por el medio de la guerra), más que por escasez de alimento. Incluso con las probables reducciones severas de cosechas en los años siguientes al impacto del meteoro aún deberá haber suficiente grano almacenado disponible para evitar la hambruna a gran escala. (Desde luego, no puede decirse lo mismo para aquellos países a los cuales los Estados Unidos actualmente exporta grano). La dificultad estará en el transporte del alimento desde el lugar del almacenamiento hasta los sitios mencionados. Es posible que se establezcan centros de hambruna.

Como se discutió en el primer capítulo, la pérdida de los satélites de alta tecnología y las comunicaciones servirá más adelante para paralizar las capacidades militares junto con el comercio y la industria. Además los Norte americanos probablemente adopten no sólo una actitud donde "primero está América" sino una actitud donde es "solamente América" cuando se enfrenten a los desastres ambientales y económicos que están por venir. Los Estados Unidos no solamente serán incapaces de proyectar su poder militar al exterior, sus ciudadanos demandarán que el gobierno no intervenga en asuntos extranjeros hasta que la economía doméstica se haya estabilizado. Dada la naturaleza de la destrucción, es probable que esto tome una generación completa, inclusive posiblemente más tiempo. Hasta ese momento Estados Unidos será sólo una potencia regional, sin influir en los sucesos que ocurran en Africa, Asia y Europa. Los asuntos exteriores serán determinados por los sucesos que ocurran en Canadá y México y la fuerza militar más importante será la guardia costera y las patrullas fronterizas. Inclusive no es seguro que el gobierno federal sea capaz de sobrevivir. Es posible que se convoque una nueva convención constitucional y surja una "Segunda República" de las cenizas de los actuales Estados Unidos de América. Ya que las islas caribes serán afectadas en forma severa por las marejadas, posiblemente despobladas, los Nuevos Estados Unidos podrían incluir islas como Cuba y Jamaica, recolonizadas por algunas de las personas sin hogar provenientes del continente americano.

Todos los problemas en los Estados Unidos se empeorarán en Canadá. Su latitud más del Norte hará que el invierno nuclear sea más severo y es posible que dure a través del verano y muchos puedan morir por esta causa. Los cultivos también se dañarán durante varios años. Su supervivencia como país puede depender de su capacidad para extraer petróleo y comercializarlo por alimento debido a la escasez de combustible en los Estados Unidos.

México puede ser protegido de las marejadas por la Florida (que puede ser inundada en forma total), pero sus costas en el golfo podrían ser devastadas. En la actualidad México está experimentando un crecimiento poblacional y un deterioro del medio ambiente visto comúnmente en los países del Tercer Mundo. Mientras México puede esperar alguna protección contra los efectos de un invierno nuclear debido a su latitud más al Sur, el desastre económico, las epidemias y el hambre será general, incluso con la ayuda limitada dada por los Estados Unidos. La capacidad de supervivencia del gobierno federal también es discutible aquí.

101

SUR AMÉRICA

En el continente Sur Americano sólo Argentina es un importante exportador neto de grano. Para todo el continente la producción de grano por persona ha caído desde los mediados de los ochenta y la región depende ahora mucho del grano de los Estados Unidos. El hambre y las enfermedades se extenderán por todo el continente. Dada la historia de gobiernos inestables del continente, las revoluciones y levantamientos serán comunes. También es posible que puedan ocurrir guerras regionales entre una Argentina rica en comida y un Brasil hambriento por ejemplo. Sin importar sí estos sucesos para los que viven allí, no se mencionarán de nuevo en este libro ya que Nostradamus no predijo sobre los mismos.

AUSTRALIA

Australia, Nueva Zelandia, Nueva Guinea y las islas circundantes serían los lugares más estables de la tierra en el próximo siglo. Muy alejada del sitio del impacto, relativamente rica en comida y separada geográficamente de las masas hambrientas de Asia, esta región deberá sobrevivir con poco daño relativo Sin embargo hay dos peligros. El primero es el de las marejadas; sólo la distancia no necesariamente brinda la protección de las furiosas aguas. Como consecuencia, aunque no es probable que haya un daño severo en las costas, aún es posible que se presente algún daño. El segundo peligro está en el hecho de que Australia no está lo suficientemente lejos de Asia. En la primera y segunda década del próximo siglo son posibles las invasiones en busca de alimento provenientes de Indonesia, India o incluso China. Pero una vez más, Nostradamus no tiene predicciones sobre esta área del mundo y los sucesos futuros de esta región no se discutirán más en este libro.

AFRICA

En contraste con la estabilidad relativa de Australia, los países de Africa ya están entre los lugares más desafortunados de la tierra y después del impacto del meteoro las cosas simplemente empeorarán. Desde 1970 la producción de grano por persona en

Africa ha caído en un 20% y la mayor parte del continente, si ya no esta realmente muriendo de hambre, al menos está hambriento. Cualquier disminución posterior en producción de alimento desencadenará una hambruna masiva. La mayoría de los gobiernos, sino todos, se derrumbarán bajo la presión de la población después del impacto del meteoro. La anarquía presente en Ruanda y Somalia durante los años noventa es un buen ejemplo de lo que se dará por todo el Africa sub–sahárica unos pocos años después del impacto del meteoro. El Norte de Africa apenas estará algo mejor. Con excepción de Marruecos, todos los países del Mediterráneo ya importan más de la mitad de su grano, e incluso serán más dependientes de las importaciones a comienzos del siglo XXI. Con la incapacidad de los Estados Unidos y Europa para exportar grano a Africa, la mayor parte del continente morirá de hambre. El resto, especialmente el Africa sub–sahárica, caerá en anarquía o en el mejor de los casos en un gobierno tribal.

ASIA

El continente Asiático ha experimentado un crecimiento explosivo de la población en este siglo; más de un tercio de toda la población mundial vive en China e Indonesia. Asia también sufre del peor daño ambiental del mundo. Aunque protegido de los efectos directos de la explosión, los efectos indirectos, especialmente el hambre, serán una tremenda presión para cada gobierno. Las guerras locales por el control de las regiones cultivables de alimento serán comunes. Rusia experimentará el mismo intenso invierno nuclear que Canadá, y dados los otros problemas masivos del país (por ejemplo, en junio de 1994, Boris Yeltsin anunció que más de la mitad del país tuvo ingresos al nivel o por debajo de la pobreza) es probable que no sobreviva como país. En vez, las repúblicas independientes probablemente se dividirán en regiones cada vez más pequeñas en lucha contra los grupos étnicos. A medida que la antigua Unión Soviética se desintegra en feudos pequeños, la situación política será muy similar a la que enfrentó Ganghis Khan durante su conquista de Mongolia a Europa.

El siguiente cuarteto que describe la reciente relación entre los Estados Unidos y Rusia:

(21) Siglo II, Cuarteto 89

Algún día serán amigos los dos grandes maestros,
su gran poder se verá aumentar:
La nueva tierra estará en su extremo más alto,
hacia el sangriento el número dicho.

Si el cuarteto es aplicable al siglo XX los dos grandes maestros deben ser los Estados Unidos y Rusia, sin duda las dos grandes potencias de este siglo. Pero a pesar de que los dos ya no son enemigos en términos técnicos, tampoco son amigos, ¿no es cierto? Bien, en junio de 1992, George Bush y Boris Yeltsin firmaron una "carta de amistad". Debido a la falta de cláusulas legales y obligatorias en el tratado, éste fue una vergüenza para el Departamento de Estado de los Estados Unidos. Un oficial miembro del Departamento de Estado afirmó lamentándose: "Todavía es un tratado de amistad. No se como nos metimos en esta situación".

Norte América, inclusive en tiempos de Nostradamus, era conocida como la "Nueva Tierra". ¿Predijo él que los Estados Unidos alcanzaría su apogeo en la economía y poder militar a comienzos de los años noventa? ¿Se encuentra el país en decadencia de aquí en adelante? La cuestión de quien podría ser "el sangriento" será abordada en el próximo capítulo. Aunque este cuarteto en particular bien puede pertenecer a otra época y a otros países, aquí encaja muy bien.

A pesar de sus propios problemas alimenticios China como la economía más independiente y autosuficiente del mundo, bien puede ser el país más poderoso en los primeros años del próximo siglo. Para mitigar su hambre los chinos explotarán la anarquía en Rusia expandiéndose a las regiones débilmente defendidas de Siberia, invadiendo el Vietnam y otros países del Sureste Asiático incluyendo la India. Políticamente los chinos ya están aliados con Irán y es seguro que esta relación se expanda.

La India, con una población en aumento y con el rápido deterioro de sus bosques y tierras de cultivo, es otra región donde es probable que se de la guerra civil y la anarquía. La guerra civil con sus separatistas Sikh y unas importantes minorías musulmanas es inevitable y es posible la guerra con Pakistán. El futuro de la India es de muerte a escala masiva debido a la guerra civil, las enfermedades, la escasez de comida y el hambre. India probablemente no sobrevivirá como país unido.

Japón descenderá rápidamente a sólo una potencia regional, quizás sin poder y sin suficiente comida para alimentar su propia población. La producción de grano del Japón llegó a su máximo en los años setenta y la producción ha caído más del 25% desde entonces. En los ochenta Japón estaba importando más del 70% de su grano; es el más grande importador de grano en el mundo. Al contrario, la China ha estado importando sólo el 5% de su grano. Además Japón es un país desprovisto de materias primas. Su riqueza proveniente totalmente de la importación de la materia prima y la exportación de productos acabados con beneficios económicos. Con el comercio mundial estancado en forma severa y una seria escasez de grano, el Japón no solamente no sobrevivirá como una potencia del Asia, sino que podría inclusive caer en anarquía, o en guerra civil y no sobrevivir en absoluto.

Los países musulmanes de Asia y Africa tendrán algunos problemas particulares, que serán tratados en el próximo capítulo. En este momento es suficiente decir que su infraestructura evitará la destrucción ocasionada por la marejada y ellos estarán en busca de medios para alimentar su población hambrienta y se sacará provecho de la destrucción y la confusión política en Occidente.

EUROPA

Sí el meteoro impactará cerca al punto de unión de las placas tectónicas de Africa y Europa hacia la mitad del Océano Atlántico, entonces Europa aguantará lo más recio de la fuerza del terremoto y las marejadas, y los resultados serán espantosos. Como se discutió en el cuarteto (12), Nostradamus prevee que la mitad de la Gran Bretaña será sumergida por las marejadas. Sí esto sucediera en realidad Londres sería destruida en forma completa. Debido a que las colinas en Escocia ofrecerían alguna protección contra las aguas, la capital de las Islas Británicas puede ser trasladada allí. Otros cuartetos respaldan esta predicción y serán discutidos más adelante en este libro, en el cual Nostradamus menciona que el líder de la Gran Bretaña surgirá de Escocia en lugar de Inglaterra. ¿Podría ocasionar algo diferente a una completa destrucción de Londres que la capital sea reubicada en Escocia?

Portugal y en menor escala España sufrirán un daño severo por la explosión y la infraestructura de ambos países será estropeada. Italia y Grecia también serán dañados por la colisión inicial y por los terremotos secundarios y las probables marejadas a lo largo de las placas tectónicas limítrofes entre Africa y Europa.

Todos los países del antiguo bloque soviético de Europa Oriental quedarán con economías muy débiles. Todos tendrán problemas ambientales agudos y todos enfrentarán un futuro que empeora incluso sin la aparición de un cometa. Ante las repercusiones por el impacto del meteoro ellos tendrán gran dificultad sólo para sobrevivir. El desastre económico y ambiental, el hambre y las plagas serán comunes en la Europa Oriental. Toda la región bien podría dividirse en pequeños feudos de grupos étnicos regionales en guerra, muy similar a lo que encontraron los Mongoles en su marcha a través de Europa hace siglos.

A pesar de las dificultades generadas por el cometa, Francia y Alemania estarán en la mejor condición comparados con todos los países de Europa. Hay varias razones para esto. Primero sus poblaciones son de tamaño estable o se reducen ligeramente. Segundo, ambos son ahora prodigiosos productores de alimento y deberán ser capaces de resistir la escasez generada por el invierno nuclear. Tercero, Francia y Alemania son probablemente los únicos países sobre la tierra sin grandes problemas de erosión del suelo. Cuarto, ambos son mucho menos dependientes de la importación de energía que el resto de Europa. Francia especialmente, debido a su agresivo programa de energía nuclear doméstica y al bajo índice de erosión, sobrevivirá con su sistema de generación de energía y su capacidad de producción de alimento intacto en forma razonable.

En resumen ¿cómo se verá el mundo? Africa, Europa Oriental y los Estados que conforman la antigua Unión Soviética, caerán en anarquía. Los países individuales de Norte América, Sur América y Australia estarán completamente absorbidos en asuntos internos y aislados de manera total de los sucesos de Europa y Asia. En el Lejano Oriente, China será la principal potencia y se expandirá a Rusia, al Suroriente de Asia y probablemente también a la India. Sus aliados musulmanes, especialmente Pakistán, les ayudarán en la India. El resto de los estados musulmanes, con China asegurando su posición en el resto de Asia, mirarán con ojo hambriento a una Europa debilitada. En Europa sólo Francia y Alemania conservarán la estructura de los países que son hoy en día y el escenario estará listo para el momento definitivo.

El cuarteto (14) admite un repaso ahora, ya que predice la condición de Francia durante el invierno nuclear que sigue al impacto del meteoro. La pequeña cosecha de grano y la violencia ("fuerza"), junto con una húmeda primavera y el verano encajan bien con lo que se podría esperar en el año 2000. Nostradamus señala que el siguiente invierno será "largo" y difícil para los humanos, el ganado y las abejas. Estos sucesos estarán asociados con una carrera armamentista entre Francia y los países orientales. La guerra finalmente llegará a Roma y a la misma sede papal. Ya que Nostradamus no nombra en el cuarteto (21) los países "del Oriente" que se están armando, él lo hace en otro cuarteto.

(22) Siglo III, Cuarteto 60

En toda el Asia un gran llamado
a las filas del ejército incluso en Mysia, Lycia y Pamphilia.
Sangre derramada a causa de la absolución
de un joven negro, lleno de maldad.

Mysia, Lycia y Pamphilia están localizadas en el Asia menor. Ya que el tercer renglón indica el derramamiento de sangre, el "gran llamado a la filas del ejército" llevará a la guerra. El líder de las fuerzas asiáticas es descrito como un "joven negro lleno de maldad" donde el negro se traduce mejor como el "mal" más que como referencia al color de la piel.

El cuarteto antes del (22) en el sistema de numeración de Nostradamus continúa con del tema de la guerra:

(23) Siglo III, Cuarteto 59

El imperio bárbaro a través de la tercera usurpación,
la mayor parte de su sangre llevó a la muerte:
La muerte prematura debido al golpe de un cuarto,
por temor que la sangre de la sangre no estuviera muerta.

Mientras en este cuarteto la nacionalidad del "imperio bárbaro" no es identificada, en otros cuartetos se describe claramente que tiene origen musulmán. Este cuarteto también tiene referencias muy claras al *Libro de las Revelaciones*. El tercio es similar al tercio de la humanidad asesinados en la guerra descrita en las revelaciones, y por "el golpe de un cuarto" es similar a la descripción que hace Juan de la guerra que golpea un cuarto de la tierra. Las continuas referencias a la "sangre" también indican guerra.

¿Quién pertenece a este imperio bárbaro que Nostradamus describe? ¿Qué tan temprano aparece en el próximo siglo? ¿Por qué este imperio comenzará con lo que se puede describir como la III Guerra Mundial? El próximo capítulo responderá estas preguntas mostrando la visión de Nostradamus sobre el surgimiento de una potencia totalitaria fundamentalista islámica unida en el Medio Oriente.

EL ASCENSO DE UN
ESTADO ISLÁMICO

La edición de *News & Report* de los Estados Unidos publicado el 30 de marzo de 1992 contenía un artículo titulado "La nueva ofensiva del Irán". El artículo describe como Irán fue el único ganador en la guerra del golfo y sus planes posteriores a la guerra. Con la destrucción de gran parte de la milicia iraquí y la infraestructura civil, Irán esta adelantándose ante la falta de poder en el Golfo Pérsico. Ellos están gastando más de 2 billones de dólares al año en armas, las cuales están muy por encima de sus necesidades de defensa. Además ellos están envueltos en aventuras militares conjuntas con China, su principal proveedor de armas.

Pruebas de que Irán se está armando para la guerra es evidente según las compras militares que hizo en corto período durante los primeros años de esta década:

1. Al final de 1992 varios cientos de misiles Scud tierra a tierra fueron enviados de Corea del Norte a Irán. Estos misiles tienen un alcance de 600 a 800 millas, capaces de alcanzar cualquier lugar en Israel desde Irán. Libia y Argelia también están interesados, lo que le permitirá al primero alcanzar el Sur de Italia. Ya que Libia ha disparado

misiles de prueba en aguas territoriales italianas; los italianos obviamente están preocupados. Si un gobierno fundamentalista pan—musulmán emergiera y los libios y argelinos se aliarán entre ellos con Irán, entonces Irán tendrá rampas de lanzamiento en el Norte de Africa capaces de alcanzar a Italia y España.

2. En el invierno de 1993, Irán compró a Rusia los más modernos submarinos de guerra clase Kilo a base de diesel. Estos submarinos son supersilenciosos y poseen un diseño de propulsión único, que los hace difíciles de detectar con un sonar pasivo. También son posibles futuras transacciones debido al deseo ruso de continuar vendiendo estos submarinos con el fin de conseguir una moneda fuerte y mantener el empleo para miles de trabajadores en los artilleros. Libia, Argelia y Siria han mostrado algún interés en comprar submarinos clase Kilo (Argelia ya posee algunos). En esta transacción los iraníes también compraron caza bombarderos SU—24 y aviones de caza MiG—29.

3. En la primavera de 1993, Irán compró armas a Rusia y a Ucrania. El arma clave comprada en esta transacción fue el misil crucero, capaz de alcanzar un barco en los estrechos de Hormuz en sólo 17 segundos después de ser lanzado desde el suelo Iraní. Estos misiles amenazan no solamente los buques de petróleo, también son capaces de hundir los portaaviones de los Estados Unidos. La transacción también incluyó 50 MiG—29 y otro avión, más de 200 tanques de batalla y unos modernos sistemas de defensa en aire.

Además de comprar armas, Irán también está desarrollando en forma activa copias de las armas occidentales. A finales de los años ochenta Irán capturó una banda de rebeldes afganistanes cerca de la frontera con Afganistán. Los rebeldes estaban armados con misiles de mano anti—aeronaves Stinger de fabricación americana. Estos misiles fueron suministrados a los rebeldes afganistanes por los Estados Unidos para ayudarnos en su guerra civil contra su gobierno dirigido por los rusos. Irán confiscó y desmanteló las armas y más adelante compartió la tecnología con China. Por ahora se ha de suponer que tanto China como Irán poseen la armas equivalentes a los Stinger.

Este intercambio de tecnología militar entre China e Irán no es inusual. Durante la administración Nixón los Estados Unidos suministraron a China la tecnología para construir las plantas de energía nuclear, plantas que podrían ser usadas para producir material nuclear para armas. Durante los ochenta China compartió luego esa tecnología con los iraníes. Ya que Irán planea desarrollar armas nucleares operacionales con tecnología China en 1997, es seguro que ellos poseerán armas nucleares mucho más pronto. La caída de la Unión Soviética ha creado muchas oportunidades para que Irán y otros países del Tercer Mundo interesados en adquirir tecnología nuclear e incluso armas ya construidas.

Por ejemplo:

1. A la república de Kazakistán se le dio el control sobre más de 1.000 ojivas nucleares cuando obtuvieron su independencia de la USSR. En mayo de 1992 la Agencia Internacional de Inteligencia Rusa reportó que "varias" ojivas habían desaparecido del lugar de prueba nuclear Semipalatink en Kazakistán. Después informaron que el pobre gobierno de Kazakistan había comercializado las armas nucleares con Irán por petróleo y moneda dura, un informe que fue negado por Irán.

2. En Cheliabinsk–70, el centro del antiguo complejo de armas nucleares soviético, los 50 dólares de salario pagado por mes a los científicos nucleares más capacitados, no alcanza a cubrir sus necesidades básicas. La CIA informa que los científicos están siendo atraídos por mejores ofertas de trabajo en China, Irak, Corea del Norte, India, Pakistán y, por supuesto Irán. Los expertos que más están siendo reclutados son los que están capacitados para mejorar el alcance y la precisión de los proyectiles balísticos nucleares de largo alcance.

3. En julio de 1993, el periódico finlandés Iltalethi publicó una historia sobre una investigación secreta que ellos realizaron

con reporteros de la televisión británica y alemana. Fingiendo ser compradores de armas nucleares se reunieron con un "vendedor" en Moscú. El vendedor suministró muestras que más adelante fueron analizadas en un laboratorio y comprobó que eran armas a base de plutonio. Se cree que la oferta fue genuina. Se citó que el "vendedor" dijo textualmente: ¡Si ustedes quieren comprar, nosotros podemos vender, podemos suministrarles todo el plutonio que quieran. Podemos despacharles 15 o 16 kilogramos de plutonio–239 en 10 días! Esta cantidad de plutonio es suficiente para hacer de 3 a 4 bombas simples de fisión del tamaño de las de Nagasaki. ¡Aún peor, ofrecieron incluso dos misiles balísticos 55–20 intercontinentales completos, incluyendo sus ojivas nucleares operacionales! Si estas son las ofertas que se están haciendo a individuos, ¿qué tipos de transacciones están realizando países como Irán? Los recursos de un país, especialmente un país exportador de petróleo, son mucho mayores que los recursos de cualquier individuo. Se supone que Irán, hacia 1999, poseerá suficiente cantidad de ojivas nucleares y sistemas de lanzamiento para borrar a Israel de la faz de la tierra en cuestión de minutos. Algunos creen que Irán desarrolló esas capacidades durante 1995.

A mediados de los noventa el único rival de Irán para el control del golfo Pérsico es Arabia Saudita. En esta época Irán era incapaz de derrotar a Arabia Saudita (apoyada por los Estados Unidos) en un conflicto armado, así como Irán fue incapaz de controlar a Kuwait. Sin embargo, si los Estados Unidos son incapaces de mantener una presencia militar en el Medio Oriente por cualquier razón, es imposible que Arabia Saudita resista a Irán. A comienzos de los años noventa Irán seguía siendo potencia de tercera categoría así como lo era Alemania a comienzos de los 30. Además, ¿estarán países como los Estados Unidos o cualquiera de los países de Europa Occidental en mejor condición que las mismas potencias de Tercera Categoría en el colapso económico y social después del impacto de un meteoro y las marejadas? Con la destrucción de casi todas las instalaciones portuarias en el

Atlántico y la pérdida de los satélites de alta tecnología el Occidente será incapaz de enfrentar una guerra en el golfo Pérsico, aunque lo quisieran hacer. Después del impacto de un cometa y la posterior caída de las economías occidentales, se puede esperar que Irán tome control sobre los países del golfo, muy similar al control que tomó Alemania de la Europa central a finales de los años 30. Este control será a través de una conquista absoluta o a través de alianzas diplomáticas.

Además del desarrollo militar, ¿qué otras políticas nacionales está persiguiendo Irán? En julio de 1993, el secretario de los Estados Unidos Christopher Warren pidió a los países de la Europa Occidental que comerciaban con Irán el inicio de un bloqueo limitado a este país, acción que ellos rechazaron, con la esperanza de desestabilizar la economía iraní. ¿Por qué se recomendaría tal acción? Christopher presentó evidencia de que Irán estaba apoyando grupos terroristas radicales que intentaban derrocar los gobiernos de Argelia y Túnez. El terrorismo patrocinado por el Estado no es nuevo para Irán. Desde el derrocamiento del Sha y el establecimiento de un estado fundamentalista religioso, Irán ha incitado a otros pueblos islámicos a derrocar sus propios gobiernos y también a formar estados religiosos islámicos. El director de la CIA, R. James Woolsey ha tildado a Irán como el patrocinador más activo y peligroso del terrorismo de estado organizado en el mundo.

Los grupos terroristas patrocinados por Irán más conocidos incluyen el Hezbollah (también conocido como el Jihad islámico), Hamas y el popular Frente para la Liberación de Palestina. El Hezbollah se atribuyó la responsabilidad por el bombardeo de la embajada israelí en Buenos Aires en marzo de 1993. El estallido mató a 25 personas e hirió a 250. Una declaración pública para la prensa afirmó que el ataque era parte de una campaña que no pararía hasta que "Israel desapareciera". ¡Qué forma de apoyar al proceso de paz del Medio Oriente! Así como el tratado de Israel con Egipto no trajo ninguna paz real a la región, los tratados con Jordania, Siria y los palestinos no han cambiado lo que han sido a través de toda la historia, el rincón del planeta más desgarrado por la guerra. La paz duradera en la región requerirá que los israelitas e iraníes lleguen a acuerdos y aún los observadores más optimistas no ven ningún chance de que esto suceda.

¿Qué tan expandidos están los grupos terroristas apoyados por los iraníes? Los funcionarios estatales de los Estados Unidos creen que hay una red de terroristas controlados por los iraníes prácticamente en cada país del mundo incluyendo los Estados Unidos. El bombardeo del World Trade Center en Nueva York y el bombardeo de los cuarteles marinos de los U.S. en Beirut en los años 80 ambos han sido atribuidos a los grupos fundamentalistas que obtienen sus recursos de Irán.

¿Cómo puede un país tercer mundista como Irán, donde la tasa de desempleo ronda el 30%, darse el lujo de invertir en estos grupos? Además de sus exportaciones de petróleo, la CIA cree que el gobierno iraní está falsificando billetes de $100 dólares de alta calidad, la moneda preferida entre los traficantes internacionales de droga y armas. A finales de los años 80 la operación era muy pequeña, imprimiendo quizás sólo unos pocos cientos millones de dólares al año, pero es sorprendente el alcance que puede tener sólo unos pocos cientos millones de dólares en manos de un grupo terrorista. Por ejemplo el bombardeo del World Trade Center costó unos pocos miles de dólares, y casi paralizó una porción importante de la economía de uno de los capitales financieros del mundo. La CIA cree que Irán espera estar invirtiendo al rededor de $15 billones de moneda falsa anualmente hacia el año 2000. En realidad fue debido a la operación de falsificación del Irán que los Estados Unidos emitieron un billete de 100 dólares rediseñado y más difícil de falsificar.

Como un beneficio complementario para financiar las operaciones de sus terroristas, Irán espera que sus actividades de falsificación le ayuden a desestabilizar el sistema monetario americano. ¡Irán y los Estados Unidos ya han entrado en una guerra económica declarada donde cada uno intenta desestabilizar la economía del otro! ¿Cuánto tiempo puede pasar antes de que los Estados Unidos e Irán comiencen una guerra de bombardeos además de su guerra económica?

Además de patrocinar sus propias actividades terroristas, Irán ha dado entrenamiento y armas a los gobiernos fundamentalistas de Sudán en el flanco Sur de Egipto y así mismo está apoyando los rebeldes que intentan derrocar el gobierno de Argelia. Sin embargo, es en las repúblicas musulmanas de la antigua Unión Soviética donde Irán está haciendo sus mayores esfuerzos. Irán ha enviando miles de "profesores" a estos países para que los instruyan en su versión de la fe islámica. Ahora que son independientes de la espiritualmente vacía USSR, estas personas tienen una oportunidad para finalmente aprender sobre su fe y herencia islámica. A menos que se les presente otra visión del Islam, ellos caerán bajo la dominación espiritual de la visión del fundamentalismo radical del Irán. Aún más, ningún otro país está participando en estas repúblicas recientemente liberados y la enseñanza del Irán no está siendo controvertida.

¿Qué le depara el futuro a Irán en los días después del cometa? A través de la historia los tiempos difíciles han generado un incremento de los gobernantes autoritarios extremistas. Por ejemplo, las dificultades económicas generadas por la Primera Guerra Mundial condujo en forma directa al aumento del comunismo en Rusia, el nazismo en Alemania y el fascismo en Italia y España. El tiempo después de la aparición del cometa no será diferente. La anarquía hará entonces que aumenten los gobiernos extremos tanto en la extrema derecha como en la extrema izquierda en el mundo. En el Medio Oriente la forma de gobierno fundamentalista islámica, iniciada por el Ayatollah Khomeini en Irán en 1979, se expandirá de manera amplia con la aparición en los cielos y la destrucción que traerá.

De igual forma en que muchos cristianos están fascinados con las revelaciones y el "final del mundo", así lo están los musulmanes quienes tienen sus propias tradiciones al respecto. La importancia religiosa del cometa será explicada por los ayatollahs islámicos fundamentalistas como un juzgamiento hecho por Dios a una sociedad occidental corrupta; especialmente ya que Norte América y Europa sufrirán lo más recio de la destrucción y el mundo musulmán sufrirá lo peor de los efectos directos. Los musulmanes en todo el Medio Oriente escucharán muy cerca lo que estos líderes dirán. Uno de los principales temas de conversación es seguro que sea "¿puede ser este el final del mundo?" ¿Qué creen los musulmanes que sucederá antes de que el mundo se acabe? Sus tradiciones del final del tiempo hablan de la aparición de un hombre, el gobernante de todo el Islam, un hombre conocido como Mahdi.

El término "Mahdi" se traduce literalmente como "el guiado" que significa guiado por Allah (Dios). El será guiado directamente y estará protegido en forma divina contra todo el error y pecado que pueda cometer. Se creerá que toda acción que realice será la voluntad de Dios, será incapaz de pecar y su deber será interpretar el Islam a todos los hombres. Mientras los católicos creen que el Papa es infalible en ciertos asuntos limitados de la doctrina de la iglesia, los musulmanes (especialmente la división Shiita que es predominante en el Irán) creen que Mahdi hablará con la voz de Dios en todos los asuntos, no sólo los religiosos. Y aún más los Shiitas creen que no será solamente un líder religioso, sino también un líder político de conquista militar, uniendo todo el Islam bajo un solo gobierno islámico fundamentalista y sometiendo más tarde todo el mundo.

Las tradiciones sobre el Mahdi y sobre su aparición y atributos, varían a través de todo el Islam. El Corán tiene poco que decir sobre él. La mayoría de las tradiciones de Mahdi aparecieron en el siglo VIII, cuando el Islam aún tenía menos de 100 años. De las dos principales subdivisiones del Islam, los Shiitas tienen una fuerte creencia en la aparición del Mahdi justo antes del fin del mundo y él es la piedra angular que su escatología del fin del tiempo. Para ellos él interpretará y aplicará el Corán en forma correcta y restaura el reino de Dios en toda la tierra. Su aparición es tan importante para ellos que la oración Shiita más representada es "Ojalá Dios se apresure a liberarlos del sufrimiento a través de su aparición (el Mahdi)". Porque por otro lado, los Sunnitas creen que un Mahdi es una cuestión secundaria y su futura aparición no es esencial. Pero si él aparece, para ellos él no tendrá infalibilidad doctrinal, ya que los Sunnitas mulás no enseñan la sumisión total hacia cualquier profesor. En realidad esta diferencia es una de los principales distinciones entre las dos sectas. No obstante, mientras las autoridades religiosas Sunnitas no pueden reconocer un Mahdi todo poderoso, él seguramente será capaz de contar con el respaldo de las masas Sunnitas si aparece en un tiempo de grandes sufrimientos y dificultades a través de todo el mundo islámico, en una época comúnmente percibida como el "tiempo final".

Hay muchas tradiciones sobre la apariencia de Mahdi y lo que hará. Algunas de ellas dicen:

1. El tendrá el nombre de Muhammad y será descendiente del original Muhammad, fundador del Islam, a través de su hija Fátima.

2. El nombre de su padre y el nombre de Muhammad será el mismo.

3. El se parecerá a Muhammad en carácter, pero no en apariencia física.

4. Tendrá una frente pronunciada y una nariz alta y ganchuda.

5. Tendrá una abertura en forma de V entre sus dientes frontales y un lunar distintivo (la marca del profeta) que algunas tradiciones colocan entre las paletillas de su espalda y otros en su mejilla.

6. El aparecerá justo antes del fin del mundo, durante un tiempo de discordia y dificultad, para restaurar una vez más un mundo derrumbado y secularizado hacia la verdadera fe islámica.

Ya que hay varias tradiciones respecto a su lugar de origen, las primeras lo describen como proveniente "del Oriente", más allá del río Amu Daryu. Este río forma la frontera entre Turkmenistán en el Occidente y Uzbekistan en el Oriente mientras fluye hacia el Norte con dirección al mar Arial. Otras regiones musulmanas pobladas al Oriente del Amu Daryu cerca de Uzbekistan incluyen los países de Kasakistán, Kyrgyzstan y Tajikistán, así como grandes áreas del Sur de Rusia, Norte de China y, de manera interesante, Mongolia.

La fe islámica llegó a China y Mongolia sólo unas pocas décadas después de la muerte de Muhammad y a pesar de la persecución en los últimos años por parte del comunismo, sigue progresando en el Norte de China así como en Mongolia. Hay una gran posibilidad de que el Mahdi del Islam realmente surja de la misma región de donde vino el Genghis Khan. ¿Era Nostradamus consciente de esta tradición islámica cuando escribió sobre la invasión de Mongolia (musulmán) por parte de Francia? La relación es muy acertada para creer que sólo es una coincidencia. ¿Si él no tenía conocimiento de esta tradición, es posible que en realidad él vio el futuro? Otras predicciones sobre el Mahdi incluyen:

1. El promoverá la "verdadera fe" y hará que la justicia triunfe. Hará que la ley reemplace la falta de ley y el caos. Esto es especialmente interesante, ya que la falta de ley y el caos serán universales mientras los gobiernos se derrumban por todo el mundo después del impacto del meteoro.

2. El encontrará el mundo lleno de maldad e incredulidad y "golpeará" a los hombres hasta que retornen a Alah (es decir, cualquier persona en contra de sus políticas se encontrará con una muerte rápida).

3. El reinará sobre un solo reino musulmán unido. Ya que el número de musulmanes en el mundo es cerca de 1 billón en efecto éste sería un país grande y poderoso.

4. El "Anticristo" aparecerá con él o un poco después. Esta tradición del "Anticristo" es muy similar a la tradición cristiana. Cerca al fin del mundo, los musulmanes creen que surgirá un gran embustero. El buscará llevar a los fieles a una "falsa religión". Para los fundamentalistas musulmanes cualquier religión diferente al Islam es, desde luego, una falsa. Mientras el Budismo y el Hinduismo es posible que sean incluidos en una lista de religiones falsas, la Cristiana sería probablemente nombrada la religión falsa "más ofensiva", y es de aquí de donde puede ser esperado el "Anticristo" del Islam. ¿Por qué el Cristianismo?

Probablemente a causa del históricamente estrecho vínculo del Cristianismo con la cultura occidental y la conocida opresión de los pueblos musulmanes Arabes por parte de Occidente, para no mencionar el recuerdo de las cruzadas iniciadas por los cristianos durante la edad media.

El Corán afirma que muchos seguirán el Anticristo "sólo porque él les da alimento". Como ya se ha mostrado, está llegando el momento (con o sin el meteoro) cuando los estados asiáticos necesitarán cada vez más alimento y estarán pidiendo más grano a la Europa Occidental. De esta forma, la civilización occidental en general y uno de sus gobernantes (quizás como uno de los líderes cristianos más visibles ¿un Papa?) en particular, se convertirá en el Anticristo para todo el Islam. El hambre a gran escala provocará enorme angustia en todo el mundo y muchos creerán que el fin de los tiempos estará cerca o realmente ya ha llegado. Las masas del mundo musulmán serán como yesca seca esperando la chispa de un hombre que asegura ser el Mahdi para encenderlos en una guerra santa, una nueva serie de cruzadas en contra de una Europa cristiana rica en alimento. Es interesante ver como esto es un escenario viable para el próximo siglo XXI, incluso sin la aparición del cometa.

Junto con la aparición del Mahdi, los musulmanes creen que Jesús (a quien los musulmanes honran como un profeta de Dios, pero no como el mismo Dios) retornará al final de los tiempos como un musulmán con o poco después del Mahdi. ¡Los dos juntos destruirán el Anticristo, pero este "Jesús" será un servil de Mahdi incluso le rendirá culto! Sin duda los cristianos serán recordados por las palabras de Jesús en el capítulo 24 de Mateo, citado una vez más aquí: "Tengan cuidado y no permitan que nadie se burle de ustedes. Muchos hombres afirmando hablar por mi, vendrán y dirán, "¡soy el Mesías!" y ellos se burlarán de mucha gente..."¡Para los cristianos este "Jesús resucitado" del Islam cumplirá con muchos de los criterios para ser su propio Anticristo!"

También en el fin del tiempo islámico, junto con la aparición del Mahdi y de Jesús estarán los términos "Gog y Magog", palabras familiares para cualquier estudiante del

Libro de las Revelaciones, pero usado en forma diferente por los eruditos del Islam. En el capítulo veinte de las revelaciones está escrito:

> "Después de que haya pasado mil años, Satán será liberado de su prisión y saldrá para engañar las naciones esparcidas por todo el mundo, es decir, Gog y Magog. Satán los reunirá a todos para la batalla, tantos como los granos de arena en la playa..."

El pasaje parece indicar que "Gog y Magog" son nombres (probablemente simbólicos) de futuros países. Sin embargo, los comentadores musulmanes interpretan a Gog simbólicamente como "fuego en llamas" y a Magog como "agua que se levanta" más que como países. La bola de fuego del meteoro y las posteriores marejadas cumplirán en forma perfecta las expectativas islámicas de Gog y Magog y luego fortalecerá en la mente de cada musulmán la idea de la cercanía del fin, mientras ellos esperan ansiosamente al Mahdi y el regreso de Jesús.

Aún hay más predicciones sobre el Mahdi:

1. Un ejército será enviado contra él desde Siria, pero será destruido en el desierto, posiblemente por un gran terremoto. (¿Otra de las posteriores sacudidas del temblor generado por el meteoro?). Cuando esto suceda a los gobernantes de Irán y Siria vendrán y jurarán su lealtad con él.

2. El invadirá Turquía por la fuerza y orará en la Mezquita en Estambul, su capital.

3. Después de unirse todo el Islam, el Mahdi conquistará el mundo entero en nombre del Islam. Es seguro que sus tropas citen al mismo Muhammad, quien predijo la conquista, y más tarde la reconquista de España.

4. Bajo el gobierno del Mahdi habrá prosperidad sin precedente y riquezas para los fieles. El le dará a sus seguidores más oro y plata del que posiblemente ellos pueden llevarse.

5. Después de lograr todas estas cosas el Mahdi gobernará de cinco a nueve años, luego vendrá el fin del mundo y el juicio final por parte de Alá.

En varios cuartetos Nostradamus describe dos hombres, el "Turbante Azul" y el "Turbante Blanco", quienes se ajustan de manera perfecta a los modelos del Mahdi y el Jesús musulmán. Estos cuartetos serán discutidos en forma breve. Pero si la tradición islámica coloca el origen del Mahdi en el Oriente del Amu Darya, ¿de dónde vendrá el Jesús musulmán? Nostradamus nos dice en el siguiente cuarteto:

(24) Siglo V, Cuarteto 55

Fuera del país Felix Arabia,
nacerá un poderoso en la ley Mahoma.
Para afligir a España, conquistar Granada y luego
a través del mar en el pueblo Ligor.

Felix Arabia es la parte más al Sur de la península Arabe, ocupada hoy por Yemen y el protectorado Adén. El hombre descrito en este cuarteto será poderoso en las leyes del Islam, un líder religioso, ya que él afligirá a España y conquistará Granada, también va a ser un conquistador. Recuerde que el Jesús musulmán también va a ser un guerrero así como un poderoso líder religioso, puesto que él va a matar el "Anticristo" del cristianismo. Dos de sus campañas militares son mencionadas aquí específicamente, la de España e Italia. ¡Una vez más a través de la predicción de una conquista musulmán de España, las predicciones de Nostradamus coinciden bien con las profecías islámicas del fin del tiempo!

En una ocasión hubo un reino musulmán en España, el reino de Granada. Los moros, como eran conocidos los musulmanes, fueron conquistados y expulsados de España en 1492, pero recuerden, el mismo Mahoma predijo que su pueblo, después de haberlo perdido una vez lo retomaría. Lígoria en la última línea es una referencia del latín a la ciudad Italiana de Génova. Ya que los ataques vendrán a través del mar, la ruta es el Mediterráneo desde Africa del Norte, probablemente Libia y también posiblemente Argelia, hacia España e Italia. Por ahora el hombre en este cuarteto será llamado "El turbante Blanco", también conocido como el Jesús musulmán. ¿Y qué pasa con Mahdi? Nostradamus también lo describe en el cuarteto que él numeró justo antes del (24):

(25) Siglo V, Cuarteto 54

Desde más allá del mar Negro y el gran Tartaria,
un rey vendrá a mirar Francia,
traspasando Alania y Armenia,
y dentro de Byzantium deja sus azotes sangrientos.

"Un rey vendrá a mirar a Francia". Dado el contexto obviamente vendrá a "mirar" este país como un conquistador. El comienzo del cuarteto describe su lugar de origen. Ya que Nostradamus vivió en Francia, "más allá del mar Negro" debe significar hacia el Este del país. Pero eso no es todo, también será del Este del "gran Tartaria". Debido a que la Tartaria fue el nombre dado a toda la región de Asia Central, desde el Mar Caspio hasta la China, que ahora está ocupado por las repúblicas islámicas de Kasakistan, Turkmenistan, Tajikistan, Kyrgistan y Urbekistan; al Este de esta área sólo puede estar China o la misma Mongolia.

Para llegar a Francia este "Rey" primero conquistará "Alania y Armenia". Estas áreas consisten en los países de Armenia moderno, Georgia, y Azerbarjan así como el extremo Suroccidental de Rusia localizadas entre los mares Negro y Caspio. Después de moverse a través de estos países él continuará haciéndolo en el Nororiente de Turquía y "dejará sus azotes sangrientos", indicando de nuevo guerra y derramamiento de sangre, en la misma ciudad de Byzantium. Byzantiumes es un nombre antiguo de la moderna ciudad de Estambul. ¿Recuerda la esperanza islámica de que el Mahdi conquistará a Turquía y orará en la Mezquita de Estambul? Este cuarteto sólo puede estar describiendo al Mahdi, ya que indica de manera precisa su lugar de origen y la actividad que se esperará que él realice. No obstante éste es otro cuarteto en el cual las predicciones de Nostradamus corresponde estrechamente con la profecía islámica.

Nótese que para llegar a "Alania" y "Armenia" el Mahdi debe pasar primero a través de parte del territorio ruso. Nostradamus da a entender que Rusia no existirá más como país, siendo incapaces por lo tanto de detener esta incursión en su territorio.

¿Por qué desearía el Mahdi comenzar su guerra aquí? Los armenios cristianos y los azerbajanos musulmanes han estado combatiendo durante siglos. Esta lucha se ha intensificado de manera amplia desde la división de la Unión Soviética. Los periódicos publican continuamente historias sobre la lucha entre estos dos países. El Mahdi no dudará en marchar hasta aquí para ayudar a sus hermanos islámicos en su lucha contra los armenios. Antes de su muerte, el Ayatolah Komein escribió: "Consideramos que los musulmanes del mundo pertenecen a nuestro país (Irán), y siempre nos consideramos compañeros en su destino"; una filosofía que aún es sostenida por los líderes de Irán. Este tema del rescate de los compañeros musulmanes de la persecución ocurrirá de nuevo en otro capitulo de este libro.

En la Epístola en que Nostradamus se dirigió a Henry II, Rey de Francia, hay una sección que describe el origen de un hombre que sólo puede ser Mahdi:

"...¡Luego el Gran Imperio del Anticristo comenzará en las montañas de Atlai y los Xerxes descenderán en grandes e innumerables cantidades de tal manera que el Espíritu Santo, comenzando desde el grado 48, hará una migración, expulsados por el aborrecimiento del Anticristo: Quien hará la guerra contra el Papa Real y el gran vicario de Jesucristo y contra su iglesia, cuyo reino perdurará hasta el final del tiempo y será precedido por un eclipse de Sol, el más largo, tenebroso y oscuro desde la creación del mundo hasta la muerte y pasión de Jesucristo y será en el mes de octubre en que se hará la gran traslación y será tal que uno pensará que la gravedad de la tierra perderá su movimiento natural y será arrojada al abismo de la oscuridad perpetua, en la primavera habrá presagio y después de cambios extremos, los cambios de reinos y grandes terremotos con el surgimiento de la nueva Babilonia hija desgraciada alargada por la abominación del primer holocausto, que durará durante sólo setenta y tres años y siete meses...".

Note el estilo incoherente de esta carta. En esta sección (como en toda la Epístola), ¡no se usa ni un punto! Aunque toda la carta es muy interesante, es también extremadamente difícil de interpretar en su mayor parte. La interpretación anterior es un parafraseo más que una traducción precisa. Una traducción exacta daría como resultado un pasaje casi indescifrable. Sin embargo, note el tema que trata. Primero, la aparición del Anticristo del Cristianismo de la región de las montañas Atlai del noroccidente de China y el Occidente de Mongolia en el grado 48 del paralelo. Segundo, este hombre es comparado con Xerxes, indicando una conexión con el Medio Oriente. Tercero, la presencia de una guerra religiosa conducida por este hombre contra la iglesia católica y el Papa. Cuarto, un eclipse (¿el eclipse de agosto de 1999 en Europa?) que precederá el surgimiento del Anticristo. Quinto, un tiempo "oscuro" que comienza en octubre, el cual representa la expansión de la nube de polvo sobre toda la tierra. Sexto, los cambios de gobiernos después de la primavera en muchos países. Séptimo, este pasaje describe las sacudidas posteriores al Gran Terremoto generado por el impacto del meteoro. Octavo, el surgimiento de Irán (Babilonia) nuevo y agrandado debido por el "holocausto" creado por el meteoro y la duración de esta "nueva Babilonia" durante setenta y tres años y medio. Todos estos temas se encuentran también en los cuartetos presentados en este libro.

Hay otro cuarteto en el cual Nostradamus describe un atributo del Mahdi:

(26) Siglo IV, Cuarteto 99

El valiente hijo mayor de la hija del rey,
presionará al francés lanzando bolas de fuego.
Cuantas lanzaran en tal formación,
lejos y cerca y en lo profundo de la esfera.

Recuerde que el Mahdi debe ser del linaje de Mahoma a través de su hija Fátima. Si "Rey" es usado de manera imprecisa como un gobernante, entonces Mahoma de hecho fue un rey, el gobernante de la mayor parte del Medio Oriente ya que la religión que él instituyó controló la mayor parte de esta región. Así como el Mahdi va descender a través de la hija de Mahoma, Fátima, ¡él será en efecto un hijo de la hija del Rey! la segunda línea describe el uso de los misiles contra los franceses. No se describe si tienen cabezas nucleares, pero no es probable. Un intercambio de misiles nucleares generaría una guerra mucho más corta que veintisiete años. Quizá los misiles son Scud de largo alcance con ojivas convencionales. No es inevitable que los intercambios nucleares puedan ocurrir en la III Guerra Mundial. Después de todo, durante la II Guerra Mundial, no se usaron armas químicas a pesar de su amplio uso en la I Guerra Mundial y su gran disponibilidad tanto para las potencias aliadas como para las del eje. Cada lado estaba temeroso de ser el primero en lanzar tal ataque a causa de la amenaza de una retaliación instantánea con las mismas armas. Incluso al final de la guerra, los alemanes aparentemente nunca usaron agentes químicos contra los ejército aliados que avanzaban. A pesar de los temores, la III Guerra Mundial fácilmente podría ser una guerra convencional.

Después del ataque sobre Francia, luego el Mahdi atacará "la esfera". Este es un término latino para la "tierra del Occidente" y era entendido comúnmente por cualquier romano en España. De nuevo se encuentra una relación del Mahdi con un ataque sobre Francia y esta vez también sobre España.

Nostradamus aún tiene otro cuarteto sobre el Mahdi:

(27) Siglo X, Cuarteto 75

Tanto ha sido esperado,
él nunca volverá dentro de Europa, en Asia apareciendo:
unas de las ligas emitidas desde el gran Hermes
y sobre todo los Reyes del Oriente donde el crecerá.

Para comprender correctamente este cuarteto uno debe primero entender lo que Nostradamus tenía en mente. En vez de aparecer en Europa donde es esperado lo hará en Asia. ¿Esperado por quién? ¿Por los musulmanes como su salvador esperado por tanto tiempo? Quizás, pero entonces él probablemente habría indicado que la localización es en el Medio Oriente no "dentro de Europa". ¿Esperado como otro conquistador tal como Hitler, Napoleón o Musolini? Quizás, pero dada la descripción de Nostradamus, previamente anotada sobre el retorno de otro Genghis Khan, él probablemente quiso significar el surgimiento de otro Genghis Khan. Aquellos que esperan la aparición desde Europa de un próximo tirano mundial como Hitler, estarán equivocados. En este cuarteto Nostradamus predice que, él "aparecerá" de "Asia".

En la mitología griega "Hermes" también era reconocido como Mercurio. Hermes fue el mensajero de los dioses; el dios de la astucia, los viajeros y el comercio. En la mitología romana él era mensajero personal y el vocero de Júpiter quien fue el gobernante tanto de los dioses como de los hombres. Al relacionar el Madhi con Hermes, Nostradamus está indicando que este hombre, el Madhi afirmará ser como el mensajero personal de mismo Dios. "Una de las ligas emitidas desde el gran Hermes" testifica que muchos han venido antes que él, asegurando hablar en el nombre de Dios. En el caos político presente después del impacto del meteoro este hombre someterá a todos los oponentes políticos y crecerá sobre todos los Reyes del Oriente, consolidando su dominio sobre Asia.

El siguiente cuarteto vuelve al tema de la invasión de Turquía.

(28) Siglo V, Cuarteto 25

El príncipe Arabe Marte, Sol, Venus, Leo,
rey de la iglesia cerca al mar. Sucumbirá:
Hacia los persas cerca de un millón, Byzantium, Egipto,
la verdadera serpiente invadirá.

El "Persa" es la misma persona que el Turbante Blanco/Jesús musulmán. El invadirá en forma simultánea a Egipto y Turquía (Byzantium), con cerca de un millón de hombres. No sólo Turquía estará luchando contra las fuerzas del Mahdi en el Noroccidente, sino las fuerzas de Jesús musulmán desde el Oriente y posiblemente también desde el Mediterráneo en el Sur.

¿Por qué Nostradamus menciona la conquista de sólo estos dos países en el Medio Oriente? Estos dos países son quizás los más occidentales de todos los países poblados de musulmanes, ambos reciben anualmente enormes cantidades de ayuda financiera del gobierno de los Estados Unidos y los dos tienen gobiernos democráticos seculares. De todos los países árabes del Medio Oriente se puede esperar que estos dos resistan por más tiempo las fuerzas del fundamentalismo islámico. El resto firmará tratados con Mahdi o serán aplastados por las revoluciones fundamentalistas. Los gobiernos de Egipto y Turquía resistirán las fuerzas fundamentalistas. Si embargo, ambos destruyen la ruta de la marcha a Europa y no pueden ser ignorados. Si ellos no se unen al Mahdi y a su misión en forma pacífica, entonces deberán ser conquistados.

La resistencia armada por parte de Egipto y Turquía hacia la fuerza del Madhi no será tan fuerte como podría esperarse, ya que el Mahdi y el Jesús musulmán serán capaces de contar con gran apoyo de las masas musulmanas en ambos países. Los ataques de los partidarios de la primera columna de seguidores fervientes en ambos países debilitará la efectividad militar de los Turcos y los Egipcios. Además, con el cese en la ayuda por el impacto del meteoro, particularmente en comida, la mayoría de Egipcios y Turcos no verán otra alternativa que unirse al Mahdi en su marcha hacia la Europa occidental relativamente rica en alimento.

Una vez más Nostradamus vincula estos sucesos con la conquista de Italia y el Vaticano, esta vez a través de invasión por el mar. De nuevo son estos temas repetitivos, encontrados en cuartetos separados los que permiten que otros temas hallados en el mismo cuarteto sean interrelacionados unos con otros y formen un cuadro completo de la visión de Nostradamus.

Este cuarteto da una conjunción planetaria: Cuando el Sol y Venus estén ambos en Leo. Ya que Marte era el dios antiguo de la guerra, su inclusión aquí representa probablemente la naturaleza guerrera del príncipe Arabe, más que parte de la conjunción. A pesar de todo, ésta es una conjunción común que ocurre en los años 2000, 2001 y 2002. Adicionalmente, si Nostradamus quería dar a entender que Marte es una conjunción planetaria en vez de un símbolo de guerra, eso no cambia mucho la situación. Marte está en Leo durante agosto de los dos años, 2000 y 2002. De esta manera parecía que en el 2000 o el 2001 esta invasión puede ocurrir a finales de julio o agosto

La invasión de Egipto continúa en el siguiente cuarteto.

(29) Siglo V, Cuarteto 23

Los dos contentos se unirán,
cuando para la mayor parte de Marte ellos estarán juntos:
El grande de Africa en temblores de terror,
DUUMVIRAT por la flota desunida.

"Los dos contentos" son el Mahdi y el Jesús musulmán. Ellos estarán completamente satisfechos con el progreso que se está haciendo hacia el logro de una nación musulmana unificada que abarque todo a la vez. Ellos estarán contentos cuando la mayoría de los planetas están en la misma constelación en que está Marte o estarán felices cuando "la mayor parte" están en guerra (ya que Marte era el dios de la guerra). Si Nostradamus quiso significar lo primero, ¿qué planetas deben ser incluidos? ¿Sólo los conocidos en su época o debe agregársele Urano, Neptuno y Plutón? ¿Y cuántos son la mayoría? Si Nostradamus quiso significar una conjunción, las posibilidades son tantas que simplemente no se puede hablar de fecha hasta después de que esto ocurra.

El único candidato para el título de "El Grande de Africa" es Egipto, históricamente la única gran civilización de ese continente con una historia que se remonta cinco mil años atrás. Puede estar temblando de un terremoto pero es más probable que tiemble de una invasión de "los dos contentos". DUUMVIRAT es un anagrama no resuelto, probablemente un nombre propio de un comandante naval. Quienes son "la flota" y lo que estarán haciendo no puede ser asegurado en este cuarteto; sin embargo, "Egipto" y "la armada" son mencionadas en otro cuarteto.

(30) Siglo II, Cuarteto 86

El naufragio de la flota a causa de una ola cerca al mar Adriático:
La tierra y el aire tiemblan y los arroja
hacia algún lugar en la tierra;
Egipto tiembla por el aumento de musulmanes.
El Precursor señalado ruega por ayuda hacia el Este.

Egipto ha sido una nación musulmana desde el siglo VIII, entonces ¿por qué "tiemblan" con el aumento de musulmanes? ¿Podría algo diferente a una conquista fundamentalista islámica de un gobierno Egipcio secular de tendencia occidental ser la causa? El Heraldo será un embajador designado para negociar las condiciones de entrega, y él "entregará" a Egipto a las fuerzas de Oriente. Estos eventos estarán asociados con otro terremoto. Esta ocurriría en o cerca al límite de las capas tectónicas Africano–Europeas, ya que una marejada (ola) ocasionada por la sacudida hace naufragar una flota armada en el mar Adriático. Nostradamus no menciona de que flota se trata pero debido a que trae como resultado el rendimiento de los egipcios, la armada probablemente contiene provisiones o tropas de Europa. Ya que las marejadas tienen poco efecto en aguas abiertas, aumentando su tamaño sólo cuando están cerca de la orilla, esta "armada" debe estar en el puerto o cerca de la playa en el momento del terremoto. Esto es evidente en el cuarteto porque el agua será "agitada" y destruirá la armada al colocarla "sobre la tierra".

Con la rendición de Egipto, la derrota final de Turquía es más que segura. La campaña por Turquía será retomada en el próximo capítulo. Por ahora, demos un vistazo al futuro de Mahdi:

(31) Siglo II, Cuarteto 29

El oriental saldrá de su silla,
pasando los montes Apeninos para llegar a Francia:
Traspasando el cielo, las aguas y la nieve
y todos sin excepción serán golpeados por su látigo.

Los montes Apeninos se extienden desde el Norte al Sur a través de toda Italia. Aquí está implicada la conquista de la Italia Central mientras el Mahdi se está abriendo paso hacia Francia. Ya que el Mahdi cruzará los Apeninos durante la batalla por Italia, parece que el Oriente de Italia debe caer antes de que lo haga el Occidente. Nostradamus también hace esta afirmación en otros cuartetos los cuales serán presentados en el capítulo sexto de este libro.

Nostradamus predice que la invasión de Francia tomará tres rutas distintas: "el cielo", aparentemente indicando aviones (¡imagínese un médico francés del siglo XVI escribiendo sobre ataques aéreos!); "las aguas", que se entiende en forma fácil como una invasión marina; y "la nieve" que indica el cruce de montañas (los Alpes, los Pirineos o ambos). Note que "todos sin excepción" serán atacados. Nostradamus está intentando comunicar que en realidad será una "guerra mundial". Esperándose que Mahdi, después de unir todo el Islam en un solo país, gobernará todo el mundo bajo el Islam con la orientación de Alá, esta es otra referencia a él.

Hay un cuarteto que describe la duración de la guerra que se conocerá como la III Guerra Mundial.

(32) Siglo VIII, Cuarteto 77

El Anticristo tres pronto aniquila completamente,
veintisiete años de sangre durará su guerra:
Los herejes muertos, los cautivos exiliados,
cuerpos humanos sangrientos agua roja de granizo sobre la tierra.

Aquí, como en su epístola, Nostradamus menciona el "Anticristo". En su epístola al rey Henry de Francia Nostradamus escribe sobre tres personas separadas a quienes él tituló "Anticristo". Estos individuos tienen dos características principales en común que aparentemente los hace acreedores a ese título. Primero, ellos libran una guerra en Francia destruyendo el país y matando su población y segundo, ellos también son enemigos de la fe cristiana. Se ha escrito mucho por parte de los investigadores de Nostradamus sobre estos tres individuos. Algunos creen que los primeros dos ya han venido en las personas de Napoleón y Hitler (la primera línea de este cuarteto también podría leerse como "El Tercer Anticristo"). Quizás, pero sin importar cual Anticristo sea, Nostradamus nombra al Mahdi entre los tres.

Aquí Nostradamus predice que ¡la guerra durará veintisiete años! En la diezmada sociedad posindustrial después del cometa, se podría esperar una larga guerra no nuclear. Después del fin de la guerra un grupo que Nostradamus apoda como "los herejes" habrán muerto. Nostradamus no dice si estos herejes serán europeos aliados con los musulmanes (es posible) o quizás son musulmanes (más probable), pero note la importancia religiosa de la palabra "hereje". Este tema religioso parecido a la cruzada sobre la III Guerra Mundial es encontrado en muchos cuartetos de Nostradamus. El también menciona a medias el exilio para algunos "cautivos", traidores europeos o musulmanes capturados. Ambos temas ocurren en otros cuartetos y serán vueltos a tocar en un capítulo posterior.

El final del cuarteto contiene una descripción gráfica de los horrores de la guerra. Podría traducirse mejor como: "Cuerpos humanos sangrientos", el agua de color rojo es su sangre, estará tan roja que parecerá como si hubiera granizado sangre sobre la tierra.

Los cuartetos que describen tanto al Mahdi como al Jesús musulmán como individuos separados han sido resaltados. Podría ser suficiente relacionarlos como aliados ya que ambos invaden Europa Occidental, pero Nostradamus tiene dos cuartetos que los une en el tiempo y el espacio. Uno de esos cuartetos es conveniente mencionar en este momento:

(33) Siglo IX, Cuarteto 73

En Foix entrará un rey con un Turbante Azul,
y reinará durante menos de una rotación de Saturno:
El rey Turbante Blanco para Byxantium su corazón desterrado,
Sol, Marte, Mercurio cerca de la urna.

¿Cuál es el vínculo de esto con el Mahdi y el Jesús musulmán? El Mahdi ya ha sido mencionado en su marcha hacia Francia y Foix es una ciudad en el Suroccidente del mismo país.

No solamente eso; este testimonio fue dominado por los musulmanes como parte del reino de Granada durante casi treinta años como una extensión conquistada de España. La guerra del Mahdi también durará veintisiete años y el "Turbante Azul" reinará "durante menos de una rotación de Saturno", que es de veintinueve años y medio. Finalmente, el uso de turbantes de color azul persa o blanco es común entre los líderes musulmanes. No puede haber duda de que en este cuarteto Nostradamus está escribiendo sobre el Mahdi y su socio, el Jesús musulmán.

Este cuarteto también contiene una configuración planetaria, "El Sol, Marte, Mercurio" cerca de las constelaciones de Acuario ("La Urna"). Intentar dar una fecha a la configuración astrológica de la última línea es tentador, pero es probablemente inútil. Primero que todo, ¿cómo llegó Nostradamus a esta configuración? Nadie lo sabe. ¿Previó él el futuro, vio una fecha, luego calculó por adelantado dado su conocimiento del movimiento de los planetas? Si lo hizo así, entonces todas sus conjunciones están equivocadas, ya que el conocimiento del movimiento planetario era impreciso en el siglo XVI. Cualquier cálculo que Nostradamus pueda haber realizado con un planeta podría ser impreciso para varias constelaciones en varios cientos de años. Por otro lado, si mientras miraba hacia el futuro, él registró las configuraciones planetarias reales, entonces el alineamiento dado será preciso. Sin embargo, se debe anotar que la mayoría de los investigadores de las predicciones de Nostradamus han usado obviamente cálculos imprecisos. Esto se puede verificar rápido y fácilmente usando cualquier número de programas de computador astronómicos disponibles en los últimos años. Estos programas dan posiciones de planetas y estrellas increíblemente precisas desde cualquier punto en la tierra durante muchos miles de años en el pasado y en el futuro. Al usar varios de esos programas el autor de este libro no encontró correlación con ninguna de las fechas predichas citadas por otros investigadores de Nostradamus sobre sus alineamientos planetarios. De cualquier forma, esta conjunción particular debe ser bastante común. El Sol y Mercurio están en Acuario durante un mes del año, y Marte pasa a través de él a un intervalo no mayor a cada dos años y medio. El tenerlos a todos los tres juntos no es nada raro. Además ellos no tienen que estar incluso en Acuario, sólo cerca de allí. Esta configuración puede ser útil al dar verificación después del hecho, pero difícilmente puede ser usado para predecir la fecha del suceso.

Después de que hayan ocurrido los sucesos descritos anteriormente, ¿cuál será el estado político del Medio Oriente? Habrá un solo estado musulmán que domina todo Medio Oriente Arabe excepto Turquía, con quién estará en guerra. De manera sorprendente Nostradamus no tiene nada que decir sobre Israel. ¿No era él consciente de la predicción bíblica de la restauración de un Estado Judío? Si no, quizás entonces fue sólo un fraude, después de todo. O quizás estuvo callado por sus propias razones. Tal vez el destino de Israel no le fue revelado. Si es así, hay cuatro futuros posibles para Israel. Primero, Israel podría ser destruido antes de la aparición del cometa. Esto podría ser logrado en forma fácil por un Irán que posee misiles nucleares Scud de largo alcance a finales de los años noventa. En un sorpresivo ataque, con sólo una decena de misiles, Israel podría ser destruido completamente en menos de una hora, mucho antes de que cualquiera de las potencias occidentales pudiera reaccionar. Y con un tercio del abastecimiento de petróleo en el mundo en juego mientras fluye por un Irán nuclear a través de los estrechos de Hormuz, ¿se atrevería el contraataque occidental castigar a Irán? Sería una guerra muy riesgosa, mucho más que la guerra del golfo, y con Israel ya destruida el Occidente no podría arriesgar a perder su precioso petróleo.

La segunda posibilidad es que Israel podría ser destruido por un terremoto que sigue al impacto del meteoro y las posteriores marejadas o en el segundo terremoto y las marejadas a lo largo del límite de las placas tectónicas entre Africa y Europa. Tercero, podría ser destruida por los ejércitos musulmanes antes de su marcha a Egipto y Turquía. Antes de la caída, es probable que los israelitas se vean comprometidos en un intercambio nuclear con Irán, pero en un mundo que se verá escaso de alimento de repente, Irán aceptaría con gusto la pérdida de incluso diez millones o más víctimas que podrían morir de hambre por la destrucción del estado Judío. La cuarta, y menos probable, posibilidad es que Israel permanezca neutral en la III Guerra Mundial e Irán simplemente lo ignore.

¿Qué pasa con el resto del mundo? Nostradamus sólo está interesado en Europa, especialmente en Francia. Norte América, Sur América y Australia serán aislados de los sucesos de Europa y Asia. Rusia y el Africa sub–sahárica caerán en anarquía, mientras el Norte de Africa se unirá a Irán en un estado musulmán unificado. China como principal aliado de Irán, protegerá el frente Oriente de Irán al ir a la guerra contra la región siberiana de Rusia, India y los países del Suroccidente de Asia. Los países musulmanes del Suroccidente de Asia como Indonesia, Pakistán y Bangladesh también pueden unirse con Irán en un superestado musulmán. Sin embargo, si ellos no se unen con Irán, su población combinada de más de 400 millones de musulmanes escasos de alimento le suministrarán al Mahdi ejércitos frescos durante toda la larga y penosa lucha que vendrá a conocerse como la III Guerra Mundial.

LA BATALLA POR EUROPA ORIENTAL

Cada uno de los primeros cuatro capítulos han tratado temas diferentes de cómo el mundo podría ser cambiado de manera dramática y permanente. El primer capítulo examinó los fenómenos naturales; en particular lo poderoso y devastador que pueden ser los objetos espaciales para la tierra. El segundo capítulo examinó la profecía bíblica de un próximo desastre sobre la humanidad y se presentó un escenario sobre como podrían cumplirse esas profecías. En el tercer capítulo fue examinada la salud de los ecosistemas que permiten la existencia de vida humana y se mostró que no sólo se está debilitando, sino que lo está haciendo a ritmo acelerado. El cuarto capítulo trató de la fe islámica, particularmente la creencia en el surgimiento final de un hombre que unificará al Islam y luego librará una guerra contra el resto del mundo.

Debe anotarse que cada uno de estos temas es independiente de los otros; por ejemplo, el hambre a gran escala podría ocurrir en la próxima década o dentro de dos sin la aparición del Mahdi o el cumplimiento de la profecía bíblica. Un meteoro también podría golpear el planeta en cualquier momento, no sólo en 1999. Cada uno de estos sucesos no depende de los otros para su realización. Incluso si Nostradamus estaba equivocado, o si las interpretaciones de este autor sobre sus predicciones son erróneas, aún es posible que cualquiera de estos cuatro sucesos que cambian el mundo pudieran ocurrir en cualquier momento.

Los sensatos entenderán que no sólo pueden ocurrir sucesos repentinos inesperados y desastrosos, sino que finalmente se darán. Por ejemplo, los sismólogos dicen ahora que hay un 90% de posibilidades que el área de Los Angeles sea golpeada por un terremoto de una magnitud de 8.0 ó mayor en los próximos 30 años. Este destruirá una gran parte de la ciudad y quizás matará más de 50 mil personas. Este período de 30 años coloca a los habitantes de Los Angeles con una expectativa de vida igual. Cuando se le preguntó a un residente sobre esto respondió: "Trato de no pensar en eso". Por el contrario, en ese momento se aconseja al lector a pensar sobre el futuro cercano". Considere que tan frágil es la civilización y lo fácil que puede ser alterada. Todo el mundo debe estar preparado para el desastre lo mejor posible. ¿Qué pasó con la defensa civil? ¡El fin de la guerra fría no acabó con su necesidad! ¿Han olvidado los Boy Scouts adultos su lema: "Siempre listos"? Parece que la mayoría de las personas no lo están. ¿Quién ha almacenado sólo unos pocos días de abastecimiento de alimento y agua en preparación a una posible interrupción en el suministro?

La preparación para el desastre no se debe limitar a las necesidades físicas solamente. Después de todo, los hombres y la mujeres no son sólo criaturas físicas, también son almas vivientes. Incluso si el desastre no ocurre a escala mundial, dentro de unas pocas décadas un desastre personal caerá sobre cada uno representado en la forma de muerte. ¿Cómo nos preparamos para eso? Un alma eterna y viva es lo único que sobrevive a la siguiente vida cuando esta termina. ¿Quiénes están preparados para la muerte? ¡Podría llegar en cualquier momento! Nadie sabe cuando llegará, pero que finalmente vendrá es seguro. La muerte es algo para lo cual todo el mundo debería estar preparado, pero podría hacer eco las palabras de los residentes de Los Angeles quienes dicen "trato de no pensar en eso". ¡Piense en eso! ¡El final se acerca! Si no es para todo mundo al mismo tiempo, entonces será para cada vida a la vez.

¿Qué sucede entonces? Piense en su destino eterno... y luego prepárese.

Mientras los cuatro primeros capítulos de este libro trataron diferentes situaciones, cualquiera podría ocurrir esté o no Nostradamus en lo cierto. El balance del libro supone que Nostradamus estaba en lo correcto en su pronóstico sobre el cometa que caerá en el océano Atlántico en septiembre de 1999 y que los posteriores sucesos incluidos en los capítulos dos a cuatro también son acertados. El capítulo cuarto concluye con el surgimiento de una nueva Persia, que domina el Medio Oriente gobernada por el Mahdi y su segundo en mando el Jesús musulmán. Hacia el final del capítulo ellos habían conquistado a Egipto y estaban en pleno combate con Turquía. El siguiente cuarteto continúa con la batalla por Turquía:

(34) Siglo V, Cuarteto 27

A través de fuego y armas no lejos del mar Negro,
él vendrá desde Persia a ocupar Trebizond:
Temblando en Pharos, Mytilene, Sol candente,
el Adriático cubierto de olas de sangre árabe.

"Trebizond" (conocida hoy como Trabzon) es una ciudad portuaria turca en el mar Negro, no lejos de Georgia. Ya que Trebizona tampoco está lejos de la frontera iraní, esto parecería indicar las etapas iniciales de la campaña del Mahdi contra Turquía. El ataque viene de Irán ("él vendrá desde Persia") y parece incluir una invasión marina así como una campaña por tierra. Pharos es una isla al frente de Alejandría, en Egipto. Mytilene, también conocida como Lesbos es una de las islas griegas más orientales, a sólo 15 millas de Turquía.

Si "temblando" indica un terremoto, será otras de las sacudidas posteriores del impacto del fragmento del cometa. Sin embargo, en este contexto "temblando" podría ser entendido como "miedo y temblor", en cuyo caso las islas de Mytilene y Phaos son símbolos que representan el miedo y el terror que ocurre en los países de Egipto y Grecia durante la guerra. Fíjese que en este cuarteto relacionan una invasión a Turquía por parte de Irán con un ataque simultáneo sobre Egipto.

Con el uso de la palabra "candente" en relación al Sol, Nostradamus está indicando que por el tiempo de la invasión persa sobre Turquía las enormes nubes de polvo y humo generados por la explosión del meteoro y las posteriores tormentas de fuego habrán caído del cielo permitiendo que el Sol ilumine de nuevo en forma brillante. El período de tiempo para que esto ocurra debe ser al menos uno o dos años después del impacto, de tal forma que los sucesos de este cuarteto no se darán antes del año 2001 y más probablemente después de esa fecha.

El mar Adriático linda con Italia por el Occidente, y con Albania y los países de la antigua Yugoslavia por el Oriente, todos muy alejados del resto de la actividad mencionada, así que ¿cómo puede eso estar relacionado con el resto del cuarteto? Puede ser que Nostradamus analizó más a fondo el futuro con esta última línea, o puede ser que las fuerzas islámicas iraníes hagan un intento rápido en la III Guerra Mundial por enviar tropas contra Serbia y Croacia para ayudar a sus hermanos musulmanes en Bosnia. Si esa interpretación es correcta entonces la guerra civil en Bosnia, muy similar a la de Afganistán, no se apaciguará durante la década de los noventa, ni los otros países musulmanes del mundo olvidarán la matanza de sus hermanos en Bosnia mientras la OTAN y las Naciones Unidas no hicieron nada para ayudarles. Cualquiera que sea la intención de Nostradamus, en la batalla naval descrita aquí, los "árabes" aparentemente sufrirán muchas pérdidas ya que las olas del mar Adriático se cubrirán de "sangre árabe".

El siguiente cuarteto continua con la batalla por Turquía:

(35) Siglo IV, Cuarteto 47

El gran árabe marchará bien adelante,
el será traicionado por los Bizantinos:
El antiguo Rodas vendrá a reunirse con él
muchos problemas Austria y Pannonois.

"El gran árabe" puede ser el Mahdi (conocido como el Turbante Azul) o el Jesús musulmán (el Turbante Blanco), pero es probablemente el Mahdi. La conquista de Turquía se hará en forma rápida, quizás con la ayuda de los turcos a favor de la causa del Mahdi. Las tropas de la línea frontal en ese momento de la guerra, tal vez en su mayoría iraníes, "marcharán bien adelante" de las líneas de provisiones y reservas. Esto parecería indicar un rápido y exitoso golpe en el interior de Turquía. Más adelante en el cuarteto los turcos se reagrupan y de alguna manera aíslan las tropas iraníes que avanzan y los separan de sus provisiones. Nostradamus indica que las tropas del Mahdi, "serán traicionadas", aparentemente por las fuerzas turcas pro—iraní. Por esta época el intento de Mahdi de invadir Europa será evidente y los europeos occidentales estarán considerando planes para su mejor defensa. Está decisión será tomada para contraatacar antes de que el Mahdi pueda tomar control de Turquía en vez de esperar una invasión de su propio suelo. "El antiguo Rodas" (Grecia), "Austria" y Hungría ("Pannonois"), probablemente junto con otros países de la Europa Oriental tales como Rumania y Bulgaria que en una época fueron parte del imperio Astro—Húngaro, aprovechará el momento y lanzará un contraataque ("viene a reunirse) contra las tropas del Mahdi ("él") en Turquía. La última línea indica que ellos lograrán al menos algún éxito, causándole "muchos problemas" al Mahdi.

La batalla por Turquía continua en el siguiente cuarteto:

(36) Siglo V, Cuarteto 48

Después de la gran aflicción del cetro,
dos enemigos serán derrotados por ellos:
La flota armada de Africa hacia Hungría
aparecerá por tierra y mar se darán horribles hechos.

En el último capítulo se presentó e interpretó el Cuarteto (25). El final de ese cuarteto establece que el Mahdi dejaría su "látigo sangriento" dentro de Byzantium, la ciudad moderna de Estambul. El "látigo" de ese cuarteto puede ser lo mismo que el "centro" de la primera línea de este cuarteto. Si eso es así, entonces ese cuarteto hace referencia a los sucesos que se acaban de completar, es decir, la caída de Estambul representa "la gran aflicción del cetro". "Ellos" se refieren a los turbantes Azul y Blanco, conocidos de nuevo como el Mahdi y el Jesús musulmán. Después de que se completa la conquista de Byzantium (Estambul) las fuerzas irano–musulmanes habrán conquistado toda Turquía, y luego pondrán su atención contra los "dos" enemigos. Desde luego, también es posible que los "dos enemigos derrotados por ellos" se refieran a la reciente conquista de Egipto y Turquía.

Mientras la Hungría de hoy es un país que no tiene acceso al mar, en el tiempo de Nostradamus el imperio Astro–Húngaro tenía puertos en ambos mares, el Negro y el Adriático. Ya que por la época de este cuarteto la conquista de Egipto habrá sido completada, son la fuerzas victoriosas de la campaña egipcia las que llegarán por mar (Flota Armada de Africa). Su ataque probablemente será contra Rumania y Bulgaria en las costas occidentales del mar Negro. La lucha incluirá una batalla marina campal así como batallas terrestres en esa época, ya que "horribles hechos" tendrán lugar por tierra y mar.

Note que este cuarteto es numerado del 5 al 48 en el sistema numérico de Nostradamus, y que este contenía consecutivamente del 5 al 47. Como se mencionó antes, Nostradamus numeró sus cuartetos escribiéndolos en orden cronológico en pedazos separados de papel que luego los lanzo al aire. El los numeró en el orden que los recogió del suelo. Ya que la mayoría de los cuartetos no están por lo tanto en secuencia numérica, se podría esperar que algunas de las hojas se mantendrían juntas y por lo tanto aún están en orden cronológico. Este es el caso aquí y se repetirá de nuevo más adelante en este capítulo.

Al haberse acabado la batalla por Turquía y la batalla por la costa occidental del Mar Negro en furor, Nostradamus vuelve a la batalla por Grecia:

(37) Siglo III, Cuarteto 3

Marte, Mercurio, y la plata reunida,
hacia la sequía del extremo Sur:
Fuera del fondo de Asia uno dirá que la tierra tiembla,
Corinto, Efesus entonces en confusión.

Colocar fechas sobre la configuración al comienzo del cuarteto ("la plata" o la Luna) carece de sentido ya que esto sucede al menos una vez cada año. "El Sur es difícil de interpretar. ¿Representa al Sur de Asia, quizás la India? O ¿podría posiblemente representar el Sur de Europa, quizás Grecia y/o Italia? O, al no mencionarse ningún país, ¿quizás es incluso una sequía local en el Sur de Francia? La respuesta no puede ser segura. Estos sucesos están vinculados con otro terremoto, esta vez en el "fondo" de Asia. Podría ser Pakistán, India o quizás incluso el Lejano Oriente.

La última parte de este capítulo es misteriosa. Corinto está localizada en el lado occidental del mar Egeo, mientras Efeso está en Turquía en el límite oriental del Egeo. Nostradamus parece estar usando estas ciudades como puntos de referencia en la batalla entre Grecia y la ya conquistada Turquía para el control de las islas griegas. Quizás las dos ciudades serán los centros militares de los comandantes griegos e islámicos.

Hay otro cuarteto que continua con la batalla por el mar Egeo y menciona tanto a Corinto como Efeso:

(38) Siglo II, Cuarteto 52

Durante unas pocas noches la tierra temblará:
Durante la primavera dos esfuerzos consecutivos:
Corinto, Efeso en los dos mares nadarán.
La guerra se avivará por dos valientes en combate.

Uno de los "dos mares" debe ser el Egeo; éste es el mar localizado entre las dos ciudades. El otro mar podría ser el Adriático, pero ya que estos sucesos se darán simultáneamente con una campaña contra la Europa Oriental en Rumania y Bulgaria, el mar Negro es la alternativa más probable. Aquí se predicen dos ofensivas (esfuerzos consecutivos) principales, pero Nostradamus no da pista sobre la identidad de las fuerzas agresoras o los resultados de sus "esfuerzos". Los "dos valientes en combate" podrían representar los turbantes azul y blanco o posiblemente los comandantes de las dos fuerzas que se oponen, acuartelados en Grecia y Turquía.

Hoy otro cuarteto que detalla una batalla por el control de las islas griegas:

(39) Siglo IV, Cuarteto 39

Los rodianos pedirán auxilio,
por el abandono de sus herederos demorados.
El imperio árabe revelará su curso,
Por Hesperia la causa restablecida.

La isla de Rodas no es solamente la más grande de las islas griegas, también es la más oriental incluso más cerca al territorio turco de lo que está la isla de Mitilene. En algún momento los rodianos enviarán un urgente llamado de auxilio a tierra firme griega ("pedirán auxilio"). Esta ayuda estará disponible, pero se demorará debido a la negligencia ("abandono") de los comandantes griegos y Nostradamus parece predecir que Rodas sucumbirá. En esta época el nuevo imperio persa admitirá su objetivo de conquistar toda Europa. ("El imperio árabe") al ser revelado su curso.

"Hesperia", la tierra del Occidente, forjará una alianza diplomática unida contra "el imperio árabe". Mientras algunos autores consideran "Hesperia" como Norte América, en este contexto la expresión se refiere probablemente a España, Francia, Alemania y Bretaña. Estos países prometerán ayudar en la defensa de la Europa Oriental y comenzarán a desplegar tropas. Es muy imposible que Hesperia indique los Estados Unidos ya que este país no estará en posición de comprometer tropas para la guerra debido a que sus problemas internos serán aún severos.

El siguiente cuarteto continúa con la batalla por el control del mar Egeo:

(40) Siglo V, Cuarteto 95

El remo marino invitará a la oscuridad,
el gran imperio entonces la provocará:
El mar Egeo lleno de madera estorba las olas
a la Flota Armada Tirrena.

La expresión "Remo marino" es casi incomprensible. Todo lo que se puede decir es que parece representar a una persona o gente. Bajo la cubierta de "oscuridad" un ataque hecho por esta persona (o gente) será lanzado contra Turquía. Evidentemente esto vendrá durante un momento de calma en el combate y provocará otro ataque desde las legiones del Mahdi; ("el gran imperio"). Si la colocación de este cuarteto es apropiada en este momento, entonces el objetivo de ese contra ataque será probablemente Grecia.

El Mar Tirreno se encuentra en el triángulo entre Cerdeña, una posesión italiana en el Mar Mediterráneo localizada justo al Occidente del Sur de Italia y Sicilia, así que la "Flota Armada Tirrena" es probable de origen italiano. Este cuarteto parece representar la entrada de Italia a la guerra. Sin embargo, los restos de las naves en el Egeo resultado de la lucha entre las armadas con base en Grecia y Turquía dejarán suficientes escombros para hacer que "El mar Egeo lleno de madera" "estorbe" a la armada italiana (tirrena) para que desarrolle sus operaciones como lo desea.

Quizás el número de cuartetos que Nostradamus escribió sobre la lucha en el mar Egeo indica que esta parte de la III Guerra Mundial llevará varios años porque aún hay otro cuarteto sobre la batalla por el Egeo:

(41) Siglo II, Cuarteto 3

Debido al fuego del Sol sobre el mar
fuera del Negrepont el pescado medio cocido:
Los habitantes vendrán a cortarlos
cuando en Rodas y Génova falte el alimento.

"Negrepont" es la isla griega de Euboca, la más grande de las islas griegas tan cercana a Grecia como lo están Rodas y Mitilene a Turquía. "Debido al fuego del Sol" es un texto interesante. Sí "el fuego del Sol" significa la luz del Sol, entonces hay una imposibilidad física ya que los rayos del Sol simplemente no pueden calentar lo suficiente para que el "pescado" sea "medio cocido" en el mar. Pero ¿qué crea el fuego en el Sol? Es la energía del átomo, liberada a través del proceso de fusión encontrada al explotar bombas de hidrógeno. Aquí parece estar el primer, y quizás el único, uso de armas nucleares predichos de manera específica por Nostradamus durante la III Guerra Mundial.

Note que las armas nucleares no serán usadas en un ataque terrestre. Todo mundo estará muy familiarizado con el poder de las marejadas en ese tiempo y esto representa un intento de los ejércitos islámicos para provocar otra marejada contra la armada y las defensas costeras griegas. Desde que uno de los propósitos de la III Guerra Mundial será apropiarse de la tierra para la producción de alimento sería contraproducente irradiar la tierra de cultivo. Aparentemente el Mahdi no estará tan preocupado sobre el mar. Quizás él se arriesgará a que los aliados no desearán crear riesgos nucleares con un ataque vengativo a un objetivo en tierra, o quizás convencerá a los aliados que el propósito de la explosión es conseguir alimento y la marejada será un efecto secundario no intencionado.

¿Cómo puede una explosión nuclear ayudar a alimentar un pueblo hambriento? La conmoción de la explosión traerá como resultado la muerte de muchos peces en todo el Egeo, y los hambrientos de "Rodas y Génova", obviamente junto con las fuerzas islámicas en Turquía y las islas griegas capturadas se los comerán. En este cuarteto está implícito una escasez de alimento general en la región mediterránea. "Génova" puede referirse a la ciudad italiana de Génova, ya que es posible que el pescado pueda ser llevado allí por las corrientes mediterráneas, pero es más probable que se refiera a los navegantes italianos de la "Flota tirrena" anotados anteriormente, la cual puede utilizar Génova como su puerto de origen. Aparentemente ellos estarán en un lugar cubierto y evitarán ser afectados por los peores efectos de la marejada.

La escena cambia un poco después de que la marejada destruye las defensas costeras. El siguiente cuarteto detalla los sucesos en la tierra firme griega.

(42) Siglo V, Cuarteto 90

En las Cyclades, en Perinthus y Larissa,
dentro de Esparta y todo el Peloponeso:
Una gran hambruna, plagas a través del polvo falso,
nueve meses va a durar en toda la península.

Larissa es la ciudad más grande del Oriente Medio Griego; Esparta está localizada en la parte Sur de la península del Peloponeso y Perinthus es parte de la Turquía de extremo occidental, cerca de la frontera con Grecia. Lo clave de este cuarteto es el tema de "la gran hamburna", ubicándolo en los años después del cometa. El "polvo falso" es una expresión difícil de entender ya que esto genera una "plaga" de alguna clase y parece ser algún tipo de arma biológica o química. La pregunta aquí es sí el Mahdi atacará en forma deliberada a Grecia con armas biológicas o si ocurrirá un lanzamiento accidental de las armas de los aliados. La plaga y el hambre durarán nueve meses e incluirá toda Grecia, que es parte de la península balcánica, como también las islas griegas (Cycldes). Si se usan los agentes biológicos entonces no es sorprendente que la plaga se extienda más allá del área establecida como objetivo original y también afecte Turquía (Perinthus).

Note que los cuartetos (41) y (42) parecen incluir tecnología muy moderna, con el uso de armas nucleares y químico–biológicas. Estos cuartetos no es posible que se cumplan hasta la última mitad del siglo XX. Quizás esas armas no se consideran apropiadas para el uso probablemente debido a su funcionamiento poco fiable y las muertes que pueden causar entre las unidades de ataque, y también porque Nostradamus no tiene otro cuarteto sobre el uso deliberado de las armas nucleares biológicas durante la III Guerra Mundial después de terminar la conquista de Grecia por parte de Mahdi.

El siguiente cuarteto continua con los sucesos en Grecia:

(43) Siglo V, Cuarteto 91

En el gran acuerdo que será aquel de los mentirosos,
de todo el TORRENTE y el campo de Atenas:
Ellos estarán sorprendidos por medio de los caballos livianos,
a través de Albania Marte, Leo, Saturno un diluvio.

Este cuarteto y el anterior es otro ejemplo en el cual las hojas de papel pegadas cuando fueron lanzadas al aire, resultaron en una numeración secuencial correcta. Se dará alguna clase de cese al fuego o tratado de paz ("el gran acuerdo"), pero ambas partes sabrán que la otra está mintiendo ("que será aquel de los mentirosos"). Será solo un momento para el descanso de las tropas, el rearme y conseguir refuerzos.

Quién o qué podría ser "TORRENTE" no se sabe en este tiempo pero parece indicar algún tipo de lugar. Se hace alusión a un ataque musulmán desde Albania, sorpresivo, por una unidad de caballería liviana ("sorprendidos por medio de caballos livianos"), la cual se extenderá por toda la ruta hasta Atenas. No está claro si los musulmanes habrán asegurado a Albania por una invasión marina o si los albaneses se aliarán con el Mahdi debido a que el 70% de su población es musulmana.

Este cuarteto también contiene otra conjunción. "Diluvio" es generalmente considerado simbólico para la constelación Acuario, la portadora de agua. Si esta interpretación es correcta, entonces el tiempo cuando todo esto sucederá será cuando Marte esté en Leo y Saturno en Acuario. Pero recuerde, los movimientos planetarios en el siglo XVI no eran entendidos de manera perfecta y hubo una gran cantidad de error en la predicción de 400 años hacia el futuro! La última vez que esta configuración ocurrió fue en 1993 y no ocurrirá de nuevo hasta el año 2025. ¿Es posible que Grecia resista más de 20 años mientras el resto de Europa es invadida? Probablemente no. Es más probable que todas las configuraciones de Nostradamus sean imprecisas. Desde luego también es posible que el autor de este libro sea el que esté equivocado. En ese caso, de nuevo el lector deberá considerar este libro como una obra de ciencia ficción, un sueño de "que tal si..." Otras posibilidades incluyen la ubicación de este cuarteto con una guerra diferente en el futuro lejano y se coloca cerca al final de la III Guerra Mundial, durante la liberación de Grecia, en vez de al comienzo de la guerra.

El siguiente cuarteto retorna al tema de una plaga en Grecia:

(44) Siglo IX, Cuarteto 91

La horrible plaga caerá sobre Perinthus y Nicopolis,
la península caerá y Macedonia:
Los Tesalienses y Anfipolians serán desbastados,
una maldad desconocida y rechazada por Antonio.

147

Los sucesos de este cuarteto son extraordinariamente similares a los del Cuarteto (42). De manera evidente Nostradamus
pensó que este tema bien valía la pena repetirlo. De nuevo una
"plaga horrible", o quizás la misma plaga del Cuarteto (42), se
menciona para toda la península griega. El describe que esta
"plaga" es una "maldad", indicando aquí que será un ataque
premeditado y no un accidente. El hecho de que será "desconoci-
cida" parecería indicar que ésta será un nuevo tipo de enfermedad. Sin embargo, es posible que Nostradamus quiso decir que
esto será un uso de armas biológicas desconocidas en la guerra
antes de esta época.

En este momento no se sabe quién será el "Antonio". Podría
ser un militar griego o un líder civil que rechazaría el uso de
las armas biológicas. Como se anotó antes, después de la campaña por Grecia no parece haber un uso deliberado de este tipo
de armas durante la III Guerra Mundial. Nostradamus menciona luego ciudades específicas. Nicopolis, que en la actualidad es la ciudad portuaria de Preveza en el Adriático;
Perinthus, ya descrita y ubicada en el lejano Noroccidente
turco; Anfifolis, cerca de la actual ciudad de Salonika en
Macedonia; y Tesalia, que esta localizada en el mar Egeo en el
Noreste de Grecia. También se menciona la región de Macedonia. Note que la antigua Macedonia está dividida entre la
Grecia moderna y Bulgaria, así que es posible que la plaga se
expanda hacia el Norte en los Balcanes y pueda ser llevada
hacia el Este en Turquía y otras tierras también controladas
por el Manhdi

Una nota final sobre la batalla por Grecia:

(45) Presagio 129 Noviembre

El enemigo temeroso de volver a caer en poder de Tracia,
en llantos, alaridos y saqueo desolado:
Dejar ruido en la tierra y el mar, religión asesinada,
los joviales derrotados y cada secta afligida.

En algún momento durante la batalla por Grecia, las fuerzas islámicas, temiendo un contraataque, se retiran por tierra y mar hacia el Occidente de Turquía. Detrás de ellos quedarán los "llantos" los "alaridos" y la "desolación" y disfrutarán al "saquear" la región. Los dos objetivos principales del ataque serán el "saqueo" (¿posiblemente un ataque por alimento?) y la ejecución de los cristianos ("religión asesinada"). Los "joviales" es algo misterioso. Si la intención de Nostradamus aquí era el antiguo Dios romano Júpiter y el dios griego Zeus, entonces esto puede ser una referencia no muy clara a los musulmanes ya que, para él, ambos eran paganos. Si es así, entonces las tropas del Mahdi serán atrapadas y derrotadas durante su retirada ("los joviales derrotados").

Hay un cuarteto sobre Macedonia donde se desplaza hacia el Norte desde Grecia:

(46) Siglo II, Cuarteto 96

Una antorcha llameante hacia el cielo nocturno
será vista cerca al final y principal del Ródano:
Hambre, acero. La ayuda suministrada tardíamente,
los persas van a invadir a Macedonia.

Algún tipo de suceso celestial descrito como una "Antorcha llameante" embellecerá "el cielo nocturno" de la Francia Oriental. Esta antorcha será visible tanto desde la desembocadura ("cerca al final") del río Ródano donde este desemboca en el mediterráneo así como el origen ("principal") del río más hacia el Norte. Es probable que la "antorcha llameante" sea un fragmento de un escombro lanzado a la órbita por el impacto del meteoro, que volverá a entrar en la atmósfera superior y se consumirá mientras está aún en lo alto del cielo nocturno. La visibilidad del meteoro tanto en el origen como en la desembocadura del Ródano indica que la ruta tomada por el fragmento, mientras entra de nuevo en la atmósfera, será a lo largo del eje Norte–Sur.

En la época en que aparece este meteoro habrá "hambre" y guerra (el "acero" es algo simbólico para espadas) en Grecia y los ejércitos conducidos por los iraníes ("los persas") girarán hacia el Norte ("invadiendo Macedonia"), en la frontera griego–serbia. Para que esto ocurra, la conquista ("persa") de Grecia debe ser considerable para entonces. Nostradamus también anota que la ("ayuda") para defender lo que queda de Grecia llegará ("tardíamente") de la Europa Occidental.

Cambiando hacia Nororiente de Grecia se dice lo siguiente:

((47) Siglo III, Cuarteto 58

Cerca al Rin de las montañas Noric nacerá un grande
de que ha llegado tardíamente que defender
a Sarmatia y Pannonia,
uno no sabe lo que vendrá de él.

Un comandante alemán o austríaco (el reino "Norico" en tiempos de Nostradamus) llevará sus tropas a las repúblicas occidentales de la antigua Unión Soviética ("Sarmatia") y Hungría ("Pannonia"). Nostradamus acusa a este comandante de llegar demasiado tarde al frente oriental, así que quizás la referencia "tardía" en el Cuarteto (46) hace referencia también a él. Este comandante ("Noric") se convertirá en una víctima caída en combate y tal vez todo su ejército junto con él. En la confusión de la próxima guerra mundial es posible que ejércitos enteros sean rodeados y destruidos en –lo que pronto será– la desolada inmensidad de Byclarus y Ucrania sin que se sepa noticia alguna de su final en Occidente.

Continuando con el tema de la Europa Oriental, los musulmanes continúan su avance hacia Hungría:

(48) Siglo X, Cuarteto 61

Betta; Viena, Emorte, Supron,
desearán entregarse a los bárbaros Pannonia:
Enorme violencia a pica y fuego,
los conspiradores descubiertos por una matrona.

"Betta" o Baetica fue una vez una provincia romana y hoy es parte del Sur de España. "Emorte" también está ubicada en el Sur de España. "Viena" es la capital de Austria. "Sopron" está en el Occidente de Hungría muy cerca de la frontera con Austria. ¿Como pueden estar relacionados estas diferentes áreas? Parecería que Nostradamus está relacionando la línea frontal de la guerra en Austria y Hungría con sucesos que ocurren simultáneamente en el Sur de España, dando una imagen de dónde podría estar las dos líneas frontales en dos diferentes áreas al mismo tiempo. Ya que la campaña por España no será discutida hasta el próximo capítulo parece muy probable, con 200 millones de soldados islámicos para el combate, que el Mahdi atacará todas las fronteras a la vez.

Algunos "conspiradores" no nombrados, probablemente húngaros, tramarán hacer rendir a Hungría ante los bárbaros. Nostradamus llama a estos tres musulmanes "bárbaros" en otros cuartetos, así que parece que ellos son tropas del Mahdi. Una comparación del Turbante Azul/Mahdi con Genghis Khan es apropiada en este momento. Cuando el Genghis rodeó primero una ciudad él pidió su rendición. Si esta se entregaba él le perdonaba la vida a sus ocupantes (a la mayoría de ellos, de todos modos) y los alistaban en las líneas frontales de su ejército. Si ellos se negaban a entregarse, él los ejecutaba a todos sin excepción cuando la ciudad finalmente sucumbía, y luego arrasaba la ciudad. La matanza y la quema de la ciudad es simbolizada aquí por la "violencia enorme" y por el "fuego y pica". Ante las enormes presiones desde el Oriente y los insuficientes refuerzos y provisiones del Occidente, la rendición o perder la vida será una opción seriamente considerada en toda la Europa Oriental. Los "conspiradores" serán "descubiertos" y públicamente desacreditados, por una "matrona" (una anciana). Su futuro en manos de sus compatriotas no sería agradable.

Continuando con el ataque sobre la Europa Oriental está otro cuarteto que incluye a Hungría:

(49) Siglo X, Cuarteto 62

Cerca de Sorbin para el asalto de Hungría,
el anunciador de Brudes vendrá a informarles:
Jefe de Byzantium, Solin de Salvonia,
a la ley de los árabes él los convertirá.

Este es otro ejemplo en el cual Nostradamus numeró dos cuartetos en su orden cronológico original. En la edad media "Sorbin", también conocido como la *Sorbia March*, fue encontrada al Sur del río Elbe bajo la ciudad de Wittenberg y se extendía hasta Bohemia. Wiltenberg, ciudad alemana, está localizada al Sur de Berlín aproximadamente a 80 millas de la frontera polaca; así que los "árabes" habrán tenido éxito en esta época al llevar a cabo una gran maniobra de arrasamiento hacia el Norte a través de Polonia y la parte Oriental de Alemania. Después de completar esa tarea ellos girarán hacia el Sur a través de lo que queda de Eslovaquia y la república Checa, con el fin de aislar Austria y Hungría.

El "Anunciador" de la ciudad de Brudes (conocido también como Buda o Bude, fue una vez la capital de la Hungría turca) vendrá a discutir las condiciones de la entrega. La antigua "Eslovenia", lindaba con los ríos Durque, Danubio y Save. Esta área es ahora parte de Croacia, Eslovenia y el Sur de Austria. "Solin" es ahora una ciudad abandonada cerca a la actual ciudad Croata de Dubrovnik. Aún cuando la conquista de la antigua Yugoslavia no ha sido aún discutida, en este cuarteto aparece que ya se ha terminado.

Bajo el ataque desde el Norte, Oeste y Sur y en el peligro de ser suspendidas sus líneas de provisiones desde el Occidente,

Hungría estará en tremendos apuros. Aparentemente ellos se entregarán a las multitudes islámicas como un líder acuartelado en Croacia, llamado el "jefe de Byzantium" (¿quizás el Turbante Blanco/Jesús musulmán?) quien vendrá y convertirá a los húngaros a la religión islámica y a la ley civil. Tal vez los que se rindan ante el Mahdi sobrevivirán e incluso prosperarán al final. En la tradición del Genghis Khan, los húngaros serán entonces forzados a marchar contra la Europa Occidental... con arma en mano.

Moviéndose hacia Occidente, el próximo cuarteto detalla un ataque sobre la antigua Checoslovaquia:

(50) Siglo IX, Cuarteto 94

Las galeras débiles serán unidas,
los enemigos falsos lo más fuerte a la defensa:
Temblores Bratislava asaltados débiles,
Lubeck y Meissen tomarán la parte Bárbara.

Nostradamus predice que "Bratislava", un puerto en el río Danubio y la capital actual de Eslovaquia será atacada. El comienzo del cuarteto es oscuro pero parece indicar que serán usados los botes de ríos ("galeras débiles") de dos ejércitos diferentes ("reunidos"). "Lubeck" es una ciudad en el mar Báltico, "Meissen" una ciudad en el río Elbe, cerca de la frontera entre Alemania y Checoslovaquia. Estas están separadas por varios cientos de millas, así que ¿cómo pueden estar relacionados con los sucesos que se dan en "Bratislava"? la clave es "falsos enemigos", es decir, enemigos que deberían ser aliados. La población conquistada por el Mahdi, en "Luberck" y "Meissen", será forzada a ayudar ("tomar la parte bárbara") en el ataque contra la capital de Eslovaquia.

¿Por qué los ciudadanos de la Europa Oriental se unen al Mahdi para atacar el Occidente? Una de las razones puede ser debido a las estrategias a las que se verán forzados a adoptar los aliados en ese tiempo. Habiendo sido formadas de las masas musulmanas de toda Asia, las fuerzas del Mahdi sobrepasarán en número las tropas del Occidente por un margen cómodo, quizás en algunas batallas por un índice de más de 10 a 1. Mientras el Occidente poseerá una armamento superior al comienzo de la guerra, el alto costo del mantenimiento y el costo de la producción de repuestas acabarán con esta ventaja después de sólo unos pocos años de combate. Eventos como el que sucedió en Bosnia durante la primavera de 1994, también son indicadores. Durante un ataque sorpresivo en avión sobre una posición serbia, las dos primeras bombas que fueron lanzadas no explotaron, la tercera no salió expulsada de la nave y la cuarta no alcanzó su objetivo, destruyendo sólo dos tiendas de campaña serbias. El costo de estas cuatro bombas fue 12 millones de dólares, la rentabilidad ¡dos tiendas de campaña! Durante la III Guerra Mundial los musulmanes con gusto cambiarán dos tiendas de campaña por el valor de 12 millones de dólares en armamento. Estos 12 millones de dólares no incluye el desgaste en una aeronave, o la pérdida potencial de un avión con un costo de producción de cientos de millones de dólares por medio de un misil antiaéreo tipo Stinger que cuesta sólo cientos de miles de dólares. Los ejércitos islámicos aceptarán incluso enormes pérdidas humanas durante los primeros años de la guerra con el fin de minimizar la superioridad en armamento del Occidente. Después de todo, la causa principal de la III Guerra Mundial será una lucha por los recursos, especialmente comida, y el Mahdi de cualquier forma tendrá problemas para alimentar sus tropas. Es mejor tener la mitad de la división destruida en la batalla que una división completa alimentada a medias.

Además del costo de producción de armamento de alta tecnología, el tremendo daño causado por el terremoto y las marejadas a las capacidades industriales de los Estados Unidos y la Europa Occidental pone en duda que el Occidente sea capaz de reemplazar, a cualquier costo, los helicópteros de ataque, los aviones F–16 y los principales tanques de batallas perdidos en combate o por falla mecánica en los primeros años de la guerra. Los líderes occidentales serán forzados a usar esas armas con moderación cuando se den cuenta de la estrategia del Mahdi de cambiar millones de vidas de soldados sólo para agotar la armas de Occidente. Como resultado ellos no podrán ser capaces de financiar una batalla de esfuerzo máximo en la Europa Oriental. Inclusive si ellos lograran una gran victoria táctica sus pérdidas materiales serán irremplazables, ya que el Mahdi tendrá un suministro continuo de decenas de millones de nuevas tropas asiáticas y en forma fácil reemplazar las armas de tecnología relativamente baja que usan en combate.

Dada la dificultad de Occidente para producir y reemplazar armas avanzadas y su inferioridad numérica, ¿cual será su estrategia? El Cuarteto (47) describe que un ejército completo de la Europa Occidental desapareciendo en los inmensos llanos de la Europa Oriental mientras intenta enfrentar la lucha. Eso es algo que no podrá permitirse el Occidente, así que deberán adoptar una nueva estrategia. Para decirlo en forma simple, el Occidente cambiará tierra por tiempo. Ellos mismos se fortificarán detrás de sus posiciones defensivas superiores y usarán la artillería de campo y pequeñas armas de fuego para matar a cuantos musulmanes sea posible. Cuando los musulmanes, a través de la fuerza total de su cantidad de hombres, se abran paso al frente o ataquen una posición, el Occidente se retirará a su siguiente posición preparada. Los contraataques serán locales y limitados. Incluso el Occidente no intentará una ofensiva mayor hasta no estar seguros de que ellos puedan aplastar las fuerzas del Islam y arrojar al Mahdi de Europa en forma permanente. Es posible que algunos de los gobernantes de la Europa Oriental reconozcan que el Occidente será incapaz de protegerlos del Mahdi y que el Occidente no haga ningún esfuerzo para intentar una posición defensiva permanente. En vez de permitir que el Occidente destruya sus países combatiendo a los musulmanes en su expansión hacia el Océano Atlántico, algunos países optarán por unirse en forma pacífica al Mahdi. Su esperanza está en salvar sus tierras y la población civil de los terrores de la guerra. Es discutible que tan exitosa será esta estrategia.

El Cuarteto (49) indica que los Balcanes serían conquistados. Apartándose de la Europa Central y retornando a la antigua Yugoslavia, encontramos el siguiente cuarteto:

(51) Siglo II, Cuarteto 32

Leche, sangre de ranas preparada en Dalmacia.
Dado el conflicto, la plaga cerca de Balenne:
El llanto será grande a través de toda Eslavonia,
luego un monstruo nacido cerca y dentro de Ravenna.

Aquí está la conquista de la antigua Yugoslavia. En un intento por mantener la continuidad regional los cuartetos han sido presentados un tanto fuera de la secuencia cronológica estricta. Estos sucesos deben ocurrir un poco antes de la conquista de Hungría.

La geografía en este cuarteto es dispersa. "Dalmacia" es hoy parte de Croacia, "Belenne" es una pequeña villa cerca de la ciudad italiana de Capua y "Ravenna" está en el Norte de Italia, muy cerca al mar Adriático. De esta manera, mientras la antigua Yugoslavia está siendo conquistada, Italia estará sucumbiendo. La campaña italiana completa será discutida en el próximo capítulo. "La leche " y "la sangre de ranas" son conceptos oscuros, quizás es una referencia indirecta a la matanza de las tropas francesas que participan en la defensa de Croacia, ya que la palabra "ranas" ha sido usada durante mucho tiempo como apodo para los franceses. En este tiempo no es posible saber que tipo "monstruo" tenía en mente Nostradamus para Ravenna. Aquí hay otro cuarteto sobre la antigua Yugoslavia:

(52) Siglo II, Cuarteto 84

Entre Campania, Siena, Florencia,
Toscana, seis meses, nueve días sin lluvia ni una gota:
La extraña lengua en la tierra Dalmacia se desbordará,
devastando toda la tierra.

Los primeros lugares mencionados están todos en la costa Occidental italiana, al Occidente de los montes Apeninos, cerca de Pisa en el Norte (aproximadamente 150 millas al Sur de Génova) a más o menos 50 millas al Sur de Nápoles. Desde el tiempo de Nostradamus no ha habido una sequía de seis meses de duración en Italia, por lo tanto este cuarteto posiblemente no se ha cumplido hasta ahora. La III Guerra Mundial quizás habrá durado varios años cuando la "lengua extraña" de un ejército extranjero pueda invadir Dalmacia, por lo tanto es evidente que los trastornos climáticos causados por la explosión del meteoro serán sentidos durante muchos años después de su impacto en el Atlántico.

Una de las grandes dificultades al combatir en la III Guerra Mundial será el abastecimiento de los ejércitos. Dada la sequía, los italianos en este tiempo tendrán gran dificultad para mantener sus tropas alimentadas cuando se encuentren en cualquier situación de batalla. La "lengua extraña" que es hablada en Croacia será muy probablemente arábica, la lengua del croan, conocida por los musulmanes en todo el mundo. La última parte del cuarteto predice la conquista de la antigua Yugoslavia ("devastando toda la tierra"), aparentemente por aquellos que hablan la lengua árabe.

La tierra de Dalmacia aparece una vez más en otro cuarteto:

(53) Siglo IX, Cuarteto 60

El conflicto bárbaro en el Headdress negro,
derramamiento de sangre, temblarán los Dálmatas:
El gran Ismael colocará su promontorio,
las ranas tiemblan ayuda Lusitania.

En el Cuarteto (51) "sangre de ranas" fue derramada en Dalmacia, indica la muerte de las tropas francesas enviadas a ayudar en la defensa de la Europa Oriental. Aquí hay otro cuarteto en el cual las "ranas" aparecen en Croacia. "Lusitana" es otro nombre dado a Portugal, su vinculo con la ayuda de las "ranas" indican que los franceses estarán luchando en Dalmacia en ese tiempo. En este cuarteto Nostradamus los muestra en problemas y serán los portugueses quienes vendrán a ayudar.

Este cuarteto contiene una de las pocas referencias a Portugal encontrada en cualquiera de los cuartetos que parecen ser relevantes para la III Guerra Mundial. Portugal sufrirá un daño tremendo por las marejadas, pero aparentemente muchos de sus habitantes sobrevivirán al desastre y huirán para luego crear un ejército. Ellos relevarán unas fuerzas francesas en Croacia atacadas por un general musulmán ("bárbaro") que lleva un turbante negro ("Headress negro"). Este general "bárbaro" establecerá los cuarteles militares ("promontorio") en Croacia con el fin de coordinar los ataques en Australia y a través del Adriático hacia Italia.

Dejando al Sureste de Europa, Nostradamus tiene un cuarteto fascinante sobre los sucesos que ocurrirán en Polonia durante el transcurso de la guerra.

(54) Siglo V, Cuarteto 73

Dios y la iglesia serán perseguidos,
y los templos santos serán explotados:
El infante, la madre colocados desnudos de ropa,
árabes y polacos serán aliados.

Este cuarteto contiene uno de los tema más comunes de la III Guerra Mundial: La persecución religiosa. Aquí se predice de manera específica la destrucción de la iglesia católica en Polonia. El "infante" y la "madre" son probablemente Jesús y su madre, María. Esta puede ser una referencia simbólica al cristianismo que está siendo expulsado (¿es posible que Polonia pudiera abandonar la fe católica?), o quizás un suceso real que incluyen dos estatuas en una catedral polaca. La última parte del cuarteto es asombrosa. Nostradamus predice que Polonia se unirá al Mahdi! Antes de descartar esto como imposible, tenga en cuenta la historia reciente. ¿Previó alguien el rápido deterioro de la Unión Soviética? La presión sobre todas las naciones será mucho mayor en la primera década del próximo siglo, los gobiernos y las opiniones públicas cambiarán con increíble velocidad. Pero ¿cómo podría una Polonia devota y católica abandonar la fe cristiana y someterse a la dominación islámica? De nuevo la respuesta se encuentra en lo rápido que surgió el Genghis Khan para dominar la mayor parte de Asia y el Oriente de Europa. El permitió que aquellos que se habían entregado en forma pacífica tuvieran mucha independencia en sus asuntos internos, y ésta será una de las principales preocupaciones que enfrentan los polacos. Note también que Polonia es una llanura plana sin limites naturales. No hay montañas o ríos que constituyan algún obstáculo importante a las fuerzas invasoras. Esta es una de las razones por las que Polonia ha sido invadida durante siglos por los ejércitos de Europa y Rusia. Al enfrentar las numerosas y abrumadoras fuerzas del Asia y la poca ayuda del Occidente (todos los otros cuartetos respecto a la Europa Oriental durante la III Guerra Mundial muestran la ayuda militar occidental como demasiado tarde o inapropiada), Polonia se entregará y unirá al Mahdi. Hay algo irónico aquí. Después de ser invadida por Alemania en la I y II Guerra Mundial, los polacos tendrán realmente la oportunidad de ayudar a invadir a Alemania en ¡la III Guerra Mundial! Esta alianza creará un hueco abierto en el flanco Norte de los aliados y llevará en forma directa al cercamiento, y caída de Hungría, Eslovaquia, la República Checa y la Austria Oriental, descrito al comienzo en el capítulo.

LA CAÍDA DE
EUROPA OCCIDENTAL

Después de la conquista de la Europa Oriental por parte del Mahdi, ¿qué sucederá luego? ¿Estará conforme con dominar la parte Oriental del continente, al igual que Genghis Khan lo estuvo? Lamentablemente, Nostradamus predice la continuación del avance musulmán hacia Europa Occidental. Este capítulo detalla los ataques sobre Italia, Alemania, España, Inglaterra, Suiza, Holanda y Bélgica. Francia debido al volumen de cuartetos relacionados con ese país, será discutido en el próximo capítulo. A partir del siguiente cuarteto es claro que Nostradamus presagió el avance islámico en Europa Occidental y Francia.

(55) Siglo VI, Cuarteto 80

Desde Fez el reino llegará a esos de Europa,
su ciudad en fuego, y cuchilla para cortar:
El grande de Asia tierra y mar una gran tropa así que esos azules,
persas, cruz para los muertos perseguidos.

El reino Moro de "Fez", que terminó hace varios cientos de años, estaba localizado en el Norte de Africa. Ya que su capital es ahora parte de Marruecos quizás Nostradamus se está refiriendo a ese país en este cuarteto. Al ser Marruecos el punto de partida de las invasiones musulmanas que capturaron a España hace siglos, el uso del nombre "Fez" aquí parece ser una referencia oscura a la predicción de Mahoma de las dos conquistas de España que sus discípulos llevarían a cabo. Africa del Norte también es cuna de, lo que los Estados Unidos han llamado, un gobierno "renegado" en Libia, y un movimiento islámico fundamentalista en desarrollo en Argelia, el cual al final podría derribar el gobierno allí. Después de la caída de Egipto, se puede esperar que todos los países musulmanes del Africa del Norte se unan en forma rápida con el Mahdi y combatan juntos durante la guerra. Los ataques desde el Norte de Africa serán hechos a través del Mediterráneo a objetivos en Italia y España.

Nostradamus indica que las tropas del Norte de Africa ("desde Fez") invadirán Europa ("llegará a esos de Europa"), incendiando una ciudad ("su ciudad en fuego") la cual él no menciona. Durante la guerra es probable que muchas ciudades sean quemadas por completo, así que no se puede asegurar cuál ciudad tenía en mente Nostradamus. "El grande de Asia" es el Turbante Azul, mencionado aquí como "azules". El y sus seguidores ("persas") invadirán por "tierra" (desde el Este de Europa) "y mar" (desde el Norte de Africa). Las tropas del Turbante Azul/Mahdi perseguirán las tropas de Europa mientras ellas se retiran ("cruz para los muertos perseguidos"). Fíjese de nuevo en la naturaleza religiosa de la III Guerra Mundial ya que los musulmanes lucharán contra la "cruz", una referencia obvia a los cristianos.

El siguiente cuarteto que encaja bien en el tema de un ataque amplio en la Europa Occidental, aunque no menciona de manera específica la nacionalidad de los atacantes:

(56) Siglo V, Cuarteto 94

El se trasladará a la Alemania más grande,
Brabant y Flanders, Ghent, Bruges, y Bolonia:
La tregua fingida, el Gran Duque de Armenia
atacará Viena y Colonia.

Este cuarteto particular tiene más sentido si se lee primero el final. El Mahdi será "el gran Duque de Armenia". Debería ser así porque el Mahdi fue descrito en el Cuarteto (31) como "El Oriental" que "saldrá de su silla", y en el Cuarteto (25) es descrito "atravesando Alania y Armenia", es aparente que moverá su base de operaciones a esa región. También tiene sentido desde el punto de vista militar porque él luego podría usar Armenia como base de operaciones para la invasión de Turquía. Después de la conquista de Turquía él negará sus intenciones futuras de guerra ("la tregua fingida") mientras reúne sus fuerzas para la invasión de Europa Oriental.

El Mahdi "trasladará" su base de comando de Armenia a Alemania mientras su nuevo lugar de operaciones se mueve más al Oeste. Ya que la localización precisa de estos cuarteles no se menciona en este cuarteto, el Cuarteto (58) nombra a Mainz como la ciudad. Desde allí la conquista será llevada a Bélgica y Holanda ("Brabant y Flanders, Ghent, Bruges") llegando hasta el Océano Atlántico, e incluso en el Norte de Francia ("Bolonia").

Hay otro cuarteto que detalla el mismo tema:

(57) Siglo III, Cuarteto 53

Cuando el más grande se lleve el premio de Nuremberg,
de Augsburg, y los de Basel:
A través de Colonia el jefe Frankfort retomado,
cruzarán a través de Flandes directo a Gaul.

LA CAÍDA DE EUROPA OCCIDENTAL

"El más grande" es el Mahdi, llevando a través de la conquista el "premio" de las ciudades alemanas del Sur de "Nuremberg" y Augsburg", como también la ciudad suiza de "Basel", que esta localizada en la frontera suiza con Francia y Alemania. Las ciudades alemanas de Colonia y Frankfort están ambas sobre el río Rin, una frontera defensiva natural, estando Colonia hacia el Noroccidente de Frankfort. Aparentemente las tropas del Mahdi harán una ruptura de un frente en Colonia que, junto con los ataques desde Nuremberg, Augsburg y Basel, traerá como resultado que Frankfort sea rodeada y "retomada" por las hordas islámicas, lo que indica que el control de esa ciudad cambiará de manos varias veces durante la guerra.

Después de la gran victoria en Frankfort los ejércitos islámicos arrasarán a través de los países bajos de Holanda y Bélgica devastados por las marejadas (la mayor parte de su tierra se encuentra en la actualidad bajo el nivel del mar y es probable que sea recuperada en forma permanente por el mar después del terremoto y las marejadas) en su ruta hacia el Norte de Francia.

Hay otro cuarteto sobre los hechos en Alemania que ayuda a correlacionar los mismos con los que ocurren en el resto de Europa en ese tiempo:

(58) Siglo V, Cuarteto 43

La gran ruina de las cosas sagradas no distante,
Provenza, Nápoles, Sicilia, Sees y Pons:
En Alemania, en el Rin y en Colonia,
afligidos hasta morir por todos los Mainz.

La geografía aquí es muy variada: "Provenza" está en el Surorinte de Francia, "Nápoles" en el Sur de Italia, Sicilia ("Sees") en Francia, Normandía, ("Pons") al Norte de Bordeaux en Francia, el río "Rin" en Alemania y la ciudad alemana de "Colonia", localizada en el río Rin. "Mainz" está cerca de Frankfurt hacia el Noreste de Colonia.

La "gran ruina de las cosas sagradas" ubica este cuarteto durante la III Guerra Mundial, al permitir relacionar el aspecto religioso de la próxima guerra mundial. La fuente de los problemas que afligen las áreas enumeradas es la ciudad de "Mainz". Situada estratégicamente en Alemania Central a más o menos mitad de camino a lo largo de lo que será el frente Oriental de los aliados, el Mahdi trasladará allí sus cuarteles. Desde Mainz él vigilará las campañas contra el resto de la Alemania Occidental, Sicilia, el Sur de Italia y varias partes de Francia. Este cuarteto parece indicar que junto con la capitulación de Polonia, todos los frentes orientales sucumbirán relativamente temprano en la guerra ya que la "ruina" no está distante, queriendo decir no muy lejos en la guerra. Sin duda las perdidas del Mahdi por lograr Alemania serán grandes y la guerra puede detenerse en un periodo de semipaz durante unos pocos años mientras los combatientes descansan y entrenan nuevas tropas.

¿Cómo puede Alemania, superpotencia por derecho propio, sucumbir ante un ejército del tercer mundo como el Irán mientras Sicilia aún está libre? La respuesta no es del todo clara. Hay varios factores que se deben considerar: Primero, es probable que el invierno nuclear después del cometa cause un daño terrible a la infraestructura Alemana y a su gente. Las muertes por el invierno pueden ser muy altas, quizás mayores que en la cálida isla mediterránea de Sicilia. Segundo, localizada más en el corazón de Europa y mucho más lejos de los efectos cálidos de los mares que Italia o Francia, es probable que la producción de alimento sea afectada por las últimas heladas en los años después del cometa y es posible que haya hambre general. Tercero, como resultado de la II Guerra Mundial, el ejército alemán ahora es principalmente de naturaleza defensiva y no es tan fuerte como se podría esperar en caso de un ataque desde Asia. Cuarto, como ya se ha mostrado en el capítulo primero, Nostradamus predice que la mayor parte de las fuerzas del Mahdi marcharán a través de Europa, así como lo hizo el Ganghis Khan. Después de la caída de Europa Oriental, Alemania enfrentará sola a la mayoría de las multitudes asiáticas, los cuales serán reforzados por los polacos y los otros aliados del Mahdi de la Europa Oriental. Quinto, mientras Nostradamus tiene muchos cuartetos respecto a las tropas francesas en Grecia, Italia y España, el tiene poco que decir sobre las tropas francesas en Alemania. Así que parecería que los alemanes estarán solos en su lucha por conservar el frente Oriental mientras los franceses ayudan a mantener el frente del Sur con los países mediterráneos.

Este capítulo comienza con un cuarteto describiendo un ataque sobre Europa desde el Norte de Africa. Hay otros cuartetos que detallan los ataques desde el mismo lugar en la parte más vulnerable de Europa. Aquí está uno de ellos:

(59) Siglo II, Cuarteto 30

Uno de los dioses del infernal Hannibal revivirá,
terror de la humanidad:
Nunca más horror ni peores días,
que sufrirán a través de Babel hasta los romanos.

"Hannibal" fue el general más famoso de la ciudad–estado de Cartago en el Norte de Africa. Hace más de 2000 años él condujo un ejército en los Alpes que atacó a Roma durante las Guerras Púnicas. Más tarde Cartago fue destruida por completo por los romanos y la ciudad y los campos fueron salados para envenenarlos. Lo que una vez fue la ciudad verde y bonita, está ahora localizada en medio de un desierto. Nostradamus indica que los "dioses" revivirán otro "Hannibal" desde el Norte de Africa; un general que invadirá a Italia. "Babel" se refiere a otro estado antiguo, Babilonia, que dominaba lo que es hoy parte de Irán e Irak. Este cuarteto da a entender que los babilonios, junto con el general "Hannibal" del Norte de Africa, atacarán Roma a la vez. Note que sólo una invasión musulmana unificada a Italia podría reunir ejércitos tanto del Norte del Africa (Hannibal) como de Irán (Babel).

Otro cuarteto hace referencia a las Guerras Púnicas:

(60) Siglo II, Cuarteto 81

Por fuego desde el cielo las ciudades casi consumidas:
El Urn amenaza otra vez a Deucalion:
Cerdeña afligida por un navío púnico,
después de la cual Libea dejará su Faetón.

"Fuego desde el cielo" parece ser un bombardeo aéreo de alguna clase, algo imposible antes del uso de los aviones en combate durante la I Guerra Mundial. El "Urn" es la constelación Acuario, y "Deucalion" era una figura de la antigua mitología griega equivalente al Noé bíblico. La isla mediterránea de "Cerdeña" será atacada por un "navío púnico" de Africa del Norte. Un "navío" era barco rápido, de poca altura y largo, impulsado por velas o un solo remo de banco. El equivalente de "navío" en la II Guerra Mundial, sería un bote patro–torpedo (PT). Hoy podría ser algún tipo de nave de ataque rápido. "El faetón" es otra figura clásica de la mitología griega. A él se le permitió conducir el carruaje de Apolo, el dios del Sol, durante un día a través de los cielos. Sin embargo no fue capaz de controlar el carruaje en forma debida y al final Zeus lo derribó con un rayo cuando temió que Featón prendiera fuego a toda la tierra al llevar el Sol muy cerca de ésta.

¿Qué tiene que ver lo anterior con la III Guerra Mundial? Aunque la variedad de sucesos contenidos en este cuarteto son algo difícil de unir de manera coherente, es posible hacer una interpretación. Durante un ataque desde el Norte de Africa contra Cerdeña, otra ciudad aliada (en alguna parte), también se verá bajo bombardeo aéreo. La coincidencia de estos sucesos será relacionada con la constelación de Libra y Acuario, y con las figuras clásicas griegas de un hombre que construyó un arca para un diluvio y otro que fue destruido por acercar mucho el Sol a la Tierra. Una conjunción astrológica oscura, quizás con el Sol dejando a Libra mientras un planeta amenazador (¿Saturno?) estará en Acuario, es la intención de Nostradamus.

167

Aún hay otros cuartetos con el tema "púnico". Varios serán abordados más adelante, uno más es conveniente aquí:

(61) Siglo I, Cuarteto 9

Desde el Oriente vendrá el corazón púnico
a afligir a Adria y los herederos de Rómulo:
Acompañados por la armada Libia,
temblando Malta y las islas vecinas vacías.

Este cuarteto relaciona los invasores del "Oriente", es decir el Turbante Azul con los del Norte de Africa (corazón púnico). Al ser la tradición islámica el único vínculo entre los dos y al predecirse de Europa una vez más, la relación con la III Guerra Mundial es clara.

"Adria" es un pequeño pueblo cerca de Venecia en el Norte de Italia no lejos de Croacia, pero es también posible que Nostradamus quiso dar a entender todo el mar Adriático. "Rómulo" es considerado en la mitología romana como uno de los fundadores de Roma. La tradición dice que él fue uno de los fundadores de Roma. De esta forma los ejércitos del Sur y Oriente atacarán a Venecia y Roma, apoyada por naves desde Libia. Mientras tanto, los pueblos de las islas más pequeñas cerca de Malta localizados en el Oriente del Mediterráneo cerca de España, tendrán que ser evacuados a la misma Malta, donde estarán "temblando" de terror (¿o quizás por otra sacudida después del terremoto?) esperando su turno a ser atacados también.

Desde luego Cerdeña y Malta no son las únicas islas Mediterráneas. Nostradamus también describe un ataque sobre Sicilia:

(62) Siglo VIII, Cuarteto 84

Paterno escuchará llantos desde Sicilia,
todos los preparativos desde el golfo de Trieste:
Que serán escuchados hasta el Trinacrie,
a causa de muchas velas desvanecidas, huyendo la horrible plaga.

"Paterno" es el nombre de una ciudad de Sicilia y de otra población al Norte de Roma. Si se habla de la primera, la predicción no tiene sentido, ya que se tendría que interpretar como "un pueblo siciliano escucha un llanto desde Sicilia". Sin embargo, si se quiso interpretar la segunda parte, entonces su cercanía a Roma podría hacer que la primera parte se tradujera como: "Roma, la capital italiana, escucha un grito pidiendo ayuda desde Sicilia". Esto conducirá en forma directa a los "preparativos" para una fuerza de relevo "desde el golfo de Trieste". La ciudad de Trieste es el punto más hacia Oriente del Norte de Italia, a sólo millas de Croacia. Se escucharán noticias sobre la ayuda en camino en "Trinacrie", que es el nombre antiguo para la isla de Sicilia. Una gran flota de naves ("muchas velas"), aparentemente desde la marina Iraní y la presencia de algún tipo de "horrible plaga". En la última parte está implícita la evacuación de la población siciliana a Italia, quienes se convertirán en refugiados a causa de la guerra y la plaga.

Este cuarteto también permite alguna correlación con los sucesos en la Europa Oriental. Por ejemplo, si los ejércitos del Islam ya están en Croacia, es dudoso que una armada de relevo fuera organizada desde la ciudad de Trieste. Es probable que la campaña por Sicilia se dé más o menos en el mismo momento en que ocurren las batallas más al Oriente, quizás en Grecia y Hungría. Esta creencia es reforzada en el siguiente cuarteto:

(63) Siglo IX, Cuarteto 28

Velas aliadas desde el puerto de Marsella,
hacia el puerto de Venecia para marchar a los Pannonianos:
Saliendo desde el golfo y la bahía de Illyria,
devastación a Sicilia, liguarianos disparan desde cañones.

Una flota aliada ("velas aliadas"), posiblemente francesas dado su punto de partida, saldrá desde el "puerto de Marsella" y navegará hacia el Sur alrededor de Italia y hacia Venecia. Su misión será suministrar tropas para la batalla en curso de Hungría ("a los Pannonnianos"). Luego Nostradamus describe de nuevo una flota que parte desde el Adriático ("el golfo y la bahía de Illyria"), quizás con destino a Sicilia. Parece que el Mahdi tendrá conocimiento de las tropas aliadas y la flota en Marsella y aplazará la invasión de Sicilia hasta que esas tropas estén comprometidas en la batalla por Hungría. Como se discutió en el cuarteto anterior, esta "flota" recogerá luego fuerzas italianas en Trieste, a menos de 65 millas al Oriente de Venecia, para después volver a Sicilia. Junto con la flota que partió inicialmente de Marsella, la cual estará llevando luego las tropas de Trieste a Sicilia, se dará un bombardeo de alguna clase ("disparos desde cañones") por parte de una unidad genovés ("ligurianos") contra las fuerzas islámicas. Nostradamus no especifica si esta será una artillería naval o terrestre. Sin embargo todos estos esfuerzos parecerán ser en vano.

En el siguiente cuarteto se ve como los aliados finalmente perderán a Sicilia:

(64) Siglo VII, Cuarteto 6

Nápoles, Palermo y toda Sicilia
a través de la mano bárbara estará deshabitada:
Córcega, Salerno y la isla de Cerdeña, hambre, plagas, guerra,
el fin del mal está lejos.

"Nápoles" está en la costa Oeste de Italia a unas dos terceras partes del recorrido península abajo. "Palermo" es una de las principales ciudades de Sicilia. De nuevo note que Nostradamus predice que Sicilia estará "deshabitada", es decir evacuada (o asesinada) por manos "bárbaras". Pero Sicilia no será la única parte deshabitada de Italia. La primera mitad del cuarteto indica que Nápoles y por extensión todo el Sur de Italia, serán abandonados antes de que lleguen los ejércitos musulmanes. Después de consolidar su base en Sicilia, los musulmanes continuarán en Nápoles; Nostradamus no dice si es por tierra o mar. "Salerno", a menos de 50 millas al Este de Nápoles se perderá asi como las islas de Córcega y Cerdeña. Parece que en este tiempo la marina del Mahdi será el amo del mediterráneo. Por último, el "hambre", la "plaga" y la "guerra" se darán durante mucho tiempo, ya que el "fin del mal" (el fin de la guerra) aún está "lejos".

¡Nostradamus predice que la III Guerra Mundial durará veintisiete años! Los sucesos de estos pocos cuartetos relacionados con Sicilia pueden durar varios años e indudablemente habrán muchas más batallas y sucesos descritos por Nostradamus. Estos cuartetos sólo brindan fragmentos de información sobre sucesos particulares en ciertas épocas.

La batalla continua hacia el Norte en Italia:

(65) Siglo X, Cuarteto 60

Yo lo lamento por Niza, Mónaco, Pisa, Génova,
Savona, Siena, Capua, Modena, Malta:
La sangre y la espada de regalo,
fuego, la tierra temblando, agua, desgana desafortunada.

"Niza, Mónaco, Génova y Savona" son todas ciudades costeras, y "Pisa" esta a sólo unas pocas millas en el interior. "Modena" está en el centro del Norte de Italia, "Capua" y Siena están más al Sur, al Occidente de los montes Apeninos, con "Capua" está al Norte de Nápoles. "Malta" es una isla independiente en el Mediterráneo. ¿Cuál es el propósito de enumerar estos lugares? Es posible que Nostradamus los mencione como los sitios de las grandes batallas de la III Guerra Mundial. Es posible que esté describiendo de nuevo las líneas frontales de los campos de batalla en un momento particular durante la guerra. En ese caso, la Italia ubicada al Este de los Apeninos caerá antes que el área localizada al Oeste de los montes y al frente estará en forma de una línea en zig–zag como recorriendo una "Z" hacia atrás desde el Mediterráneo cerca de Nápoles directamente hacia el Este de los Apeninos, luego hacia el Noreste para acercarse a Bolonia, luego de nuevo al Este hacia el Adriático. Al mismo tiempo en que los italianos y las fuerzas del Islam estén combatiendo en este frente costero, se estarán presentando invasiones a través de todo Occidente de Italia y el Sur de Francia, y la isla de Malta será invadida.

Nostradamus tiene una advertencia para las tropas francesas que luchan en Italia en este momento:

(66) Siglo III, Cuarteto 43

Gente alrededor de Tarn, Lot y Garonne,
cuiden los montes Apeninos cuando estén pasando:
Su tumba cerca de Roma, y Ancona,
la barba de cerda negra levantará un trofeo.

El "Tarn" y "Lot" son ambos dos ríos del Suroccidente de Francia, tributarios del "Garonne" que fluye a través de Bordeaux en su recorrido hacia el Atlántico. Las unidades francesas que se originan en estas áreas ayudarán a los italianos en el Este italiano y cruzarán los "Apeninos" pasando por el Este de Italia en un intento por detener el violento ataque de los musulmanes en la mitad Oriental de este país. "Ancona" es una ciudad portuaria en el Adriático al Norte de Roma y al Oriente y un poco al Sur de Modena. Parece que los franceses sufrirán serias pérdidas en la batalla por Ancona y el resto fallecerá en la batalla por

Roma. La "barba de cerda negra" parece ser el comandante musulmán. El "levantará" un monumento ("trofeo") por su victoria sobre los aliados en Ancona y/o Roma. Esta "barba de cerda negra" será escuchada de nuevo.

El Cuarteto (65) mencionó ataques simultáneos tanto en Malta como Génova. Hay otro cuarteto que continua ese tema:

(67) Siglo IV, Cuarteto 68

En el lugar muy cerca no distante de Venus,
los dos más grandes de Asia y Africa,
desde el Rin y Hister de los cuales se dirá que han venido
llantos, lágrimas en Malta y parte de Ligur.

El contexto exige que "Venus" sea un lugar, no el planeta. Este podría representar a Venecia, Venosa, Vicenza, Portus Veneris, o cualquiera otra de las ciudades italianas con nombres similares. Varias de ellas están ubicadas en el Norte de Italia y parece que una de esas ciudades, quizás Venecia, sea el lugar señalado. Algunos de los investigadores de las profecías de Nostradamus creen que "Hister" es un anagrama de "Hitler" y ubican este cuarteto durante la II Guerra Mundial, pero esto no es probable. En el tiempo de Nostradamus la parte más baja del río Danubio era llamada el Hister. Al ser el Rin y el "Hister" mencionados al mismo tiempo, "Hister" se refiere más probablemente al río Danubio no a Hitler. "Ligur" es un nombre antiguo para la ciudad de Génova.

Sintetizando toda la información anterior muestra que este cuarteto describe un vínculo de las fuerzas asiáticas del Mahdi quien habrá viajado a través del continente Europeo junto con las fuerzas del Norte de Africa, abriéndose paso hacia el Norte luchando en la Península Itálica. Este encuentro de los ejércitos ocurrirá en el Noreste de Italia, posiblemente cerca de Venecia. Las fuerzas asiáticas estarán conformadas por tropas retiradas de la campaña alemana en el río Rin, como también por tropas frescas que vienen de la región del río Danubio en el Este Europeo. En este mismo tiempo Malta y Génova estarán ambas de nuevo "destrozadas" por ataques marinos.

El siguiente cuarteto detalla las invasiones costeras en Italia.

(68) Siglo II, Cuarteto 4

De Mónaco hasta cerca de Sicilia
todos los hogares de la playa desolados:
No quedará ni un suburbio, ciudad o villa,
que se suponen serán saqueados y robados por los bárbaros.

Toda la costa Oeste italiana estará sujeta a asaltos de los "bárbaros" musulmanes y como resultado el territorio será abandonado por la población civil. Nostradamus prevee que las fuerzas islámicas tienen un dominio total del Mediterráneo en este tiempo. Fíjese que él usa la palabra "suburbios", que eran concentraciones de población muy pequeños e insignificantes en su época, pero son importantes sitios para vivir en la última parte del siglo veinte en toda la civilización Occidental.

Este cuarteto plantea una pregunta interesante: ¿Cómo logran los musulmanes controlar el Mar Mediterráneo? ¿No estará la marina aliada, con portaaviones, fragatas, cruceros de misiles guiados, etc, en condiciones superiores que cualquier armada que el Mahdi y sus comandantes navales iraníes pudieran colocar en el mar? En los primeros años de la guerra si; pero años después, las necesidades de mantenimiento de las naves de guerra podrían dejarlas inútiles, ya que la infraestructura necesaria para mantener estas naves se habrá derrumbado. Como mínimo es probable que se pierdan varias de las armas y mecanismos de cada nave. Además las armadas americanas, francesas y británicas fueron diseñadas para enfrentar la armada soviética en la mitad del Océano. Inclusive el Mediterráneo no es lo suficientemente grande para que estas flotas maniobren con propiedad.

La estrategia naval que adoptará el Mahdi podría ser la construcción de naves de baja tecnología en grandes volúmenes enfatizando la capacidad de operación cerca de las costas. Los musulmanes probablemente construirán decenas de naves de 20 a 40 pies de largo con fibra de vidrio o cascos compuestos. Estas naves de peso liviano serán impulsadas por velas o remo. Sin motores serán invisibles para los misiles "busca calor" y serán difíciles de ser destruidas por los misiles guiados por radar: Serán barcos equivalentes a los aviones "Steylton" pero a un costo mucho más bajo que el de los aviones de caza y los bombardeos de los aliados. Con el fin de destruir estas naves los aviones aliados necesitarán hacer contacto visual en rastreos a bajo nivel usando bombas guiadas por láser o bombas de gravedad. Sin embargo esto expondrá las aeronaves aliadas a fuego de respuesta con misiles manuales tipo Stinger. Con una tripulación en cada nave de quizás sólo 10 navegantes, los musulmanes aceptarán la pérdida de decenas de estas naves a cambio de la destrucción de un solo jet aliado, un jet que será irremplazable cuando se pierda. Aún más, si el comandante naval iraní conduce sus operaciones durante un tiempo nublado u oscuro ni siquiera será posible los ataques visuales a bajo nivel.

Otro tipo de nave a ser usada por la armada Iraní podría ser una versión tras atlántica de un Jet–Ski un poco mejorada, lanzada en el medio del mar desde otra nave. Liviana, rápida, muy maniobrable y relativamente económica, la armada del Mahdi puede producir decenas de misiles de estas naves durante la III Guerra Mundial. Las armas ofensivas de los Jet–Ski y de las naves impulsadas a remo/vela será un sólo misil Silkworm de fabricación China. Un misil es capaz de destruir por completo un portaaviones. Debido a su alcance de cientos de millas, la armada iraní no correrá el riesgo de acercarse a flota aliada; ¡ellos dispararán a objetivos aún en el horizonte! Ya que los musulmanes no tendrán abastecimiento abundante de estos misiles, quizás sólo habrá uno por cada diez o veinte naves, los aliados no sabrán que naves llevan los misiles y se verán obligados a intentar hundir cada bote de la flota que se extiende en cientos de millas. Las pérdidas iraníes en estas batallas aunque grandes no serán importantes. ¿Qué importa la pérdida de mil de estas naves si sólo una puede asestar un golpe crítico en un portaaviones? En una década como máximo estas pequeñas naves podrían hundir gran parte de la flota aliada en el Mediterráneo expulsando el resto al Atlántico.

¿Serán capaces los aliados de contraatacar con una estrategia similar de construcción de naves? No, porque con la ventaja masiva de hombres que el Mahdi posee durante la Guerra, los aliados no arriesgarán a cambiar naves y hombres en el Mediterráneo ni tampoco a tener pérdidas iguales de soldados en el frente Oriental. Dentro de una década como máximo, el Mahdi será el amo del Mediterráneo. En este tiempo estas pequeñas naves ya no transportarán misiles Silkorm anti–barcos, sino misiles tipo Scud con ojivas convencionales. Estos misiles serán disparados contra las ciudades portuarias mediterráneas de Italia, Francia y España, desde una distancia tan lejana en el mar que los aliados no podrán responder el fuego. Se estima que Corea del Norte, un probable aliado del Mahdi, haya acumulado decenas de misiles de Scud durante las últimas décadas, y por lo tanto los musulmanes no verán agotadas las existencias de esta arma durante la guerra.

El siguiente cuarteto retoma los sucesos que se dan justo después de aquellos descritos en el Cuarteto (65):

(69) Siglo V, Cuarteto 22

Ante el grande de Roma uno entregará su alma,
gran terror para el ejército extranjero:
Por escuadrones la emboscada cerca de Parma,
luego los dos rojos celebrarán.

Antes de la caída de Roma y de la muerte del Papa ("el grande de Roma"), los musulmanes ("el ejército extranjero") sufrirán una gran derrota descrita como una "emboscada" cerca de la ciudad de "Parma", que está localizada al Noroccidente de Modena. Esto hará que los dos cardenales, llamados los dos "rojos" por el color de sus sombreros, "celebrarán" la victoria. El contexto parece indicar que los dos cardenales concebirán el ataque o serán responsables en comandar las fuerzas aliadas locales. Con la caída de la autoridad civil es muy probable que la autoridad religiosa asuma el poder y una vez más gobierne los asuntos de estado como lo hicieron hace siglos.

Las fuerzas musulmanes finalmente llegan a Roma:

(70) Siglo V, Cuarteto 46

*Por disputas de sombrero rojo y nuevos cismas
cuando el elegido será el Sabino:
La gente producirá grandes sofismas contra él,
y Roma será herida por Albania.*

El "Sabino" es un área al Noreste de Roma, un Papa Italiano ("el elegido") será escogido de esta área. Su reino estará marcado por las "disputas" entre los cardenales de la iglesia ("sombrero rojo") y por los "cismas" y herejías. Muchos dirán "grandes" mentiras ("sofismas") sobre él, y será durante su reino que la misma Roma será atacada ("herida") por tropas que provienen de "Albania". Italia sería atacada no sólo desde la costa africana, Sicilia y el Oriente Europeo, sino también a través del Adriático desde Albania. La distancia más corta a través de todo el mar Adriático es desde Albania al Sureste de Italia, un poco más de 50 millas; así que no debe ser una sorpresa que los musulmanes escojan Albania como su área de estacionamiento para su segundo frente italiano (¿o incluso el tercero?) Las tropas albaneses probablemente continuarán luego su camino hacia el Norte de la península itálica hasta el Oriente de los montes Apeninos. Como se describió en el Cuarteto (65) las tropas llegarán al menos hasta el Norte de Bolonia, dándole al frente un retroceso en forma de "Z". En este tiempo atravesarán los Apeninos y encerrarán la Italia central aislando a Roma del refuerzo terrestre. El "daño" que Roma sufrirá "por parte de Albania" se detalla en muchos otros cuartetos en este capítulo.

En el Cuarteto (16) la muerte del Papa se relacionó con la aparición del cometa y aquí en el Cuarteto (70) hay una segunda referencia a un Papa. De hecho las predicciones sobre el papado son muy comunes en los escritos de Nostradamus; hay más de 50 cuartetos con alguna referencia al Papa o a Roma (ciudad del Vaticano). El próximo cuarteto discute la caída del Vaticano.

(71) Siglo II, Cuarteto 93

Muy cerca del Tíber presionará a los libios;
un poco antes de la gran inundación:
El jefe de la nave prisionera, lanzado a sentina:
Castillo, palacio en conflagración.

El río "Tíber" fluye de Norte a Sur a través del centro de Italia, llegando a Roma antes de girar al Occidente para desembocar en el Mediterráneo. Las tropas del Norte de Africa designadas aquí como "libios", realizarán algún tipo de ofensiva, esfuerzo que los llevará "muy cerca del río Tíber". Poco tiempo después una gran "inundación" de tropas llegará y cruzará el Tíber rodeando a Roma. "El jefe de la nave" es identificado por la gran mayoría de investigadores de Nostradamus como un Papa quien es el "jefe" de la iglesia católica ("nave"). Al no poder escapar o no querer hacerlo será puesto en prisión en una de la naves invasoras ("lanzado a sentina"). Quizás no deseará irse porque será el líder de lo que queda del gobierno civil de la Italia Centro Occidental en ese tiempo. A pesar de todo, Nostradamus indica que la ciudad del Vaticano ("castillo, palacio"), y posiblemente toda Roma, será completamente consumida por el fuego.

Continuando con el ataque musulmán sobre Roma:

(72) Siglo V, Cuarteto 62

Sobre las rocas sangrientas uno verá lluvia,
Sol Oriente, Saturno Occidente:
Cerca de la guerra Orgon, en Roma gran mal visto,
naves hundidas hasta el fondo y tomando el Tridente.

Durante una invasión naval de la costa cerca de Roma tantos morirán que su sangre será como "lluvia" "sobre las rocas". Luego se indica una conjunción: Un "Sol" saliente en el "Oriente" y "Saturno" ocultándose en el "Occidente". Sin embargo, el intentar dar una fecha de la conjunción es inútil ya que ésta ocurre durante varias veces cada año. Lo máximo que se puede decir es que el ataque vendrá al amanecer, ya que el Sol estará en el "Oriente".

Orgon es un pueblo en el Sur de Francia. ¿Es posible que los musulmanes ya estén tan adentrados en Francia en el momento de la caída de Roma? Probablemente no, es más posible que Nostradamus quiera decir que una unidad de soldados francesas de Orgon tendrán alguna importancia en esta batalla. Los invasores sufrirán muchas víctimas y perderán gran parte de su fuerza naval ("naves hundidas hasta el fondo").

Neptuno, el dios del mar, ha sido representado llevando un "Tridente" que es símbolo del poder de los mares. Tal vez "y tomando el Tridente" signifique que las fuerzas invasoras perderán el control sobre los mares, o quizás es otra referencia al Papa quien posee el bastón de mando (tridente) de San Pedro. Por desgracia Nostradamus no dice si los invasores son musulmanes o si esto representa un contraataque aliado. Sin embargo, parece que a los agresores no tendrán éxito.

Hay otro cuarteto sobre los eventos cerca de Roma:

(73) Siglo V, Cuarteto 63

De la empresa en vano crédito, excesiva queja,
botes andando sin rumbo por Italia, frío, hambre,
olas no lejos del Tíber de sangre, la tierra manchada,
y sobre la humanidad habrán diversas plagas.

¡He aquí otro ejemplo en el cual Nostradamus dejó dos cuartetos en su orden original! Debido a que Nostradamus no especifica una nacionalidad se puede suponer que los que conducen la "empresa en vano" y se quejan serán las fuerzas francesas en Italia. Luego se describe que los "botes" están andando "sin rumbo" por Italia, pareciendo que su misión no será bien coordinada. De nuevo fíjese en el derramamiento de "sangre" cerca al Tíber, esta vez asociado con el repetitivo tema de las "diversas plagas". Parece que el río Tíbet servirá como una frontera natural contra el avance de las tropas musulmanas y varias grandes batallas serán libradas allí.

En el Cuarteto (71) se afirma que al final los ejércitos islámicos se tomarán a Roma. Esto también se muestra en el siguiente cuarteto:

(74) Siglo IV, Cuarteto 98

Los albaneses pasarán por Roma,
a través de Langres la multitud embozada.
Marquis y Duke no perdona los hombres,
fuego, sangre, viruela, la falta de agua arruina los cultivos.

En el Cuarteto (70) se predijo que los albaneses "hieren" a Roma, aquí se muestra como lo harán. Los "albaneses" "pasarán por" la ciudad, invadiéndola. "Langres" es una ciudad en el Noreste de Francia. La acción de las tropas de Langres no es clara y el final de la profecía es también confusa. Tal vez una unidad francesa de Langres será atrapada dentro de Roma durante su caída. En la última parte además de la quema de

Roma (¿es posible que el Mahdi se evada mientras esta arde?), y los temas comunes de la III Guerra Mundial, el derramamiento de sangre y la falta de cultivos, se presentan como una epidemia de "viruela".

La viruela es una enfermedad única que no puede ser adquirida por un animal y sólo los seres humanos son capaces de contraer y propagar la enfermedad. Históricamente, ésta también ha sido una enfermedad muy violenta, y durante miles de años ha matado más gente que cualquier otra epidemia. Sin embargo, las vacunas junto con un gran esfuerzo por parte de las autoridades sanitarias del mundo lograron su erradicación total en 1977. ¿Fue en realidad erradicada? El virus aún sigue viviendo congelado en 600 tubos de ensayo en el Centro para el Control de Enfermedades en Atlanta y en el Instituto para Enfermedades Virales de Rusia en Moscú. Primero se programó la destrucción del virus al final de 1993 y luego de nuevo para 1995, pero ante protestas de investigadores, quien aún esperan estudiar el virus y aprender como tratar otras enfermedades en forma efectiva a partir de él, se ha aplazado indefinidamente la fecha de su eliminación. Sin embargo la seguridad en este Instituto de Moscú se caracteriza por ser notoriamente floja. Un informe de televisión mostró que las instalaciones sólo tienen dos guardias sin armas para la protección. Dada la anarquía que probablemente se presente en los primeros años del próximo siglo, ¿será posible que el virus escape y comience a infectar al mundo de nuevo? ¡Nostradamus predice otra epidemia de viruela! Algo que complica la situación es el hecho de que las autoridades sanitarias mundiales pararon la vacunación contra la viruela de los años 80. Toda una generación esta creciendo ahora sin la inmunidad al asesino más grande de la historia, un asesino que todavía no esta completamente muerto. Si fuera liberado de nuevo, accidentalmente o en forma intencional por terroristas, millones de personas morirían y muchos, muchos más quedarán lisiados antes de que pudiera ser puesto bajo control de nuevo.

Un cuarteto final, por ahora, sobre el papado en Roma:

(75) Siglo VIII, Cuarteto 99

Por el poder temporal de los tres reyes,
en un lugar diferente se colocará la silla santa:
Donde la substancia del espíritu corporal,
será restaurada y recibida por la silla correcta y verdadera.

Después de la conquista de Roma y el Vaticano, "la silla santa" del Papa será trasladada a otro lugar (obviamente con un nuevo Papa ya que Nostradamus predice que un Papa morirá con la caída de Roma) y el Espíritu Santo lo aceptará como el nuevo lugar ("la silla correcta y verdadera") físico ("corporal") de la Iglesia. En el próximo capítulo se presentan los cuartetos que muestran que el nuevo lugar es en Francia. Ya que hasta ahora Nostradamus ha señalado dos ejércitos como responsables de la conquista de Roma, los "albaneses" y los "libaneses", aquí él indica que una tercera fuerza será incluida ("por el poder temporal de los tres Reyes"). Sin embargo él no da pista sobre quien es el tercer ejército o de donde podría venir. Quizás es la fuerza que ha terminado la conquista de Croacia y viene por la península itálica desde el Norte o tal vez unidades marinas que arriban a las playas desde el Occidente.

Aquí hay un cuarteto final sobre el papado, que puede o no ser relacionado en este escenario.

(76) Siglo V, Cuarteto 49

No desde España, sino de la antigua Francia
será él elegido para la nave tambaleante:
Al enemigo le será hecha una promesa,
que durante su reino causará una plaga cruel.

Con excepción de Juan Pablo II, desde 1522 todos los Papas han sido italianos. Este cuarteto afirma que vendrá un tiempo en que habrán dos candidatos principales para el Papado, uno "desde España" y el otro "de la antigua Francia". Nostradamus predice que el candidato francés ganará. ¿Cuál es la posibilidad de que salga una Italia políticamente intacta? Esto sólo puede ocurrir en un mundo en inmensa confusión, con aflicción particular en Italia. La aflicción podría ser la III Guerra Mundial que se desarrolla en suelo italiano. En ese caso "la nave tambaleante" podría ser la iglesia, temblando a causa de la guerra, las plagas, el hambre y el deterioro ambiental en los primeros años del próximo siglo. Los temas de un "enemigo" y una "plaga", junto con una Italia destruida, probablemente ubica este cuarteto en algún momento durante la guerra. También es posible que se refiera a algún tiempo futuro después de que se acabe la guerra.

Un cuarteto final sobre la muerte de un Papa:

(77) Siglo II, Cuarteto 97

El pontífice romano evita que se acerque
a la ciudad regada por dos ríos:
Su sangre se derramará cerca de allí,
usted y los suyos cuando la rosa florezca.

Muchos investigadores de las profecías de Nostradamus han señalado la predicción del traslado del Papado de Roma a una "ciudad" entre "dos ríos" basados en este cuarteto y en el Cuarteto (78). Como ya se ha mostrado, Nostradamus creía que Roma y la ciudad del Vaticano serán destruidas algún día. El cuarteto predice la muerte violenta del Papa ("El pontífice romano", "su sangre se derramará cerca de allí"), así como la de un innumerable grupo de viajeros con él ("usted y los suyos"), en una ciudad que está entre dos ríos. Esto ocurrirá en tiempo de primavera cuando las rosas locales estén comenzando a florecer ("cuando la rosa florezca").

Uno de dos ríos puede ser identificado en el próximo cuarteto:

(78) Siglo VII, Cuarteto 22

Los ciudadanos de Mesopotamia
furiosos con sus hermanos de Tarragona:
Juegos, ritos, banquetes, toda la gente se fue a dormir,
Vicario para el Ródano, ciudad capturada, los de Ausonia.

El Papa ("Vicario" de la Iglesia Católica) será trasladado al río "Ródano": Una de las principales ciudades sobre el Ródano es Avignon, localizada entre los ríos Ródano y Durance. Como se describió en el Cuarteto (17), Avignon era la sede del Papado durante un tiempo de turbulencia en Italia entre los años de 1309 y 1378. El traslado de Avigon es asociado con una "ciudad capturada", probablemente Roma y la caída de todo el Sur de Italia ("Ausonia").

"Mesopotamia" era el antiguo reino del Medio Oriente que precedió al Imperio Persa, pero Nostradamus no parece usar el término para referirse a esa área en cualquiera de los cuartetos en el cual aparece. En vez de ésto, él parece dar a entender el significado griego de la palabra "Mesopotamia", que traduce "entre dos ríos". Esta definición se acomoda bien a los antiguos mesopotámicos: Ellos vivían entre los ríos Tigris y Eufrates. Si el escenario es Francia, este cuarteto podría referirse a Avignon o a París que esta situada en la conjunción de la Marine y la Seine, o cualquier otra ciudad. Tarragona es un puerto del Sureste de España, al Occidente de Barcelona en el Mediterráneo. Los "ciudadanos de Mesopotamia" francesa están "furiosos" con sus amigos españoles "de Tarragona", quienes se verán envueltos en "juegos, ritos, banquetes" y "enviados a dormir" durante el tiempo de guerra cuando su ayuda se necesita con urgencia. La falta de ayuda de "Tarragona" (¿quizás su armada?) traerá como resultado la caída de toda Roma, junto con el Sur de Italia, y es asociada con el traslado del Papado a una nueva ciudad, probablemente Avignon.

Después de la caída de Roma la campaña italiana continua más al Norte:

(79) Siglo VII, Cuarteto 30

El saqueo se acerca. Fuego mucha sangre derramada,
Po, grandes ríos, para los payasos la empresa:
De Génova, Nice, después de una larga espera,
Fossano, Turín, en Savigliano la captura.

El "Po" es uno de los ríos más grandes de Italia, que se extienden a través del Norte del país de Occidente a Oriente, desembocando en el Adriático al Sur de Venecia. No está claro cuales son los otros "grandes ríos". Quizás Nostradamus se refiere a los ríos tributarios del "Po" o tal vez a sucesos que ocurren en otros ríos de Europa. Tampoco es claro quienes serán los "Payasos". "Nice" en Francia y "Génova", en Italia son dos puertos principales del Mediterráneo y están localizados a 150 millas uno del otro. "Fossano", "Turín" y "Savigliano" están en una línea de menos de 50 millas de largo que se extienden de Norte a Sur en el Suroeste de Italia.

¿Cómo están relacionados todos estos lugares? El río "Po" servirá como una frontera defensiva natural contra el avance de las tropas musulmanas desde el Sur. La línea de Turín a Fossano será una continuación de esa línea defensiva, trazando, en ese tiempo, una L de forma lateral para el frente. Al mismo tiempo la costa desde Nice a Génova estará sometida al ataque desde el mar, por lo tanto el "saqueo" descrito en la primera línea es en una de esas dos ciudades. La ciudad de Fossano queda entre Nice y Génova y un poco en el interior. Continuando al Norte de Fossano esta Savigliano y aún más hacia el Norte está Turín. Alguien, o algún ejército, será capturado en Savigliano a mitad de camino entre Turín y Fossano, pero no está claro si las fuerzas del Islam son las que hacen la captura o son los capturados.

Suponiendo que el Mahdi sea capaz de colocar otro frente en Italia en una línea Norte–Sur que se extiende al Norte de Nice, y también de tomarse a Génova, entonces Milán estará en peligro de ser aislada de las otras unidades aliadas. En ese caso la única línea de suministro de Milán será una tortuosa ruta de suministro a través de los Alpes hacia las ciudades suizas alrededor del lago Ginebra y luego hacia el Occidente en Francia.

Otra batalla se describe a lo largo del mismo frente:

(80) Siglo IV, Cuarteto 90

Los dos ejércitos en el muro incapaces de unirse,
durante ese instante Milán temblará, Ticinum:
Hambre, sed, ellos dudarán tanto ni carnes,
pan, ni un bocado de alimento.

"Ticinum" es un nombre latin para la ciudad de Pavia. Tanto Pavia como "Milán" están al Norte del río Po en la parte Norcentral de Italia. Dos ejércitos islámicos intentarán unirse para rodear las ciudades y fracasarán, o dos fuerzas aliadas fracasarán mientras intentan liberar las ciudades rodeadas. Considerando el cuarteto anterior, la última afirmación es más probable. Sin importar cual sea cierto, los sucesos de este tiempo serán asociados con una hambruna y la falta de agua potable en las dos ciudades, que son temas repetitivos de la Guerra Mundial. El temblor podía ser otra sacudida posterior al gran terremoto generado por el meteoro, o los habitantes de la región podrían estar temblando de miedo.

El próximo cuarteto contiene una visión general de la caída total de Italia y España durante la invasión de esos países.

(81) Siglo III, Cuarteto 68

La población de España e Italia con el jefe muerto,
derrocados en la península:
Su dictador engañado a través de locuras,
la sangre flotará por todas partes en el cruce.

La primera mitad del cuarteto podría referirse a sucesos separados que ocurren en España e Italia en forma simultánea mientras ambos gobiernos están derrumbándose, las tropas de ambos en un sólo ejército o el ejército de otro país durante alguna parte de la guerra, o incluso ambos ejércitos durante la campaña de la "península" griega. Debido a que Nostradamus no especifica en qué península ocurrirán las muertes, éstas podrían ser en España, Italia, o incluso en Grecia. La interpretación escogida en este cuarteto se refiere a sucesos que ocurren simultáneamente tanto en España como en Italia. La estructura civil y militar estará a punto de derrumbarse en ambos países debido al avance hacia el Norte de los ejércitos islámicos. La muerte será un tema común y los ejércitos serán "derrotados". Su "dictador" (¡fíjese en el cambio; la democracia no funciona en situaciones críticas!) es más probable que sea el equivalente a un jefe de tribu de antaño, más que un líder de toda una nación unida. Este "dictador" será un tonto, sin experiencia en el lanzamiento de una ofensiva a través de un río o una invasión costera ("el cruce"). Si se refiere a este punto particular en el tiempo, podría representar un contraataque a través del Po. Los musulmanes estarán bien preparados y el ataque traerá como resultado pérdidas tan grandes que la "sangre" aliada cubrirá el agua "por todas partes" durante el cruce incluso antes de que las tropas puedan establecer posiciones estratégicas en la otra orilla.

Nostradamus analiza lo que está sucediendo en otras partes de Europa durante la campaña del Norte de Italia:

(82) Siglo III, Cuarteto 75

Pau, Verona, Vicenza, Zaragoza,
desde muy lejos espadas territorios húmedos de sangre:
Plaga tan grande vendrá con la gran concha
cerca de la ayuda y muy alejado el remedio.

"Espadas" se refiere a soldados que vendrán "de muy lejos" indicando que son tropas asiáticas del Mahdi, no los de otra potencia europea y "territorios húmedos de sangre" refuerza la idea de guerra a gran escala. El hecho de que el Mahdi reclute cantidades significativas de musulmanes (¿Pakistanís? ¿Indonesios? ¿Malasios?) asiáticos en su ejército indican que cualesquiera que sean las guerras que se den en el Sureste en Asia ya habrán terminado por ese tiempo, y el Mahdi estará concentrando sus fuerzas en un ataque superior en Europa.

"Pau" en el Suroccidente de Francia y Zaragoza en el Nororiente de España, están ambas cerca de la cordillera franco–española y aparentemente representa los puntos de avance islámico en esos países en el momento de este cuarteto. Al mismo tiempo en que se desarrolla ese combate en la frontera franco–española, la campaña en Italia habrá llegado a "Verona" y "Vicenza". Ambas ciudades están al Norte del río Po y al Norte de Bolonia.

El significado de las plagas que vienen de la gran concha está abierto al debate. Quizás sólo representa las devastaciones causadas por un bombardeo de artillería masiva, pero las armas nucleares estratégicas del tamaño de un campo de batalla son otra posibilidad. También es posible que la "ayuda" y el "remedio" puedan indicar de nuevo el uso de armas químicas y/o biológicas; consistiendo la ayuda en máscaras de gas y ropa protectora y el "remedio" en medicinas usadas contra toxinas. Una posibilidad final es que la "ayuda" sea sólo refuerzos físicos de tropas frescas, pero el "remedio" de la guera, una solución pacífica final, aún está "muy lejos".

Finalmente, la caída de las fuerzas aliadas en Italia:

(83) Siglo II, Cuarteto 72

El ejército Céltico en Italia afligido
por todas partes conflicto y gran ruina:
Los romanos han huido, ¡oh Galia rechazada!
Cerca de Ticino, la batalla Rubicón no segura.

Las tropas francesas tendrán grandes dificultades en Italia en este tiempo. Desde "todas partes" indica una caída de todo el frente, con "gran ruina" como resultado. Las tropas italianas ("Romanas") sentirán pánico y abandonarán sus posiciones y los franceses serán derrotados cerca al río "Ticino". El Ticino es un río tributario del Po, fluye de Norte a Sur y se une al Po entre Turín y Milán. Después de la caída del frente las fuerzas islámicas continuarán avanzando hacia el Occidente sin obstáculos hasta que se de una batalla decisiva en el "Rubicón, un pequeño río en la frontera franco—italiana. La lucha continuará luego en Suiza y el Occidente de Italia, dejando a Milán rodeado por el Oriente, el Sur y el Occidente por los musulmanes, y los Alpes hacia el Norte. ¿Cuánto tiempo será sitiada la ciudad? Durante mucho tiempo según el siguiente cuarteto:

(84) Siglo VII, Cuarteto 15

Ante la ciudad de Insubrian en el campo,
siete años estará sitiada frente a ésta:
El grandísimo Rey entrará en ésta,
ciudad luego liberada de sus enemigos.

Milán es el centro de la región "Insubrian". Estará "sitiada" durante "siete años" Para que la ciudad sobreviva y debido a su aislamiento de Francia, alguna ayuda deberá llegar, quizás algún abastecimiento llegará por los Alpes a través de Suiza. Después de siete años la ciudad será liberada de sus enemigos por un "grandísimo Rey", que introduce un tópico completamente nuevo, el de la restauración de un rey para gobernar a Francia. Como ya se discutió, las democracias no funcionarán en tiempos de crisis. Son formas de gobierno lentas y metódicas, de tal forma que un mal gobernante no pueda arruinar un país. En tiempos de crisis se necesita actuar rápido y tener liderazgo autoritario. Nostradamus predice que Francia y su larga historia de realeza volverá a una forma monárquica de gobierno. Por el tiempo en que Milán sea liberada, siete años después de ser sitiada, el líder militar francés (quien también gobernará la población civil a través de la ley marcial) estará siendo declarado rey.

En el siguiente cuarteto la escena cambia a sucesos que ocurren en Suiza:

(85) Siglo VI, Cuarteto 81

Llanto, gritos y quejas, alaridos, terror,
corazón inhumano, cruel y frío:
Lago de las islas, de Ginebra los jefes, sangre se derramará,
hambre sin trigo sin piedad por nadie.

"Llanto, gritos y quejas, alaridos, terror" describen en forma gráfica la III Guerra Mundial. Luego el cuarteto hace referencia a un combate musulmán, quizás el mismo Mahdi, con un "corazón inhumano, cruel y frío". ¿Qué podría hacerle acreedor a tal título? Seguramente no por el tratamiento de sus leales seguidores. No, este título descriptivo se lo ganará por su matanza de civiles y soldados aliados capturados. Durante la III Guerra Mundial el hambre se dará con frecuencia. Un soldado capturado que debe ser custodiado y alimentado será una mayor responsabilidad. Los prisioneros de guerra serán tratados con severidad o asesinados en el momento de su captura.

El "lago de las islas" no está claro como un solo sitio. Edgar Leoni en su excelente libro y muy recomendado *Nostradamus y sus profecías* interpreta el "lago de las islas" como el Lago de Ginebra, localizado en Suiza, las islas del Occidente del Mediterráneo (Malta; Córcega y Cerdeña), y la ciudad italiana Occidental de Génova. Si él está en lo correcto, entonces el Mahdi aún estará tratando de capturar algunas de las islas mediterráneas después de conquistar casi toda Italia, y a la vez los ejércitos del Islam estarán en las cercanías de Génova y al menos en parte de Suiza.

¿Puede el Mahdi conquistar toda Suiza, un país en el cual ningún ejército armado ha intentado entrar durante los últimos cientos de años y que es también una fortaleza montañosa? Quizás él será capaz de someter a los suizos, pero no es probable. A parte de Ginebra, Nostradamus no tiene nada que decir sobre una conquista musulmana de los suizos, así que tal vez ellos, junto con los milaneses, podrán repeler el Mahdi. Sin embargo, si el Mahdi conquista la mayor parte de Suiza, habrán dos razones principales para hacerlo. Primero, Suiza, país montañoso famoso por sus deportes de invierno, sufrirá inviernos muy largos. El intenso frío debido a los efectos secundarios del cometa podría causar cientos de miles de muertes debilitando en forma severa la población incluso antes de que comience la Guerra Mundial. Segundo, la última parte de este cuarteto describe otra hambruna, e incluso las tropas en posiciones montañosas de buena defensa no podrían combatir si no están bien alimentadas.

Hay otro cuarteto sobre la conquista de Ginebra:

(86) Siglo IX, Cuarteto 44

Emigrar, emigrar de Ginebra cada uno,
Saturno de oro en el mismo hierro se convertirá:
Aquellos contra RAYPOZ exterminados todos,
antes del advenimiento el cielo mostrará señales.

Nostradamus aconseja a los habitantes de Ginebra a huir en el momento cuando "el cielo mostrará señales". Esto podría representar otro cometa o desechos meteóricos que arden en el cielo. "RAYPOZ" parece ser un anagrama para el nombre del conquistador musulmán de Ginebra. Si eso es así entonces parece que "RAYPOZ" arrasará completamente la ciudad y masacrará a sus habitantes. "Saturno de oro en el mismo hierro se convertirá" no es claro. Quizás Nostradamus quiso decir que la civilización "dorada" del siglo XX será cambiada por una que se parezca más a la de las edades de "hierro" por los cambios del tiempo, ya que "Saturno" fue alabado como el dios del tiempo.

Durante la presentación de la conquista italiana varios cuartetos también mencionaron sucesos que ocurren simultáneamente en España. Aquí hay otros cuartetos que tratan de los ataques islámicos de Africa del Norte en España:

(87) Siglo III, Cuarteto 20

Cerca al país del gran río Guadalquivir
lejos dentro de Iberia al reino de Granada:
Cruces rechazadas por el pueblo mahometano
uno de Córdoba traicionará el país.

De nuevo, si Nostradamus lo sabía o no, este cuarteto se ajusta de manera perfecta a la predicción de que los súbditos de Mohamed recapturarían España (Iberia) después de capturarla y perderla en un principio. El reino moro de Granada fue derrotado en 1492 y los musulmanes no han tenido presencia en España desde ese tiempo. El río "Guadalquivir" fluye de Este a Oeste en el Sur de España antes de desembocar en el Océano Atlántico. La ciudad de "Granada" también está en el Sur de España, a sólo 50 millas del Mediterráneo.

Este cuarteto parece presentar la entrada inicial de la III Guerra Mundial musulmana a España, a través del Mediterráneo cerca al Peñón de Gibraltar. La naturaleza religiosa de la guerra es enfatizada al describir como los musulmanes hacen retroceder las fuerzas cristianas ("cruces"). La ciudad de "Córdoba" está en la región Sur–centro de España, en la rivera Norte del Guadalquivir. Un líder de la ciudad capitulará los musulmanes sin combatir y, conservando la tradición de Genghis Khan, la ciudad sería perdonada y sus habitantes enlistados en las líneas frontales de los ejércitos del Mahdi a medida que marchan hacia el Norte. Aparentemente los musulmanes son incapaces de conservar a Córdoba como la afirma el siguiente cuarteto.

(88) Siglo VIII, Cuarteto 51

El Bizantino hará un oblación,
después de apropiarse de Córdoba de nuevo:
Su recorrido largo descanso viñedos cortados,
mar presa de paso a través del estrecho de Gibraltar capturado.

"El Bizantino" es una figura islámica muy importante, quizás el mismo Mahdi, quién durante la conquista de Turquía oró en la mezquita en Bizantino (ahora Estambul). O quizás el Turbante Blanco hará de Estambul su hogar, mereciéndole el título de "El Bizantino". Quien quiera que él sea, su conquista de "Córdoba" hará que él ofrezca "de nuevo" algún tipo de sacrificio a Alá. Su recorrido será "largo" y luego "descansará". "Viñedos cortados" parece referirse al saqueo y pillaje de la tierra de cultivo controlado por los españoles. En este tiempo alguien de importancia será capturado por la armada iraní en el mar mientras él (o ellos) intentan pasar por el estrecho de Gibraltar. ¿Quién podría ser esta persona? No hay forma de estar seguro sobre lo que Nostradamus tenía en mente en la última parte de este cuarteto.

Continuando con las campañas a través de España el siguiente cuarteto trata sobre las batallas por tierra y mar.

(89) Siglo III, Cuarteto 64

El jefe de Persia llenará muchos Olchades,
armada triremes contra el pueblo de Mahoma de Parthia y Media:
Y pillaje, las Cyclades descansan mucho tiempo
en el gran puerto Jónico.

"Olchades" es un término antiguo en latín para los habitantes del Sureste de España alrededor de la ciudad portuaria de Cartagena. "El jefe de Persia", probablemente el Turbante Blanco, concentrará tropas allí ("llenará muchos Olchades"), tal vez a través del transporte de tropas desde Africa del Norte. Al mismo tiempo que el Turbante Blanco está concentrando tropas en España, una armada aliada de "triremes" librará una batalla en el mar "contra" la armada "iraní" (pueblo de Mahoma), presumiblemente en un intento por prevenir la transferencia de tropas de España.

En la discusión en el Cuarteto (60) las "naves", botes de un solo remo y baja velocidad, fueron considerados la explicación de Nostradamus sobre un moderno bote PT. Si se mantiene la comparación, entonces los "triremes", que eran naves trasatlánticas con tres niveles de remos equivaldrán a los modernos destructores o cruceros. Después de los efectos desastrosos de las marejadas y las bajas en la flota aliada y las instalaciones portuarias, los aliados pueden quedar completamente sin esa clase de naves. Además, la caída de la industria puede hacer que tales naves con sus altas necesidades de mantenimiento, queden inútiles en sólo unos pocos años en el próximo siglo. Si esto es así entonces es posible que Nostradamus quiera decir que los aliados también equiparán su armada con una flota de naves numerosas y hechas de metal de baja tecnología o naves con casco de fibra de vidrio impulsadas con remo.

"Parthia y Media" fueron provincias del antiguo país de Persia, obviamente una referencia al Irán Moderno. Las islas "Cyclades" estan localizadas entre Grecia y Careta. Parece improbable, pero posible, que las fuerzas del Islam estarán bien adentro de España mientras continúan combatiendo los griegos. Quizás, como lo hizo los Estados Unidos con muchas de las islas japonesas del Pacífico durante la II Guerra Mundial, las Cyclades, simplemente serán ignoradas por los iraníes a comienzo de la guerra y más tarde tomadas en un momento más conveniente. O, como durante cualquier batalla de guerra los frentes cambian con el tiempo, quizás las Cyclades serán reconquistadas por los Italianos o las fuerzas francesas y tomadas de nuevo por los musulmanes en el tiempo de este cuarteto. Aunque la explicación más probable es que por alguna razón, tal vez una rebelión, los iraníes castigarán las Cyclades saqueando sus ciudades y pueblos.

Después de un largo descanso (¿reparación de naves dañadas?) los musulmanes serán los triunfadores en la batalla marina en un puerto en el mar Jónico. Al estar el mar Jónico localizado entre Sicilia y Grecia, cualquier ciudad costera del Occidente de Grecia, Sureste de Italia u Oriente de Sicilia podrían ser "el gran puerto Jónico".

Continuando con la invasión de España, la campaña se mueve más al Norte:

(90) Siglo VI, Cuarteto 88

Un gran reino será dejado desolado,
cerca al Ebro será formada una asamblea:
Los montes Pirineos dan consuelo,
luego durante mayo la tierra temblará.

El "gran reino" "dejado desolado" será España, conquistada en su mitad en este tiempo. El río "Ebro" está en el Norte de España y fluye del Noroccidente al Suroccidente desembocando en el Mediterráneo. Puesto que Madrid está localizada al Sur del Ebro, dentro del área ya en manos islámicas, la silla del gobierno será trasladada hacia el Norte a una ciudad cerca al Ebro, tal vez Zaragoza. Los españoles todavía serán capaces de retirarse a un lugar seguro y descansarán ("consuelo") cerca de los "montes Pirineos", los cuales aún controlarán. Incluso otro terremoto ocurrirá ("la tierra temblará"), esta vez durante el mes de mayo.

Continuando aún más hacia el Norte:

(91) Siglo III, Cuarteto 62

Cerca de Douro junto al mar Tirreno cerrado,
él vendrá a atravesar los grandes montes Pirineos:
La mano más corta y su abertura cubierta,
a Carcassonne él conducirá sus hombres.

El río "Douro" se origina en el Norte de España cerca de la ciudad de Burgos, a menos de 75 millas de la bahía de Biscay (el "mar Tirreno cerrado"). A patir de allí un general musulmán conducirá las maniobras y los breves ataques ("la mano más corta") insinuando un ataque en un lugar, mientras concentran tropas escondidas en otro ("su abertura cubierta"). Esta ofensiva sorpresa tendrá éxito y finalmente llevada a través de los montes Pirineos y en Francia a la ciudad de "Carcassonne", que está a unas 50 millas de España y a sólo unas pocas millas del Mediterráneo.

Un cuarteto final se resume la caída de España:

(92) Siglo I, Cuarteto 73

Francia por los cinco lados olvidado y atacado,
Tunez, Argel provocados por los persas:
León, Sevilla, Barcelona habiendo fallado,
no habrá armada para los venecianos.

Las ciudades nombradas están localizadas por toda España: "León" en el Noroeste, "Sevilla" en el Suroeste, y "Barcelona" en el lejano Noroeste. Escogiendo estas tres ciudades desde las lejanas esquinas de España Nostradamus está insinuando que toda España caerá en manos de las legiones del Islam. Las fuerzas que conquistarán a España vendrán de Tunicia, la capital de "Tunez" y "Argel", la capital de Argelia. Además de ser ciudades islámicas del Norte de Africa árabe, tanto Tunez como Argel son también puertos mediterráneos principales y quizás los puntos de origen de la armada mediterránea occidental iraní. Fíjese que "Tunez" y "Argel" serán "provocadas" por fundamentalistas islámicos que vienen de Irán ("por los persas"). Desde la muerte de Nostradamus, sólo hasta ahora las realidades políticas del mundo son tales que este cuarteto está incluso volviéndose posible.

Nostradamus coloca el final de la conquista de España al mismo tiempo que ocurre una batalla en Venecia y la falta de una armada mediterránea aliada. Al final Francia tendrá que luchar los cinco frentes en forma simultanea ("por los cinco lados" "atacados"). Esos frentes son el Italo–Suizo (a lo largo de la frontera francesa Oriental con Italia y Suiza), la Alemáno–Belga (a lo largo de la frontera Norte de Francia), la costa Mediterránea, la frontera española y la costa Atlántica (por ataques costeros desde las bases en el Norte de España y Bélgica).

Nostradamus tiene mucho que decir sobre la conquista islámica de España, pero Portugal aún no es mencionada. La razón para esa omisión es que después de las marejadas, Portugal, al ser el país más cercano al sitio del impacto, probablemente será borrada de la faz de la tierra. Aunque la mayor parte de la tierra estará allí, todo sobre ella quedará destruido por el terremoto, las marejadas y las tormentas de fuego. Aquellos que logren huir a España sobrevivirán, pero durante la III Guerra Mundial será una tierra estéril y desolada sin valor para conquistar.

Inglaterra, descrita en el primer capítulo como "prácticamente inundada" por efecto de las marejadas, no estará en mejor condición. Mientras los británicos se destacan en forma individual al final de la guerra, como país Gran Bretaña también será destruida en forma completa. Nostradamus sólo tiene un cuarteto relevante para ellos en esta escena:

(93) Siglo III, Cuarteto 78

El jefe de Escocia, con seis de Alemania
a través de los hombres del mar Oriental capturados:
Ellos atravesarán el Cabo y España,
regalo en Persia para el nuevo Rey temido.

Como ya se describió, Inglaterra será destruida por las marejadas y su Rey trasladará la silla del gobierno a la región montañosa de Escocia, un área por encima del nivel del mar que no ha sido golpeada por las marejadas, convirtiéndose de esta manera en "El jefe de Escocia". Este "jefe" junto con "seis de Alemania", serán capturados por los marineros ("hombres del mar Oriental") iraníes (¿paquistanes, indonesios?). Quizás estos siete europeos serán las "presas de paso capturadas a través de Gibraltar", mencionados en el Cuarteto (88). "Ellos atravesarán el Cabo" (de Gibraltar) y pasarán al Sur de "España", viajarán al Este a través del Mediterráneo y serán entregados al "nuevo Rey temido" de "Persia", probablemente el Turbante Blanco, pero quizás el mismo Mahdi, como un "regalo".

Con la caída de Alemania, Bélgica, Holanda, Italia y España; la destrucción de Portugal e Inglaterra por las marejadas; la devastación de Escandinavia ocasionada por el invierno nuclear y la prolongada preocupación de los Estados Unidos por los asuntos internos, todo lo que quedará entre el Mahdi y un completo dominio de toda Europa es Francia. El siguiente capítulo detalla las batallas en suelo francés durante la III Guerra Mundial.

LA BATALLA
POR FRANCIA

Como se anotó en el Cuarteto (92), Nostradamus predice que Francia será atacada en forma simultánea desde cinco lados. En el frente Atlántico, los ataques consistirán probablemente en saqueos en la costa francesa. Es posible que los ataques masivos ocurran en los otros cuatro frentes. Ya que los ataques en el frente del Atlántico se harán con tropas ubicadas en España o Bélgica, éstos son incluidos en las secciones para los frentes españoles y del Norte. Para mejor entendimiento, la acción en los otros cuatro frentes será esbozada para cada frente en forma separada desde el comienzo hasta el final durante el curso de la guerra. Comenzando con el frente Suroccidental, la batalla continua desde España por la frontera con Francia con un cuarteto que resume la acción en todo el frente:

(94) Siglo 9, Cuarteto 63

Quejas y lágrimas, llantos y grandes alaridos,
cerca de Narbonne en Bayonne y en Foix:
Oh que horribles calamidades y cambios,
ante la cual Marte gira pocas veces.

Dos de la ciudades bajo ataque en este cuarteto son "Narbonne", a sólo unas pocas millas del Mar Mediterráneo, y "Bayonne", también a pocas millas del Océano Atlántico. Ambas están muy cerca de la frontera española. La tercera ciudad es "Foix" localizada entre ellas. "Foix" fue mencionada en el Cuarteto (33) como una de la ciudades que el Turbante Azul vendrá a conquistar. Relacionando Foix y el Turbante Azul con Narbonne y Bayonne, surge la imagen de todo el frente, desde el Océano Atlántico hasta el Mar Mediterráneo.

El final del cuarteto predice la duración de la guerra en este frente. Una órbita completa de Marte toma 687 días, casi dos años. Si unas "pocas" significa dos, entonces el combate en ese frente durará menos de cuatro años. Sin embargo la palabra "pocas" es vagamente definida y podría implicar tres, quizás cuatro órbitas de Marte. En aquellos casos el combate en el frente español podría durar seis u ocho años.

El Cuarteto (91) describió la entrada inicial de las fuerzas musulmanas de España a Francia. Aquí es posible la continuación de ese cuarteto:

(95) Siglo I, Cuarteto 5

Ahuyentados sin hacer un combate largo,
a través de los pagos ellos serán golpeados de manera más fuerte:
La villa y la ciudad tendrán un debate mucho mayor:
Los corazones de Carcassonne y Narbonne serán probados.

Después de aplastar las fuerza españolas los ejércitos musulmanes fingirán atacar a lo largo de la parte Occidental de la frontera franco–española, luego lanzarán un ataque masivo sorpresa sobre la mitad de la frontera Oriental. El ataque inicialmente sorprenderá a los franceses y arrasará todas sus tropas encontrando poca resistencia ya que los aliados "serán ahuyentados sin hacer un combate largo". "Pagos" era un término francés para una unidad de gobierno, igual a un municipio o condado en los Estados Unidos. Habrá "gran debate" a través de las villas y ciudades de la región sobre cómo se permitió que esto sucediera y la mejor forma de enfrentarlo.

Como se predijo en este cuarteto y en el (91), el avance los llevará a Carcassonne, a menos de 60 millas de la frontera española. En este cuarteto Nostradamus también predice que los musulmanes llegarán a Narbonne, a menos de 40 millas al Este de Carcassonne.

Lo que las fuerzas musulmanes encontraron en Narbonne se predice en el siguiente cuarteto:

(96) Siglo IX, Cuarteto 64

El Macedonio pasará los montes Pirineos,
en marzo Narbonne no opondrán resistencia:
Por tierra y mar habrá tanta intriga,
Capeto no tiene tierra segura para vivir.

"El Macedonio" será un general islámico, nativo o conquistador de Macedonia. Operando desde una base en España él "pasará los montes Pirineos" y capturará la ciudad de "Narbonne" "en marzo". Los franceses "no opondrán resistencia". Quizás los franceses considerarán a Narbonne indefendible y la abandonarán o tal vez la ciudad ya ha sido destruida por la artillería o los ataques previos y los franceses no encontrarán razón para defenderla.

La última parte cambia un poco la escena. "Capeto" es una referencia al Papa en busca de una nueva residencia en Francia. Esto ubica el cuarteto después del saqueo de Roma, pero antes de que el Papa reciba una donación de tierra en Francia. Luego España estará en manos de los musulmanes casi al mismo tiempo en que cae el foco aliado alrededor de Roma. Sin embargo, este cuarteto no ayuda a identificar el frente ubicado en el Norte de Italia o el Sureste de Francia.

La última parte de este cuarteto podría significar muchas cosas, pero parece referirse a actividades de inteligencia militar e intentos por engañar al enemigo sobre el lugar de concentración de las fuerzas.

Un cuarteto final sobre la batalla por Narbonne es probable que suceda antes del saqueo de Roma:

(97) Siglo IV, Cuarteto 94

Dos hermanos grandes serán expulsados desde España,
el mayor vencido en los montes Pirineos:
El mar se volverá rojo, Ródano, sangriento lago Ginebra
de Alemania, Narbonne, Beziers, de Adge contaminada.

Los "Dos hermanos grandes" se refieren a dos grupos de ejércitos que se retiran de España, o a los líderes de esos ejércitos en particular. El "mayor" no será capaz de escapar a Francia y será exterminado ("vencido") en las estribaciones de los "Pirineos". Mientras tanto se dará una sangrienta batalla en el mar ("El mar se volverá rojo"), en un lugar no especificado (¿tal vez la batalla por Roma ya descrita?), y un ataque en el frente Oriental "de Alemania" ensangrentará a "Ginebra", Suiza. Otro ataque más se dará en el río "Ródano".

Narbonne, como ya se describió, es una ciudad portuaria cerca de la frontera española asi como lo es "Adge", a unas 25 millas al Este de Narbonne. Entre ellas, y un poco hacia el interior, está la ciudad de "Breziers". Además de ser obligados a salir de España en este momento, los aliados también defenderán a Ginebra, parte del frente Oriental y la desembocadura del río Ródano en el frente mediterráneo.

Algún tipo de plaga infecciosa ("contaminada") se originará desde "Adge". El siguiente cuarteto da más información sobre el origen de la plaga:

(98) Siglo VIII, Cuarteto 21

En el pueblo de Adge tres embarcaciones entrarán,
llevando la infección, no fe sino peste:
Miles y miles mueren al pasar el puente,
y el puente se rompe en la tercera resistencia.

"Tres" naves ("embarcaciones") entrarán en "Adge", los pasajeros y las tripulaciones llevan algún tipo de plaga ("infección"). El texto da a entender que ellos serán miembros del clero pero en lugar de traer sólo su "fe" también llevarán con ellos "peste". ¿De dónde provienen? Dada la naturaleza de la campaña es más probable que sean refugiados de un foco de italianos rodeados en Roma.

La integración de esta información con la de los últimos cuartetos muestra que el foco aliado alrededor de Roma resistirá hasta que los musulmanes estén en Suiza y en el río Ródano. Quizás será alguna clase de plaga que finalmente debilita a los defensores de Roma y permite que los musulmanes la capturen. Debido a que el aspecto religioso de la III Guerra Mundial garantiza la ejecución de los miembros del clero y serán evacuados cuando sea posible.

La "peste" que será llevada en forma inconsciente por los sacerdotes matará "miles y miles" de personas en el Suroccidente de Francia. Las muertes serán innumerables y muchos investigadores de Nostradamus la han considerado como una exageración. Sin embargo dado el gran incremento de la población mundial durante el siglo XX, junto con ese sitio como aparente centro de refugiados de Italia (y quizás de España también) más las condiciones de vida presentes en un mundo posindustrial en la III Guerra Mundial, es muy posible que mueran un millón de personas a causa de una epidemia. Como se mencionó en el cuarteto anterior la enfermedad se propagará a Narbonne y Beziers.

La cantidad de muertes debilitará de manera notoria las defensas en el frente español, donde el ejército del Islam cruzará un puente ("puente se rompe"), en algún momento en su tercer ataque sobre éstas ("en la tercera resistencia"). Aún cuando hay muchos puentes en esta parte del mundo, Nostradamus describe en un cuarteto el puente que tiene en mente. En la costa atlántica de la frontera franco-española sucederá lo siguiente:

(99) Siglo VIII, Cuarteto 86

A través de Erani, Tolosa y Villafrance,
banda infinita a través de la montaña Sierra de San Adrián:
Pasando el río, combate cerca al puente,
el tablón Bayonne entró con todos Bichoro llorando.

Los tres pueblos "Erani, Tolossa y Villafrance" y la montaña ("Sierra de San Adrián") están situados al lado Español de la frontera. Un ejército "infinito" pasará por "San Adrián" y cruzará el río sin problemas, tal vez sobre el Bidasoa que fluye de Sur a Norte cerca a la frontera francesa. Ellos cruzarán el río usando un "tablón", lo que da a entender el tipo de puente que una unidad de ingeniería podría construir en forma rápida. El avance los llevará al otro lado de la frontera y a la ciudad de "Bayonne", una ciudad portuaria en el Atlántico a sólo 15 millas de España. "Bichoro" es difícil de traducir. En siglos pasados fue el grito de guerra del Hugonote Protestante de esta región durante sus guerras con los católicos. Quizás Nostradamus está insinuando de nuevo la naturaleza religiosa de la guerra.

Este es otro cuarteto, esta vez más general, sobre el Suroccidente de Francia:

(100) Siglo V, Cuarteto 98

A un clima de cuarenta y ocho grados,
al final de Cáncer mucha sequedad:
Peces en el mar, río, lago cocido agitado,
Bearn, Bigorre a través de fuego en el cielo en aflicción.

El comienzo es una referencia al grado 48 de latitud Norte, que pasa cerca de las ciudades francesas de Langres, Orleans Le Mans y Rennes. Como se verá más adelante en esté capítulo, las fuerzas islámicas que vienen del Norte penetrarán hasta está distancia en Francia, así que tal vez Nostradamus está dando una descripción aproximada sobre donde estará el frente Norte en este momento. Esto está ligado con una sequía ("mucha sequedad"), y ambos sucesos van a ocurrir "al final de Cáncer", aproximadamente entre la mitad y el final de julio.

Mientras es entendible que una sequía severa mate peces tanto en ríos como lagos, es difícil creer como podrían morir en el mar a causa del calor. Quizás los cambios ambientales producirán una gran matanza de peces en un mar que luego los llevará a tierra. Estos sucesos también están relacionados con "el fuego del cielo", aparentemente un bombardeo de artillería nocturno en "Bearn" y "Bigorre". Ambos eran condados del Suroccidente de Francia, este último situado en los Pirineos a mitad del camino entre el Atlántico y el Mediterráneo.

El siguiente cuarteto muestra como los dos condados finalmente sucumbirán y la invasión musulmana a Francia:

(101) Siglo I, Cuarteto 46

Todo está cerca de Auch, desde Lectoure y Mirande
gran fuego del cielo en tres noches caerá:
La razón por lo que esto ocurrirá será estupenda y maravillosa:
Muy poco después la tierra temblará.

"Auch" está exactamente al Occidente de Toulouse y al Sur de Agen, "Lectoure" está al Norte de Auch, "Mirande" al Suroccidente de Auch. Quizás "las tres noches" de "gran fuego del cielo" será una tormenta de meteoros, similar a aquella descrita en el primer capítulo, pero sólo duran unas pocas horas, seguramente no durante tres noches. Algún tipo de bombardeo aéreo nocturno es más probable que sea la causa del "fuego". La razón del espectáculo en el cielo no es dada, sin embargo, ya que Nostradamus lo describe como "estupendo y maravilloso", pareciera ser un contraataque sobre los musulmanes. Poco después ("muy poco después") quizás otro terremoto ("la tierra temblará") ocurrirá.

Aquí hay otro cuarteto que menciona Auch y Mirande:

(102) Siglo VIII, Cuarteto 2

Condom y Auch alrededor de Mirande,
veo desde el cielo fuego que los rodeará:
Sol, Marte unido a Lion, luego en Marmande rayos,
mucho granizo, el muro se derrumbará en Garonne.

La ciudad de "Condom" está al Occidente de Lectoure, a menos de 40 millas de "Auch". Note de nuevo la frase "desde el cielo fuego". Al ser "Marmande" una ciudad sobre el río "Garonne" 60 millas al Norte de "Condom", las cuatro ciudades mencionadas en este cuarteto y en el anterior forman una línea aproximada de Norte a Sur en una distancia de 40 millas. Los musulmanes estarán en el punto Occidental de esta línea y las tropas aliadas conducidas por los franceses en el Oriente. La conjunción ubica la batalla al final de julio o agosto, ya que es en ese tiempo cuando el Sol esta en Leo. Marte está en Leo con el Sol con frecuencia. En el próximo siglo esta conjunción ocurrirá en los años 2004, 2006, 2008, 2019, 2021, y 2023 para mencionar unos pocos.

El tema del "desde el cielo fuego" indica de nuevo un bombardeo de artillería o ataque con bombas. Un "muro," probablemente algún tipo de maniobras defensivas, "se derrumbará en "Garonne" (¿en Marmande?) durante la ofensiva. En el próximo cuarteto Nostradamus continua con el frente hacia el Noroccidente a lo largo de Garonne desde Marmande:

(103) Siglo XII, Cuarteto 65

El mantendrá el fuerte por furia impuesta,
cada corazón a temblar. La llegada de Langon terrible:
El golpe de pie miles retornos, Gironde.
Garonne, nunca furia más horrible.

El "fuerte" aliado se sostendrá ("mantendrá") solo por el carisma furioso ("por furia impuesta") de su comandante ("El") con "cada corazón" temblando por las consecuencias de la batalla

¿por qué habrá tal temor por mantener este " fuerte"? Porque el río Garonne es la última frontera natural defensiva en el Suroccidente de Francia. El fracaso significaría un espacio vacío en las líneas aliadas, el paso a través de Garonne y la caída de la línea final de la defensa en el Suroccidente de Francia. En esta línea los franceses comprometerán todas sus reserva y no habrá nada para contraatacar una brecha musulmana en las líneas. El ataque sobre "Langon" localizado en el Garrone a mitad de camino entre Marmande y Bordeaut, a más o menos 25 millas de cada una, será especialmente terrible. Comenzando con un "golpe de pie", quizás un combate de unos pocos pelotones, luego se convertirá en una batalla. En la última línea se describe que el frente está a lo largo del río Gironde y su estuario, el "Garonne".

El siguiente cuarteto resume el avance islámico:

(104) Siglo IV, Cuarteto 79

La sangre real huye, Monheurt, Le–Mas–d'Agenais,
Aiguillon, será llenado por ellos de Bordelais y Landes,
Navarre, Bigorre puntas y espuelas,
profundidad de hambre para devorar bellotas de roble de corcho.

Este cuarteto comienza con otra referencia burlona a la sangre real francesa, aquí aconsejada a abandonar tres pueblos. "Monheurt" y "Aiguillon" están en el Occidente de Agen, y "Le–Mas–d'Agenais" está al Noroccidente, otra ciudad en el río Garonne. "Bordelais" es la península al Oeste de Bordeaux, y "Landes" es un departamento (una unidad francesa de gobierno, similar a un estado en los Estados Unidos) al Sur de ésta. "Navarre" y "Bigorre" están al Sur de Landes. Las "puntas" se refiere a las lanzas, bayonetas, etc del soldado de infantería, y las "espuelas" a las tropas montados indicando ambas que los sucesos de estas áreas están asociados con una guerra. El hambre que se dará en la III Guerra Mundial es mencionada de nuevo en la última línea.

Este parece ser el punto más lejano del avance islámico en el Suroccidente de Francia. La penetración más grande de los ejércitos islámicos será en un frente que se extiende desde la rivera Occidente del río Gironde, donde este desemboca en el océano Atlántico, al Suroccidente a través de Bordeaux y a lo largo de la rivera Sur del río Garonne hasta llegar a Agen, luego gira en el Sur hacia Auch antes de girar hacia el Este de nuevo, donde será unida al frente del Sur o Mediterráneo. Antes de avanzar más, Nostradamus tiene un grupo de cuartetos interesantes sobre los británicos en el Suroccidente de Francia:

(105) Siglo V, Cuarteto 34

Desde lo más profundo del Occidente Inglés
donde está la cabeza de la isla de Bretaña
entrará una flota en la Gironde en Blois,
a través de vino y sal, fuegos reservados a los barriles.

¿Significa el "Occidente Inglés" Inglaterra, la parte Occidental de Inglaterra, o quizás incluso Canadá, con sus antiguos vínculos con la Comunidad de Naciones Británicas (Commonwealth)? Al baherse clarificado que es la silla del gobierno de Bretaña y que luego se traslada a Escocia, parece que Nostradamus quiere decir que la capital se trasladará al Occidente de Escocia. Sin importar de dónde vienen, los británicos enviarán una flota al estatuario "Gironde en Blois". Muchos investigadores creen que "Blois", a varios cientos de millas de distancia y no un puerto marítimo, es un error de impresión siendo la palabra correcta "Blaye", que está sobre el río Gironde al Norte de Bordeaux. Aunque es posible, es más probable que Blois sea la capital de Francia en ese momento (la caída de París será abordada más adelante) y que los británicos enviarán tropas a la batalla por el Suroccidente ante la petición del gobierno militar francés.

Los "fuegos" es fácilmente entendido como algún tipo de explosivos y armas, pero el "vino" y la "sal" no son claros. Tal vez son metáforas para algo más. Desafortunadamente Nostradamus no da pista si los británicos llegan al comienzo o al final de la campaña por el Suroccidente.

El siguiente es otro ejemplo de los cuartetos que están en secuencia y en su orden original y apropiado:

(106) Siglo V, Cuarteto 35

A través de la ciudad libre del gran mar de la Luna,
cual vía de acceso aún en su estómago la piedra:
La flota inglesa vendrá bajo la llovizna una rama atrapada,
la gran guerra comienza.

La bahía de Vizcaya tiene la forma de una Luna creciente, convirtiéndolo en el "gran mar de la Luna". La ciudad de La Rochelle tiene una larga historia como una ciudad libre y la palabra francesa para "piedra" es "rocher", así que las dos primeras líneas parecen referirse a la ciudad de La Rochelle. Esta ciudad es un puerto en el Atlántico a unas 100 millas al Norte de Bordeaux. Allí entrará la flota inglesa bajo la niebla y la bruma ("bajo la llovizna"). La "rama" es probablemente un símbolo de una lanza o culatas o de armas en general. Ellos serán atrapados y el "gran" comandante de los franceses (¿o británicos? ¿posiblemente ambos unidos?) empezará una nueva campaña. También es posible que la flota británica consista en naves de tropas, las que luego se trasladarán al frente del Sur ubicado a lo largo del río Garonne desde su lugar de desembarco en La Rochelle. En el siguiente cuarteto se encuentra respaldo a esta idea:

(107) Siglo IX, Cuarteto 38

La entrada de Blaye a través de La Rochelle y los ingleses,
irán más allá del gran Aemathien:
No lejos de Agen esperará el Gaul,
auxilio desde Narbonne decepcionado a través de la conversación.

Este cuarteto muestra a los ingleses y franceses luchando del mismo lado contra un comandante antes señalado como musulmán y permite relacionarlo con otros cuartetos que muestran tropas inglesas combatiendo en el Sureste de Europa. Los "ingleses" que entran a Francia "a través de La Rochelle", se organizan en la ciudad de "Blaye", luego las tropas del comandante (Aemathia) macedonio continua hacia el Sur ("irán más allá"), después de haber hecho un boquete en las líneas frontales islámicas. Mientras esto sucede un comandante francés esperará cerca de Agen los refuerzos que vienen de Narbonne con el fin de atacar desde el Este y rodear un grupo de ejército musulmán. Nostradamus no escribe exactamente porque el "auxilio desde Narbonne" no llegará pronto ("decepcionado"), pero es posible que a los refuerzos en Narbonne se les haya ordenado no movilizarse ("conversación") o tal vez sean enviados a otra parte. El comandante francés estará muy decepcionado cuando las tropas no lleguen perdiendo asi una gran oportunidad.

En el siguiente cuarteto se muestra como los ingleses se quedarán en forma permanente en el Suroccidente de Francia:

(108) Siglo IX, Cuarteto 6

Cerca de Gienne una infinidad de ingleses
ocuparán en nombre de Anglaquitaine:
Desde Languedoc Lapalme Bordelais,
los cuales ellos nombrarán por Barboxitaine.

"Bordelais" es la península al Oeste de Bordeaux, "Guienne" es una vieja provincia del Sur de Francia, y "Languedoc" es la provincia al Sur de Guienne extiendese hasta el río Ródano. "Lapalme" es una pequeña ciudad cerca de Narbonne. Una "infinidad" de ingleses, aparentemente aún incapaces de hacer frente a la devastación causada por las marejadas en su país de origen, ocuparán en forma permanente el Suroccidente de Francia. Su territorio se extenderá desde la frontera española hasta Bordeaux en el Norte y el Este hasta el río Ródano. Este territorio se les dará como reconocimiento por ayudar a derrotar las tropas del Mahdi. Esto beneficiará los franceses al permitirles concentrar sus fuerzas en los frentes Oriental y Norte, donde el combate será más encarnizado. Los ingleses cambiarán el nombre de su tierra, llamándola "Barboxitaine". Ya que la interpretación de esta enigmática palabra varía, se ha definido como "la barba occidental". Aparentemente el líder de las fuerzas inglesas tendrá barba. Su nombre también se menciona en otro cuarteto:

(109) Siglo V, Cuarteto 59

Para el jefe de los ingleses en Nimes una espera muy larga,
hacia España en ayuda de Barbarroja:
Muchos morirán ese día por la guerra abierta,
cuando en Artois caerá una estrella con barba.

Parece que ingleses controlarán la parte Occidental del frente Mediterráneo en algún momento durante la guerra, puesto que Nimes está a sólo unas pocas millas al Oeste de Avignon. También, como se mostrará más adelante, Avignon marcará la penetración más profunda de los musulmanes en el frente Oriental. En este cuarteto Nostradamus muestra que el comandante inglés ("el jefe de los ingleses") será sorprendido fuera de posición manteniéndose en "Nimes" después de una batalla, mientras sus tropas son necesitadas con urgencia en otro combate en el frente español. La crisis será superada por la intervención de otro comandante inglés, "Aenonarbe", traducido del latín como "Barbarroja". La campaña que comenzará en "ese día" traerá "muchos" muertos.

Todos estos sucesos ocurrirán cuando una "estrella con barba" caerá en Artois, localizada al Norte de esta área, cerca de la frontera belga. Esta "estrella con barba" será un pedazo grande de los restos lanzados en la órbita de la tierra por la primera explosión meteórica. Su "barba" será la cola centelleante que dejará mientras entra de nuevo a la atmósfera. Con billones de fragmentos, algunos muy grandes, lanzados al espacio por una explosión y cayendo a la tierra en forma gradual en un período de muchos años, este suceso no se considerará extraño.

Los últimos cuartetos mencionaron que los ingleses se asentarán en la costa Sur de Francia llegando hasta el río Ródano.

Moviéndose geográficamente desde el frente español al Mediterráneo, y con toda probabilidad a una época varios años antes del Cuarteto (109), la batalla por las ciudades costeras mediterráneas continua. Durante la invasión de Italia en varios cuartetos se anotaron ataques en estas ciudades. Comenzando desde el límite oriental de Francia cerca de la frontera italiana:

(110) Siglo III, Cuarteto 10

De sangre y hambre gran calamidad
siete veces aparecerá en la playa marina.
Mónaco de hambre, lugar capturado, cautiverio,
los grandes llevados en una jaula de hierro amarilla.

"Mónaco", a menos de 90 millas del Oeste de Génova, será atacada "siete veces" por mar ("la playa marina"). Sus defensores repelerán los primeros seis ataques antes de caer en el séptimo. Nostradamus no especifica en que período de tiempo ocurrirán estos ataques y el tiempo de duración podría cubrir varias semanas o varios años. Una vez más se encuentra el tema casi contínuo del "hambre" y nuevamente es asociado con la guerra ("sangre"). Parece que la caída de Mónaco será al menos en forma parcial debido a que los defensores están debilitados por el hambre.

Después de la caída de Mónaco la gente será esclavizada ("lugar capturado, cautiverio"), probablemente por su resistencia. Sus líderes ("los grandes") serán "llevados" "en una jaula de hierro amarilla", quizás como muestra de victoria por parte de las tropas musulmanas. Nostradamus anota que el pueblo será esclavizado, pero si el Mahdi actúa como Genghis Khan muchos serán ejecutados por su resistencia. A quienes se les perdona la vida, serán utilizados como trabajadores esclavos en ese momento.

Niza a menos de 15 millas al Occidente de Mónaco, se enterará de lo ocurrido. El siguiente cuarteto describe cual será su respuesta:

(111) Siglo VII, Cuarteto 19

El fuerte de Niza no verá combate:
Vencido estará por el metal brillante.
Su caso será debatido por mucho tiempo,
para los ciudadanos extraño horror.

"Niza" no será derrotada en "combate", sino por un misterioso "metal brillante". Los sucesos que rodean la caída de "El fuerte de Niza" "será debatido por mucho tiempo". Los "ciudadanos" de alguna ciudad, Niza u otra muy cerca, considerarán el suceso como muy "extraño" y también sentirán algún temor. "Extraño" porque será inusual, "horror" porque caerán en las garras del nuevo Genghis Khan.

¿Qué podría significar el "metal que brilla"? Lo más obvio es que sea dinero, pero es difícil ver a una ciudad francesa rindiéndose ante el Mahdi por plata y oro durante la guerra. Es más probable que la ciudad se rinda sin haber un disparo cuando los ciudadanos vean el brillo del Sol reflejado en una gran formación de artillería, cascos, armas de fuego, e incluso unos pocos tanques listos para atacar. Los gobernantes entregarán la ciudad al Genghis Khan para evitar la masacre y la esclavitud de los habitantes. La certeza o no de este acto será debatida durante generaciones, ya que Niza tiene montañas localizadas al Norte y al Suroeste con grandes planicies en medio. El control de Niza por los ejércitos islámicos significa acceso a una planicie que les permitirá mejor maniobrabilidad que en las montañas. Para los franceses la caída de Niza significará que la siguiente gran frontera física para el avance del Mahdi será el río Ródano, a 125 millas al Occidente. Pero ¿cómo puede Niza rendirse tan fácilmente, sin ni siquiera un combate? Tal vez el próximo cuarteto aclarará algo la situación:

(112) Siglo III, Cuarteto 82

Frejus, Antibes, villas todas alrededor de Niza,
serán devastados por mar y por tierra:
Las langostas tierra y mar viento propicios,
capturados, asesinados, saqueados sin derechos de guerra.

"Frejus" y "Antibes" son pueblos costeros en una pequeña península al Occidente de Niza. Las hordas islámicas no sólo vendrán desde Mónaco hacia el Este, ellos también establecerán sitios estratégicos en Frejus y Antibes. Toda la costa será atacada y los musulmanes intentarán rodear a Niza y aislar los refuerzos. Las "langostas" se refieren a la cantidad de soldados musulmanes que son tan numerosos e incontables como un enjambre de langostas, o quizás al "viento propicio" que realmente traerá el enjambre de langostas desde Africa del Norte. Al final la resistencia de los pueblos costeros serán "capturados" y "asesinados".

El saqueo de las áreas conquistadas será tan común en toda la guerra que difícilmente merece especial atención, pero "sin derechos de guerra", es una expresión que vale la pena resaltar. ¿Es posible que Nostradamus haya pronosticado la convención de Ginebra después de la I Guerra Mundial con su código de ética para el tratamiento de prisioneros? Si es así, a los capturados no tendrán suerte. Como se mencionó antes los P.D.G. (prisioneros de guerra) serán tratados severamente, cuando no ejecutados en forma rápida. Rodeados, con un ultimatum para que se rindan y se salven o luchen y sean asesinados después de la derrota, los líderes de Niza escogerán vivir. Aunque esto abriría todo el Sureste de Francia al Mahdi, esa es la razón por la que Nostradamus predice que ellos se entregarán sin combatir. Desde luego se planteará la pregunta de "que tal si" ellos podrían resistir hasta que fueran relevados. Después de todo, Milán lo estará haciendo en ese momento.

No hay ninguna otra información hasta que se llega a Marsella, 90 millas al Occidente de Niza. Los sucesos de este próximo cuarteto ocurrirán probablemente antes del cuarteto que se acaba de discutir:

(113) Siglo I, Cuarteto 18

Por la discordante negligencia de los Gauls
será abierto un paso a los Mahometanos:
De sangre empapada la tierra y el mar Siena,
el puerto Fenicio de veleros y barcos cubiertos.

El "puerto Fenicio" es Marsella, establecido en un principio por los antiguos fenicios. Los daños en el mundo después del cometa no serán sólo en la tecnología; aquí "discordia" y "negligencia" por parte de las autoridades militares francesas sobre dónde y cómo combatir indica una ruptura en la estructura de mando que hará que se abra "un paso" "a los Mahometanos" (musulmanes). Como resultado las hordas asiáticas verán la oportunidad de tomarse a Marsella. Esto ocurrirá mientras la conquista islámica de Italia habrá llegado a Siena. Los sucesos de este tiempo probablemente ocurrirán varios años antes de la caída de Niza y Mónaco, ya que los musulmanes aún no han avanzado en el Norte de Italia. ¿Mantendrán ellos el puerto? Parece que no, como lo testimonia el próximo cuarteto:

(114) Siglo III, Cuarteto 79

El comando fatal sin fin a través de la cadena
vendrá a dirigir por orden consistente:
Del puerto de Marsella será rota la cadena:
La ciudad capturada, el enemigo espera y espera.

La primera mitad del cuarteto es bastante difícil de comprender. "La cadena" se refiere a cadenas protectoras de Marsella. Estas cadenas estuvieron en uso hasta hace muy poco tiempo, esparcidos a través del puerto para protegerlo del ataque de barcos y submarinos. En los días de tecnología relativamente baja de la III Guerra Mundial, Nostradamus predice que se volverán a usar. Las cadenas de Marsella serán despedazadas por la armada iraní invasora, lo que les permite invadir en forma directa el puerto "la ciudad capturada". Sin embargo, los ejércitos musulmanes serán capturados a su vez mientras se toman la ciudad (la expresión "espera y espera" no tiene una buena traducción directamente al español). Pero esta no es la única vez en que Marsella caerá:

(115) Siglo X, Cuarteto 88

Pie y caballo en la segunda guardia,
ellos entrarán y devastarán todo cerca al mar:
Dentro del puerto de Marsella él entrará, lagrimas,
llantos y sangre, nunca antes tiempos tan amargos.

Es probable que esta invasión ocurra después de la caída de Niza. ¿Por qué debería ser así? Porque durante la "segunda guardia", que se presume es de noche, un ataque de los soldados a pie y a tropas montadas (¿fuerzas blindadas?) será coordinado con otra invasión marina. El Mahdi ya deberá tener control de las áreas al Oriente para ser capaz de conducir este ataque. El comandante musulmán ("él") "entrará" en la ciudad que ha conquistado y las "lágrimas, llantos y sangre" indican que todavía y una vez más, las cosas no marcharán bien para los defensores. Parece que pocos de los defensores se salvarán de una ejecución.

Hay un cuarteto que describe al líder de la armada musulmana y el origen de la flota que dominará el Oeste Mediterráneo:

(116) Siglo III, Cuarteto 90

El gran Satyr y Tigre de Hyrcania,
regalo presentado a los del Océano:
un jefe de flota partirá de Carmania,
quien se apoderará de la tierra en el Tirreno Phocaean.

"Hyrcania" quedaba en la costa Sureste del mar Caspio, hoy es parte de Irán. Un iraní, "El gran Satyr y Tigre de Hyrcania", presentará un tipo de "regalo" a la armada del Mahdi. Quizás Irán proveerá los navegantes para flota, y el mar Caspio, rodeado por tierra bajo el control iraní, servirá como su lugar de entrenamiento como lo fueron los Grandes Lagos para la armada de los Estados Unidos durante la II Guerra Mundial. O tal vez el Norte de Irán será el lugar donde se elaborarán las armas de la flota.

"Carmania" está ubicada en la boca del golfo Pérsico que también estará bajo el control musulmán durante muchos años por el tiempo de este cuarteto. El mar "Tirreno" queda en la costa Occidental del Sur de Italia y Nostradamus siempre parece referirse a Marsella cuando habla de un puerto marítimo "Phocaean".

En resumen, una flota iraní toda ensamblada en el golfo Pérsico, posiblemente armada, guarnecida o entrenada desde el Norte de Irán, navegará a través del canal del Suez hacia el Mediterráneo dominando la costa Occidental de Italia y lanzarán una exitosa invasión en Marsella. En el segundo capítulo de este libro se anotó que el *Libro de las Revelaciones* predice que 200 millones de tropas musulmanas combatirán durante la III Guerra Mundial. Muchos, quizás la mayoría, de estos soldados vendrán desde el Oriente de Irán; Paquistán, Norte de la India, Indonesia, etc., así que los soldados transportados en estos barcos que invadirán Marsella es probable que vengan más allá del Este de Irán. Muchos, tal vez la mayoría de los soldados musulmanes en el Sur de Francia serán de Paquistán, Bangladesh, Indonesia e incluso quizás de China.

Un interesante apunte es que en el tiempo de Nostradamus el canal del Suez aún no había sido contemplado. Una flota de Carminia habría tenido que navegar alrededor de Africa para llegar al Mediterráneo, una hazaña difícil de imaginar. ¡Aparentemente Nostradamus predijo también la apertura del canal del Suez!

Continuando una 15 millas hacia el Occidente a lo largo de la costa mediterránea desde Marsella, está la ciudad de Bouc:

(117) Siglo I, Cuarteto 28

La torre de Bouc temerá la embarcación barbará,
un tiempo, mucho tiempo después del bote occidental:
Ganado, gente, pertenencias, ambas causarán gran pérdida,
Tauro y Libra, ¡que mortal pica!

La "torre" del puerto de "Bouc" podría representar sus estrategias defensivas. Ellos también serán invadidos por embarcaciones persas, rápidas y pequeñas. En una fecha posterior ("mucho tiempo") serán invadidos de nuevo por las fuerzas aliadas ("el bote occidental"). Como resultado de ambas invasiones habrá una tremenda destrucción ("ambas causarán gran pérdida") de la propiedad personal ("pertenencias") y animales ("ganado") de la región, así como de vidas humanas ("gente"). La "pica" fue una de las armas de los soldados a pie en tiempos antiguos. "Tauro y Libra" podría referirse a la fecha de las dos invasiones (abril 20 a mayo 20 para Tauro, y septiembre 23 a octubre 23 para Libra), o quizás Nostradamus se está refiriendo a signos astrológicos asociados con los dos invasores. Si es así, entonces podría ser una fuerza de origen turco, ya que el Imperio Otomano fue supuestamente influenciado por el Toro. "Libra" mencionando en otro cuarteto como una potencia Occidental de la III Guerra Mundial, será examinado más adelante:

El siguiente cuarteto, aunque no contiene ninguna relación específica con Bouc, parece ser otro ejemplo de cuartetos que todavía están en su orden original:

(118) Siglo I, Cuarteto 29

Cuando el pez terrestre y acuático
a través de fuerte ola en la playa será colocado,
su forma extraña suave y horrible,
a través del mar a las murallas muy rápido los enemigos.

El único tipo de "pez" capaz de ser "terrestre y acuático" a la vez es una embarcación de desembarco en alta mar con ruedas; un barco de poca tecnología usado desde la II Guerra Mundial. El ataque ocurrirá durante un tiempo de mares picados ("fuerte ola") en tal forma que parecerá que las mismas olas colocarán las naves de desembarco en tierra. Nostradamus describe la forma del barco como "extraña" y "horrible", bastante fácil de entender, pero "suave" es algo desconcertante. Tal vez, con la expectativa de perder muchos de éstos, el Mahdi optará por los métodos de fabricación más baratos y rápidos. En ese caso sus cascos consistirán en lonas a prueba de agua o un material similar tensionadas sobre una estructura de madera. Estas naves no serán buenas para navegar y muchas serán destruidas en pocos minutos sin causar gran preocupación. Los invasores llegarán finalmente a la fortaleza de la ciudad ("murallas muy rápido").

La "torre de Bouc" descrita arriba en el Cuarteto (117) aparece también en otro cuarteto:

(119) Siglo I, Cuarteto 71

La torre marina tres veces capturada
y renovada a través de España, bárbaros y Génova:
Marsella y Aix, Arles a través de los de Pisa,
devastación, fuego, hierro, saqueo de Avignon desde Turín.

En tres ocasiones, una vez "a través" (desde) España, otra vez desde el mar vía la costa bárbara ("bárbaros") del Norte de Africa, y una vez más desde Italia (Génova), la "torre marina" de Bouc será "capturada" y tres veces será liberada ("renovada") por las fuerzas aliadas. Al encontrarse Bouc casi en el punto medio del frente Mediterráneo, los ataques por tierra de España e Italia controlados por los musulmanes son entendibles.

Al haberse discutido ya la batalla por "Marsella" los musulmanes se han dirigido hacia el interior para llegar a Aix–en–Provence, 15 millas al Norte de Marsella. Esto será asociado con un ataque por tierra desde el Norte de Italia sobre "Arles",a 20 millas al Noroccidente de Bouc en el río Ródano, de las fuerzas que conquistaron Pisa ("a través de los de Pisa"). "Avignon", a otras 20 millas río arriba desde Arles y la probable nueva residencia del Papa, será saqueada por el ejército musulmán que ya habrán derrotado a las fuerzas aliadas en "Turín".

En este punto, el frente Mediterráneo se une con el frente Oriental. Un cuarteto final define el avance islámico más alejado a lo largo de este frente y es encontrado en su orden original:

(120) Siglo I, Cuarteto 72

De toda Marsella los habitantes cambiarán,
correrán y perseguidos hasta cerca de Lyon:
Narbonne, Toulouse a través de Bardeaux atacada:
Cautivos asesinados casi un millón.

"Marsella" será abandonada por los franceses, y el hecho de "que los habitantes cambiarán" parece indicar el establecimiento de una ciudad musulmana. Uno de los objetivos del Mahdi durante la guerra será conseguir tierras de cultivo productivas con el fin de alimentar sus hordas asiáticas hambrientas, por lo tanto, la reubicación de la población civil en ciudades europeas conquistadas puede ser un hecho rutinario. Será más fácil trasladar la gente al alimento que intentar lo contrario. Los refugiados franceses de Marsella "correrán" a raudales hacia el Norte y con la caída del frente serán "perseguidos" hasta llegar a la ciudad de Lyon, también en el río Ródano, ¡pero a más de 110 millas al Norte!

Retornando a los sucesos del frente español, Narbonne y Toulouse serán atacadas y violentadas de tal forma que el comandante de Bourdeaux no les enviará refuerzos. La cantidad de víctimas por la ofensiva será casi de un millón, ¡una cantidad que era imposible de alcanzar en cualquier guerra hasta este siglo!

El lugar del avance musulmán al Oriente en el frente español terminará en Auch. El Cuarteto (120) muestra que el frente se extenderá directamente hacia el Oeste desde Auch hasta Toulouse y luego cerca de Narbonne. Parece que los franceses controlarán la costa mediterránea desde cerca de Narbonne hasta más o menos el río Ródano, momento en el cual se convertirá en el frente oriental.

En el Cuarteto (119) se predijo un ataque desde Italia sobre Avignon. Continuando con la batalla por Avignon la escena ahora se vuelve el frente Oriental. Comenzando desde Avignon y moviéndose hacia el Norte a lo largo del frente, en orden geográfico pero en probable desorden cronológico, la guerra continua:

(121) Siglo III, Cuarteto 99

En los campos cubiertos de hierba de Alleins
y de Vernegues de montañas Luberon cerca al Durance,
conflictos de ambos lados serán muy amargos,
Mesopotamia caerá en Francia.

Un poco al Este de Avignon y al Norte de Marsella será el lugar para esta batalla. "Alleins" y Vernegues" son poblados ubicadas entre Avignon y Marsella, ambas al Sur del río "Durance". Los montes "Luberon" están al Norte del río. Allí ocurrirá un combate encarnizado ("muy amargos"), con numerosas víctimas en ambos lados. La mayor parte el combate parece escenificarse en "campos cubiertos de hierba" entre el monte Luberon y el río Durance, con puntos de ruptura ocasionados por los musulmanes en las ciudades de Allein y Vernegues, controladas por los franceses. El resultado final será la caída de "Mesopotamia", la tierra entre dos ríos. Como el Durance desemboca en el Ródano en Avignon, parece que Avignon es la "Mesopotamia" señalada en este cuarteto y que caerá ante las fuerzas del Mahdi. Parece que el Papa tendrá que trasladarse de nuevo. Es posible que su presencia en Avignon la convierta en un objetivo clave en una Guerra Santa Islámica. Después los ejércitos del Mahdi podrían permanecerán en esta parte de Francia porque no hay indicios en ninguno de los cuartetos sobre su avance más hacia el Este.

Continuando unas 130 millas hacia el Norte a lo largo del Ródano desde Avignon está Lyon. Hay varios cuartetos sobre la batalla por esta ciudad, de los cuales los primeros tres fueron dejados por él en su orden secuencial original.

(122) Siglo IX, Cuarteto 68

Desde Montelimar el noble será oscurecido,
el mal vendrá en la confluencia de Saone y Ródano:
En los bosques los soldados escondidos día de Lucy,
que nunca fue allí tan horrible un trono.

"Montelimar" es una ciudad a 80 millas al Sur de Lyon. Tanto Montelimar como Lyon están en el río "Ródano". El "noble" (hombre) de allí será "oscurecido" (¿asesinado?) durante el combate en Lyon o un ataque separado mientras esta ciudad es atacada. La "confluencia de Saone y Ródano" ocurre en la ciudad de Lyon. El "día de (Santa) Lucy" es diciembre 13, y por lo tanto los sucesos en esta época ocurrirán a comienzos del invierno. Nostradamus predice que un grupo de soldados en un bosque tendrán alguna importancia en esta campaña ("en los bosques soldados escondidos"), que evidentemente tienden una emboscada. Puesto que él no da la nacionalidad de estos soldados y los franceses estarán en retirada y defendiéndose, ellos son los posibles candidatos a estar en los bosques. El final del cuarteto reafirma el horror de la guerra.

El siguiente cuarteto trata sobre los sucesos en Lyon:

(123) Siglo IX, Cuarteto 69

En la montaña de Sain–Bel y L'Arbresle
estarán escondidos de Genoble los confiados:
Más allá de Lyon, Vienne sobre ellos demasiado granizo,
langostas en la tierra no en el tercio restante.

"Sain–Bel" y "L'Arbresle" están a poca distancia en las montañas a unas 12 millas al Noroccidente de "Lyon". "Grenoble", 55 millas al Sureste de Lyon, habría sucumbido por este tiempo ya que está detrás de las líneas del frente. Las tropas del Mahdi probablemente pasarán a través de Grenoble en su ruta hacia Lyon. Lo más selecto ("los confiados") de las fuerzas francesas que defendieron Grenoble se habrán retirado y tomado posición en tierras altas ("escondidas") hacia el Noroccidente de Lyon. "Demasiado granizo" representa un bombardeo de fuego cruzado de artillería, que cae sobre las fuerzas musulmanas concentradas fuera de Lyon desde las tierras altas y desde "Vienne", localizados al Sur. Las "langostas" han sido descritas en un cuarteto anterior como tropas musulmanas y el uso de ese termino aquí parece apropiado. Este bombardeo de artillería será tan efectivo que matará o dejará herida a las dos terceras partes de las fuerzas musulmanas "el tercio restante". ¿Cuál será la respuesta de los musulmanes? Mientras el terreno montañoso puede hacer que la artillería de Saint–Bel y L'Arbresle sea inalcanzable, Vienne será vulnerable. Después de llegar nuevas tropas se lanzará una ofensiva en Vienne.

(124) Siglo IX, Cuarteto 70

Armas afiladas dentro de las antorchas escondidas,
dentro de Lyon, el día del sacramento,
aquellos de Vienne serán todos destrozados,
por los cantones latinos Macon no mienten.

La primera parte del cuarteto no es clara. El "día del sacramento" es la fiesta de Corpus Cristi, pero en sentido general podría ser cualquier domingo ya que el sacramento de la santa comunión es distribuido en todas las misas de domingo. "Vienne" caerá "destrozados", una fuerte indicación de combate cuerpo a cuerpo. Los causantes vendrán de "cantónes latinos", que está al Sureste de Suiza. "Macón" está sobre el río Saone, 30 millas al Norte de Lyon. Por qué ellos "no mienten" es un misterio, pero la explicación es que la línea frontal en la batalla por Lyon irá desde al menos Macon, 30 millas al Norte de Lyon, hasta Vienne, 15 millas al Sur.

Nostradamus describe en otro cuadrante la caída de Vienne:

(125) Siglo XII, Cuarteto 24

El gran auxilio que viene de Guienne,
será arrastrado cerca de Poitiers:
Lyon entregada a Montluel y Vienne,
y saqueadas sus gentes de negocios.

"Guienne" como ya se anotó era una gran provincia del Sureste de Francia en la frontera española. Un ejército de aquí será llamado para que ayude en la defensa de "Lyon" en el frente Oriental, pero en lugar de ir allí, será desviado hacia "Poitiers" en el frente

Norte a unas 125 millas de Bordeaux. La campaña en el frente Francés e Inglés habrá hecho retroceder las fuerzas islámicas hacia España en este momento. A pesar de todo, sin refuerzos Lyon sucumbirá. La caída es atribuida a las derrotas en "Montluel", unas pocas millas al Norte de Lyon, y en "Vienne", al Sur. Estos fracasos traerán como consecuencia un movimiento que presiona a Lyon por tres lados. Los civiles ("gentes de negocios") no evacuarán la ciudad a tiempo y también sufrirán las consecuencias.

Nostradamus tiene un cuarteto final sobre la batallas de Lyon en el cual da un conteo de víctimas:

(126) Siglo VIII, Cuarteto 34

Después de la victoria de León sobre León,
en las montañas de Jura, matanza, destrucción,
morenos siete millones, Lyon,
Vlme a Mausoleum muerte y tumba.

Dos generales al mando referenciados como "león", quizás por su valentía, se encontrarán y uno será victorioso. Las montañas "Jura" están al Noreste de "Lyon", Norte de Ginebra. Después de la victoria habrá "matanza, destrucción" en las montañas. Los "siete millones" de "morenos" son obviamente árabes o tropas asiáticas por su tez más oscura que la de los franceses. Los franceses deben ser los victoriosos a medida que la batalla continúa hacia el Norte de Lyon, donde ellos masacrarán "siete millones" de soldados musulmanes. Durante toda la historia nunca ha habido siete millones de víctimas de una batalla. Esto sólo podría ser posible durante la III Guerra Mundial. Un soldado francés, el León victorioso cuyo nombre será un anagrama de "Vlme", será herido de muerte en la batalla y llevado a Lyon donde morirá y luego será enterrado en un Mausoleo. Un lugar alterno es la ciudad de San Paul–de–Mausolee, cerca de Avignon.

No está claro si estos sucesos ocurrirán antes o después del saqueo de Lyon, mientras los franceses están haciendo retroceder al Mahdi hacia Alemania.

El próximo cuarteto puede ayudar a describir como los franceses logran matar siete millones de las tropas del Mahdi:

(127) Siglo VII, Cuarteto 7

En el combate de los grandes caballos livianos,
la gente llamará creciente destrucción:
Para matar de noche montañas, vestido de pastores,
abismos rojos en la profunda zanja.

Las tropas franceses serán una unidad de caballería liviana ("caballos livianos"), infiltrándose en las "montañas" Jura, donde Nostradamus indica que se disfrazarán como "pastores". Más que comprometidos en forma directa en el combate su misión incluirá la destrucción de los puentes, colocación de campos minados y ataques de retaguardia desde las montañas una vez comience la ofensiva. Cuando hayan terminado, esto servirá para aminorar la velocidad de la retirada hacia el Este y el refuerzo de las fuerzas de reserva musulmanes en las llanuras hacia el Este y Norte de Lyon. Esto permitirá un ataque desde Lyon para aplastar completamente al enemigo mientras los "pastores" atacan las unidades escalón de retaguardia. Nostradamus describe este ataque sorpresivo como una ofensiva nocturna ("matar de noche"), con tanta sangre "roja" derramada que entrará a raudales en la "profunda" zanja (en el pie de las montañas en que estarán los "pastores"?). Esto puede representar la caída definitiva y final de las fuerzas islámicas en esta área, pero aún hay otros cuartetos que hablan de la lucha en el frente oriental. Continuando hacia el Norte desde Lyon esta el siguiente cuarteto:

(128) Siglo XI, Cuarteto 97

A través de Villefranche, Macon en desorden,
en los manojos de madera habrán soldados escondidos:
Cambio de tiempos en primavera para el Rey,
por medio del Chalon y Moulins todos destrozados.

Como se mencionó previamente "Macon" esta a más o menos 30 millas hacia el Norte de Lyon, en el río Saone. "Villefranche" está aproximadamente a mitad de camino entre Macon y Lyon. Una brecha en el centro de las líneas aliadas en Villefranche creará problemas defensivos hacia el Norte en Macon ("Macon en desorden"). Este cuarteto no especifica que soldados estarán siendo emboscados, pero ya que los atacantes serán las hordas asiáticas del Mahdi probablemente serán los franceses estarán esperando para emboscar.

No se menciona el nombre del "Rey", pero es posible que sea francés ya que da a entender un "cambio de tiempos" favorables. ¿Cuál será el cambio? Será una victoria aliada como se describe en la última parte. "Chalon" está a más o menos 50 millas al Norte de Macon, "Moulins" a unas 70 millas al Oeste de Chalon. Es posible que en el tiempo de este cuarteto el frente del Norte habrá penetrando en la parte Este a sólo 30 millas al Norte de Lyon. Si esta interpretación es correcta, entonces una ofensiva en primavera entre Chalon y Moulin traerá como resultado que las fuerzas del Mahdi sean despedazadas "todos destrozados". Recuerde que en el Cuarteto (124) "los de Vienne" fueron también todos despedazados. Quizás la tecnología se deteriora a tal punto que se darán batallas de guerra tipo napoleónicas. En estas batallas las líneas masivas de tropas se abren fuego unas a otras en masa muy de cerca o se atacarán unas a otras y se unirán en un combate cuerpo a cuerpo, con el propósito de "destrozar" el enemigo.

Otra interpretación del cuarteto es que las tropas de Chalon y Moulin se esconderán ("escondidas") en un bosque ("en los manojos de madera"), continuando lo que puedo comenzar como un avance musulmán en Villefranche, en una aplastante derrota para el Mahdi.

Continuando con el frente oriental, la escena cambia en la ciudad de Langres, a más de 100 millas al Norte de Macon:

(129) Siglo II, Cuarteto 50

Cuando los de Hainaut, de Ghent y de Bruselas
verán a Langres el cerco tendido:
Detrás de sus flancos habrán guerras crueles,
la antigua herida será peor que los enemigos.

"Ghent" y "Bruselas" son ciudades principales en los países Bajos al Norte de Francia; "Hainaut" era una vieja provincia de Holanda. Después de que sus tierras hayan sucumbido los soldados retrocederán a Francia y tendrán la misión de defender "Langres". Nostradamus describe el ataque como un "cerco" más que una ofensiva, algo similar a la guerra de trincheras de la I Guerra Mundial. Aunque podrían conservar a Langres, los defensores sabrán de las violentas batallas "detrás de sus flancos", quizás desde una fuerza musulmán que desciende del Norte. ¿Qué podría ser "la antigua herida"? ¿cómo podría ser "peor" a algo que podría hacerlos "enemigos"? Nostradamus podría dar a entender traición y cobardía. Aunque capaces de mantener su posición, los defensores temerán ser aislados y rodeados por lo que abandonarán Langres tal vez huyendo al Sureste.

Lejos al Norte de Lyon, a unas 175 millas y más o menos 150 millas al Este de París está la ciudad de Nancy, en el lejano Noreste de Francia. Si la batalla que se desarrolla aquí incluye tropas que vienen del Este, es probable que preceda a la batalla por Lyon. Si el Mahdi viene del Norte entonces la fecha es menos segura pero probablemente también preceda los sucesos de Lyon:

(130) Siglo X, Cuarteto 7

El gran conflicto que se está preparando en Nancy,
los macedonios dirán todo lo dominé:
La isla Bretaña por vino, sal en preocupación,
entre dos Philips mucho tiempo no conservarán a Metz.

Una ofensiva mayor ("gran conflicto") será preparada alrededor de la ciudad de "Nancy". "Los macedonios" de la campaña española es encontrado aquí de nuevo, así como los británicos. Al incluir la metáfora del "vino" y "la sal" encontramos cuatro temas separados que también fueron identificados en el frente Suroeste, ayudando así a vincular estos dos cuartetos con el tema común de la III Guerra Mundial. "Metz" a menos de 30 millas al Norte de Nancy y posiblemente la esquina de los frentes Norte y Este en ese momento, serán definidos por "dos" comandantes llamados "Philip". Ellos "no conservarán" la ciudad por mucho tiempo.

Hay un cuarteto final sobre los sucesos a lo largo del frente oriental y el destino final de los ejércitos islámicos en esta área:

(131) Siglo VIII, Cuarteto 10

Gran olor pútrido saldrá de Lausanne,
del cual no se conocerá el origen del hecho,
la gente será colocada afuera, toda la gente alejada,
fuego visto en el cielo, gente extranjera derrotada.

El "olor pútrido" será de cuerpos descompuestos en un campo de batalla cerca de la ciudad suiza de "Lausanne" hacia la frontera francesa. Sus habitantes no tendrán conocimiento de ninguna de las batallas que se desarrollan cerca de ahí ("del cual no se conocerá el origen del hecho"). Quizás el "olor" vendrá de siete millones de víctimas musulmanas en la campaña del monte Jura, a sólo 40 millas de distancia. Más tarde la "gente" (musulmana) "extranjera" será "derrotada", sacados del lugar y "alejados". También se predice otro ataque de artillería nocturno ("fuego visto en el cielo"). El tono parece indicar que esta será una permanente remoción de los ejércitos musulmanes, y Suiza, aislada del resto de las fuerzas occidentales durante tal vez unos pocos años, será reunida de nuevo con Francia y Gran Bretaña. Es posible que incluso pueda empezar a circular provisiones desde Francia a Suiza y también de nuevo en Milán.

Este cuarteto concluye la campaña a lo largo del frente oriental. La penetración más lejana será aproximadamente el río Ródano, dándose batallas principales en Avignon, Montelimar, Vienne, Lyon, Villefranche, Macon, Nancy y Metz. En ese momento el frente Este se vuelve continuo con el frente Norte. Pero antes de continuar con el frente Norte, Nostradamus tiene un cuarteto que detalla algunos de los efectos económicos de la guerra:

(132) Siglo VII, Cuarteto 25

A través de la larga guerra todo el ejército cansado,
así que para los soldados no habrá dinero,
en vez de oro, en vez de plata, el cuero se acuñará,
cobre gálico, silla, creciente de Luna.

Según otros cuartetos la duración de la III Guerra Mundial será de 27 años, así que "larga guerra" se debe considerar como un eufemismo y "todo el ejército cansado" es muy entendible. La falta de "oro" y "plata" también es entendible, ya que todo el mundo industrializado abandonó el patrón de oro hace décadas y ahora posee sólo centavos de oro y plata por cada dólar en circulación. Sin oro ni plata para respaldar la moneda es sólo la estabilidad del mismo país la que permite la estabilidad de la moneda en este tiempo. La tremenda interrupción del comercio causada por el impacto del meteoro y la guerra cambiará mucho la situación, que no sólo causará la acumulación de los metales preciosos sino en una caída del sistema monetario actual que se basa también en la fe. El cobre y el níquel, componentes en la fabricación de monedas, también serán muy valiosos debido a su utilización durante la guerra para ser desperdiciados en monedas. El problema de la moneda será resuelto creando un nuevo tipo de dinero; un cuero preparado especialmente con sello del gobierno impreso o grabado en éste. Esto no será un proceso nuevo. Cierta clase de billete impreso en cuero en lugar de papel fue inventado por los chinos hace miles de años.

El final del cuarteto no es muy claro. Quizás será Irán, la nueva Persia, las que acuñan "cuero" mientras los franceses estarán acuñando "cobre". Otra opción es que Nostradamus este describiendo los sellos que serán grabados en el cuero. Sí él está describiendo los sellos, entonces los franceses pueden imprimir su dinero con una imagen del Papa, la silla referida como la sede Papal, y la moneda de la Irán puede contener el símbolo tradicional del Islam de la "Luna creciente".

Se dejó la discusión de la batalla del frente Este en Nancy, que parece ser la esquina donde el frente Este se une con el frente del Norte. Avanzando 150 millas desde Nancy hacia el frente Noroccidental está la ciudad de San Quentin:

(133) Siglo IV, Cuarteto 8

La gran ciudad por asalto sin esperarse sorprendida por la noche,
los guardias interrumpen:
Los guardias y vigilantes de San Quentin masacrados,
los guardias y los portales rotos.

Este es un cuarteto claro y sencillo. "San Quentin" queda a unas 75 millas al Noreste de París, y a menos de 50 millas de la frontera con Bélgica. Un ataque sorpresa en la "noche" abrirá brechas en la defensiva ("los portales") que se levantarán alrededor de la ciudad, y después de que las fuerzas defensivas ("los guardias") han sido vencidas los habitantes serán "masacrados".

Siguiendo hacia el Occidente por el frente del Norte se encuentra el siguiente cuarteto:

(134) Siglo IX, Cuarteto 88

Calais, Arras, ayudante de Therouanne,
paz y semblanza simulados por el espía:
Los mercenarios de Savoy descenderán por Roanne,
gente desviada quienes terminarán en desbandada.

"Arras" esta a 35 millas al Noroeste de San Quentin. El puerto en el Canal Inglés, "Calais", está a 60 millas hacia el Noroeste de Arras, con la ciudad Inglesa de Dover a escasas 25 millas atravesando el canal. Casi que en la mitad entre Calais y Arras está la ciudad de "Therouanne". Si San Quentin, del cuarteto anterior, esta incluida, entonces se forma una línea derecha de casi 100 millas. En esta batalla, el centro del frente localizado en Therouanne estará en peligro de derrumbarse. Será salvada por los refuerzos de los flancos de la derecha e izquierda de Calais y Arras ("Calais, Arras, ayudante de Therouanne").

Durante este tiempo un emisario musulmán entrará a territorio francés bajo el pretexto de discutir un tratado de "Paz", un tratado que el Mahdi no tendrá intención alguna de cumplir puesto que será "simulado". El propósito del emisario será espiar las posiciones de defensa francesas.

En la mitad del cuarteto la escena cambia de nuevo al frente del Este. "Roanne" queda a 40 millas al Noroccidente de Lyon. Lo que fue el país de Savoy en el tiempo de Nostradamus es hoy la parte Occidente de Italia y la Sureste de Francia. Los "mercenarios" de esta área pueden ser italianos y franceses reclutados al servicio de Mahdi, o de pronto Nostradamus se refiere a tropas mercenarias de otra parte del mundo atravesando el Ródano al Norte de Lyon y llegando hasta Roanne. Las tropas aliadas, capaces de pararlos en el frente del Este ("quienes terminarán en desbandada") serán "desviados" a cualquier otro lado, quizás a Therouanne.

Este cuarteto une varios eventos de los frentes Este y del Norte. Durante el tiempo de la batalla por Lyon, el frente del Norte todavía estará en la parte Norte de Francia en una línea que va desde el Noroccidente hasta el Sureste. Sin embargo esta línea no detendrá a los franceses. Puede que sea el colapso de San Quentin que lo provoque. A medida que el frente sigue hacia el Sur, la próxima gran batalla será en Rouen:

(135) Siglo IV, Cuarteto 19

Ante Rouen será puesto por los Insubrianos un cerco,
por tierra y mar serán cerrados los caminos:
De Hainaut, y Flanders, de Ghent y aquellos en Liege
por regalos cubiertos destruyendo las playas.

"Rouen" queda a más de 100 millas al Sur de Calais. Será cercada y sitiada por tropas del Nor–centro de Italia ("los Insubrianos"). Puede que éstos sean, una vez más, tropas mercenarias o unidades musulmanas que previamente habrán participado en la batalla por Italia del Norte. Rouen quedará aislada ("cerrados los caminos") del resto de Francia tanto por tierra como por agua.

Estos invasores serán de "Hainaut, Flanders, Ghent y Liege", que forman parte hoy en día de Bélgica y los Países Bajos. Este Cuarteto muestra que el Mahdi invadirá las playas francesas, algo así como la invasión de Normandía en la II Guerra Mundial (Día–D). Estas invasiones vendrán de bases en Bélgica y los Países Bajos, no de Inglaterra. A diferencia del Día–D, también pueden ocurrir en cualquier punto de la costa, tan lejos como desde la frontera española. Nostradamus no indica la magnitud de las invasiones. No aparece que haya alguna penetración grande en Rouen por tierra y mar. Estos asaltos serán tan exitosos que permitirán a la fuerza naval Iraní tomar control de toda la región costera del Atlántico por tiempo indefinido.

En el siguiente cuarteto se pueden encontrar más fundamentos para confirmar que la línea Calais–San Quentin no los detendrá:

(136) Siglo IX, Cuarteto 86

De Bourg–la–Reine vendrán directo a Chartres,
y se acercarán a Pont d'Antony pausa:
Siete para los creadores de paz como Martens,
la armada entrará a París y será rodeada.

"Bourg–la–Reine" y "Pont d''Antony" están a pocas millas al Sur de París, mientras "Chartres" queda a unas 45 millas hacia el Suroccidente. Las tropas aliadas al Sur de París dejarán la ciudad y se enfrentarán al enemigo en Chartres. Después se devolverán para descansar a un lugar que queda al Sur de París, a Pont d'Antony, de donde luego entrarán a París para ayudar a defenderla. Con la posibilidad de abandonar París, el comandante francés decidirá mejor rodear la capital francesa. La parte "Siete para los creadores de paz como Martens" no es clara en este momento.

¿Cómo llegará este comandante a París? La respuesta se encuentra en lo que sigue:

(137) Siglo VI, Cuarteto 43

Por largo tiempo estará sin habitantes,
donde llega el Seine y Marne al agua:
Desde La Tamise y puestos a prueba son los guerreros,
engañados están los guardianes al creer en el rechazo.

El Río "Marne" pasa por el "Seine" al Este de París, entonces no puede haber duda sobre a cuál ciudad se refería Nostradamus. La destrucción de París será tan severa que por "largo tiempo estará sin habitantes". ¿Qué puede causar semejante calamidad? Armas biológicas y químicas son algunas posibilidades, pero su utilización por las fuerzas del Islam es remota en este punto de la guerra, puesto que ellos estarán ganando y no querrán arriesgarse a un contraataque con armas parecidas. Además es dudoso que estas armas dejen a la ciudad inhabitable, ya que después de la disipación de los químicos la infraestructura quedará en pie y podrá ser habitada en pocos años. Las armas nucleares son improbables también. La última parte indica que los defensores se creerán capaces de rechazar el ataque ("creer en el rechazo") y ningún ejército es capaz de resistir armas nucleares. Por ende, esto implica un ataque convencional.

¿Cómo harán las tropas de Mahdi de París una ciudad invivible? Después de tomarse la ciudad, la forma más simple será esparciendo por las calles elementos flamables interconectados entre sí, uniéndolos de tal forma que un sólo fósforo podría encender la tormenta de fuego dejando todo en las cenizas y despojos. Luego, el Mahdi puede emplear una técnica antigua Romana: La sal. Después de varias batallas Púnicas con los Cartaginenses del Norte de Africa, los romanos saquearon y quemaron a Cartago y luego regaron sal por toda la ciudad y sus contextos. Por más de 2,000 años Cartago se ha mantenido inhabitada con sus campos secos y abandonados.

Otra forma posible de volver una ciudad invivible es con la técnica empleada por Saddam Hussein en su genocidio de las Tribus Khurds. Después de bombardear aldeas completas, se enviaron buldosers para destruir las edificaciones restantes hasta que todo quedó en ruinas. Luego se colocaron minas y explosivos por todos lados garantizando el no regreso de los sobrevivientes. El campo minado quedará activo por muchas generaciones. Nostradamus también cita de dónde vendrá el ataque. "La Tamise" es un pueblo cercano a Antwerp, al Norte de París.

Si Nostradamus dedica tantos cuartetos a otras batallas, ¿por qué tan sólo dedica unos pocos a la destrucción de París? Existen varios motivos posibles. Primero, puede que los franceses no se comprometan con firmeza a defender la ciudad. En varias ocasiones durante los siglos anteriores han tenido que defender a París, la más reciente fue en la II Guerra Mundial. ¿Qué hicieron entonces? Los comandantes comprendieron que como París está en un valle extenso, sin la ayuda de grandes colinas o montañas, no podían defenderla y París fue abandonada a los Nazis que avanzaban. Algo parecido a ese episodio puede pasar otra vez. O, quizás los cuartetos que tienen que ver con la guerra y que no especifican el lugar, y hay muchos de ellos, tienen que ver con París. Por cualquier motivo, hay sólo otro cuarteto que menciona específicamente a París y se refiere a esta situación.

(138) Siglo III, Cuarteto 93

En Avignon se detendrá el jefe de
todo el imperio por la desolada París:
Troya tendrá la ira de Hanibal:
Con el cambio Lyon será malamente consolada.

Aquí parece que "el jefe de todo el imperio" es el dirigente de Francia. ¿Cómo puede Nostradamus emplear el término "imperio" cuando Francia no controla ni siquiera la mitad de su propio territorio y abandona las tierras extranjeras necesarias para conformar un imperio? El se refiere o a un imperio consistente de varias nacionalidades (los refugiados de todas las partes de Europa que llegarán a Francia), o Nostradamus avanzaría en el tiempo después de la guerra, cuando Francia sea de nuevo un imperio. El hombre que "se detendrá" en "Avignon" será el dirigente de ese imperio francés. Aparentemente el frente del Este estará en Ródano mientras el frente del Norte se derrumba a medida que este "jefe" "se detendrá" (¿para lamentarse?) en "Avignon" por la "desolada París".

En este cuarteto el comandante que destruirá París es llamado "Hanibal", quizás una referencia a su origen del Norte de Africa (¿Libya?). Hanibal (247–163 a.C.) fue el mejor de los generales Cartaginenses. Después de esta victoria en París él seguirá hacia el Sur, haciendo de la ciudad de "Troya" como su siguiente blanco. Troya está situada a 75 millas al Sureste de París, en la mitad entre París y Langres.

¿Por qué tiene Lyon que ser "malamente consolada" por estos eventos? Probablemente porque las tropas de la defensa de Lyon serán removidas y mandadas hacia Troya para ayudar en la defensa del frente del Norte, llevando a la caída de Lyon en el frente Este previamente descrita en el Cuarteto (125). Nostradamus no dice en este cuarteto si Troya se mantendrá o no. Después de la caída de París "Hanibal" seguirá avanzando hacia el Sur siendo Tours la siguiente parada:

(139) Siglo IV, Cuarteto 46

Bien defendido el hecho por excelencia,
cuídate Tours de tu pronta ruina:
Londres y Nantes a través de Reims defenderán
sin llegar después del tiempo de la llovizna.

"Tours" queda en el Río Loire, a 120 millas al Suroeste de París. "Nantes" también queda en el Loire, a 100 millas al Este de Tours. Es más, el Río Loire, atravesando de Este a Oeste más de 180 millas, volteando luego hacia el Sureste otras 165 millas, servirá como el mejor borde defensivo natural de toda la parte Norte de Francia. Como el Loire se origina a sólo 30 millas al Occidente de Lyon, el cual será el límite del frente Este, los franceses no podrían tener una mejor defensa al Norte. Esto es a lo que se refiere Nostradamus al principio de este cuarteto que puede ser parafraseado como "bien defendida tras una excelente defensa". Si "Hanibal" puede atravesar el Loire, entonces no habrá ningún territorio que puedan usar los Franceses en el Norte para su beneficio poniendo en peligro todo este frente. Y si el frente del Norte se derrumba en el Loire, es posible que caiga toda Francia también.

La última línea de defensa será en el Suroeste en Garonne; el frente del Este estará el Ródano, y en el frente del Norte estará el Loire. Detrás de estos tres ríos Francia luchará sus últimas batallas. Las retiradas estratégicas a lo largo de Europa, abandonando tierras para ganar tiempo y ocasionando grandes pérdidas a los musulmanes terminará aquí. Detrás de estos tres ríos las tropas aliadas no se retirarán y emplearán todas sus reservas en batallas para vencer o morir. Parece que Nostradamus indica que Garonne y Ródano (a excepción de Lyon) se mantendrán. ¿Podría Loire resistir? Nostradamus indica que Tours estará cerca de ser vencida ("pronta ruina"). Si Troya no resiste al ataque detallado en el Cuarteto (138) será retomada, puesto que aquí la fuerzas francesas de Nantes, con la asistencia de los británicos, estarán defendiendo "Reims", a 60 millas al Norte de Troya. Nostradamus tiene otro cuarteto detallando la defensa del Loire:

(140) Siglo I, Cuarteto 20

Tours, Orleans, Blois, Angers, Reims y Nantes,
ciudades controvertidas por cambios repentinos:
A través de lenguajes extranjeros se levantarán tiendas,
ríos, dardos en la tierra de Rennes y el mar temblando.

"Nantes", "Angers", "Tours", "Blois" y "Orleans" están situadas en el Río Loire en una línea que va del Este al Oeste de más de 160 millas. Como Reins, citada en el cuarteto anterior, queda a 120 millas del Noreste de Orleans, y "Rennes" queda a 60 millas al Norte de Nantes y sólo 30 millas del Océano Atlántico, esto representa todo el frente del Norte, una distancia de 370 millas. Esta será la última batalla de Francia en el frente Norte. La expresión "lenguajes extranjeros" ya se mencionó en la batalla por los Balcánicos en Europa del Este (Cuarteto 52), refiriéndose a los ejércitos de Mahdi. Harán sus campamentos ("levantarán tiendas") en "ríos" (¿posiblemente el Garonne, Ródano, y/o el Loire?). Renne será blanco de un ataque de misil ("dardos") y sucederá otro temblor posterior al del golpe del gran meteoro "la tierra" y "el mar temblando".

En varios cuartetos ya se han dado pistas sobre el frente del Atlántico. Aquí está otro cuarteto hablando de eventos que sucederán en ese frente:

(141) Siglo III, Cuarteto 9

Bordeaux, Rouen y La Rochelle unidos
mantendrán el gran mar del Océano,
Ingleses, Breteneses y Flamencos mancomunada
será la caza casi hasta Roanne.

Anteriormente ya se mencionó a "Bordeaux" como la esquina Noroccidental del frente español. Parece que será de igual forma la esquina Suroccidental del frente del Atlántico debido a su proximidad al océano cerca del estuario Gironde del Río

Garonne. "La Rochelle" queda en el Océano Atlántico a 90 millas al Norte de Bordeaux. Debido a que "Rouen" queda al Norte de Francia a más de 30 millas del océano, y seguramente estará bajo dominio musulmán cuando se esté llevando a cabo esta guerra, es difícil comprender cómo se relaciona a menos que tropas provenientes de Rouen participen defendiendo a la Rochelle o a Bordeaux.

Una armada "Inglesa", Británica (¿"Escocesa? ¿Galesa? ¿Irlandesa? O ¿quizás Canadiense?") y Belga ("Flamencos") combinada atacará a los musulmanes en el frente Este, retirándolos hacia Roanne. Nostradamus no especifica el sitio exacto en donde empezará "la caza"; el punto más exacto sería una cordillera de 20 millas que va de Norte a Sur, a 10 millas al Oeste de Roanne. Si es así esto implica que los aliados no sólo perderán Lyon sino que las tropas de Mahdi avanzarán al Este otras 45 millas por el Ródano antes de que sean contraatacadas.

Sin embargo otra interpretación de este cuarteto es que después de ser exitosamente rechazadas las tropas musulmanas en el frente Atlántico, una fuerza aliada combinada avanzará hacia el Norte por la costa, luego volteando hacia el Este, atacando el ejército Islámico Asiático. Este ataque continuará hacia el Este por todo el frente del Norte y luego girará hacia el Sur por el frente del Este casi hasta Roanne.

Nostradamus tiene un último cuarteto que muestra una visión general de toda la campaña:

(142) Siglo V, Cuarteto 68

Danubio y Rhin vendrá a beber el gran Camello sin arrepentirse:
Temblando por aquellos del Ródano,
y más fuerte por los de Loire,
y cerca de los Alpes el Gallo lo arruinará.

"El gran Camello" debe ser el Mahdi puesto que los camellos son para los pueblos del medio Oriente y del Norte de Africa como los caballos y el ganado son para la civilización Occidental.

Aquí se sintetiza su campaña, su conquista del río "Danubio" en Europa Oriental, y el río "Rhin" en Alemania y en los países bajos. El Mahdi no tendrá remordimientos de estas conquistas ni de la sangre derramada ("sin arrepentirse"). En los ríos "Ródano" y "Loire" las defensas serán puestas a prueba severa ("temblando") pero se mantendrán. Nótese que Nostradamus da indicio de ataques más violentos contra el Loire; aparentemente la mayoría de las fuerzas de Mahdi en Francia estarán en el frente del Norte. Es posible que aquellos en el frente del Norte sean veteranos de las campañas de Europa Oriental y Alemania; aquellos en el frente del Este vendrán probablemente de las campañas Griegas e Italianas.

"El Gallo" ha sido un símbolo de Francia por muchos siglos, y los franceses "lo arruinará" (al Mahdi) "cerca de los Alpes". Hay implicación de un contraataque en el frente Este, quizás una continuación de la expulsión hacia Roane, lo que obligará a los musulmanes a retroceder hacia las fronteras Suizas e Italianas. El Mahdi, rehuzándose a ceder campo después de tantos años de avances y con la victoria final tan cerca, buscará una última defensa y empleará todas sus reservas para evitar ser expulsados fuera de Francia. Esta batalla épica terminará en la ruina de las fuerzas Islámicas y en la victoria total de Francia y los aliados. Lea el final del cuarteto otra vez. Hay algo en el tono de las palabras que indica que la "ruina" es algo final, no sólo un obstáculo temporal para el Mahdi.

¿Es acaso creíble que los franceses después de años de perder batallas, de repente contraataquen a las fuerzas musulmanas y destruyéndolas completamente? Sí, es posible. Recuerde que después de los desastres al principio de la guerra, en Europa Oriental, en donde estarán las tropas aliadas sólo para ser abatidas por números asombrantes, el enfoque de los aliados será el de cambiar tierras por tiempo. Durante la II Guerra Mundial los Rusos emplearon una técnica similar retrocediendo en las estepas Rusas cientos de millas antes de convertir finalmente la derrota en victoria. En la III Guerra Mundial los aliados escogerán posiciones superiores de defensa, las fortificarán, y tratarán de ocasionar 10 o más bajas a los musulmanes por cada una que les ocurra. Luego, cuando ya estén por ser abatidos finalmente, retrocederán a la siguiente posición. Esto sucederá por toda Europa hasta llegar a Francia. Por el camino se irá reduciendo el perímetro defensivo haciéndose más fácil su defensa, y las líneas de refuerzo de los Musulmanes crecerán. Aunque el Mahdi tendrá cientos de millones de tropas a su disposición durante la guerra, estas tácticas de los aliados eventualmente debilitarán sus fuerzas masivas. Los comandantes de los aliados no arriesgarán ni una sola ofensiva en ningún momento durante la guerra hasta no estar seguros que los musulmanes han sido lo suficientemente debilitados para ser expulsados de Europa permanentemente. Cuando estén seguros de una victoria completa arremeterán, y arremeterán con severidad contra el Mahdi y sus ejércitos.

LOS ALIADOS CONTRAATACAN

El capítulo pasado terminó con la idea que de alguna forma, aún retrocediendo por años a través de toda Europa, los aliados tendrán éxito en expulsar de Francia a las fuerzas Islámicas. Esta idea se confirma en el siguiente cuarteto:

(143) Siglo II, Cuarteto 60

Rota está la fe Púnica en el Oriente,
Ganges, Jordán, Ródano, Loire, y Tagus cambiarán:
Cuando el hambre de la mula sea satisfecha,
arrojada la flota, sangre y cuerpos flotando.

"La fe Púnica" representa la religión del Norte de Africa, es decir, el Islam. Al referirse también a los países "en el Oriente", Nostradamus une este cuarteto con aquellos que dan origen al Turbante Azul y Blanco dando pistas sobre una nación Islámica unificada. Luego menciona cinco ríos que serán notables por las batallas que se lucharán allí. En el capítulo anterior se habló un poco sobre los ríos "Ródano" y Loire" durante la batalla por Francia. El "Ganges" es uno de los grandes ríos de la India; en su recorrido hacia el mar empieza al Norte y corre hacia el Sureste antes de entrar en Bangladesh. Vale la pena destacar que mientras la India es principalmente Hindú, Bangladesh es un país cuya población es casi toda musulmán. Aún cuando Nostradamus menciona poco los campos de batalla fuera de Europa durante la III Guerra Mundial, aquí por lo menos le rinde un breve tributo a la lucha entre los Hindúes de la India y sus vecinos musulmanes. Debido a que el Ganges no está lejos de la China, quizás la India y los Chinos combatan también.

El *Libro de las Revelaciones*, discutido en el segundo capítulo indica que la cantidad de muertes durante la guerra será de billones, y que el área de la Tierra que presenciará los combates será más del doble que en la II Guerra Mundial. Una guerra que genera muertes en billones equivale al 25% del planeta. Por lo tanto una guerra entre la China y la India no será posible sino también inevitable. Sin embargo, esta posibilidad no llamó la atención de Nostradamus debido a que su interés como profeta se concentró en Francia. Las guerras en otras partes del mundo, miles de millas lejos de Francia, no cautivaron su visión.

La mención del río "Jordán" es muy interesante. Hasta este punto Nostradamus no ha indicado que hubiera tenido alguna visión de la restauración de Israel. Sin embargo ha debido ser consciente de las tantas profecías en la Biblia que hablan de el restablecimiento de un estado Judío. De pronto, como con la India, no sintió la necesidad de escribir sobre batallas que no involucraran a Francia directamente. De todos modos la posición de el río Jordán corriendo de Norte a Sur formando el límite entre Israel y el Jordán, y el otro límite entre Israel y los Altos de Golan más hacia el Norte, indica otro principal frente de batalla. Implícita está la conquista y el cautiverio de Israel otra vez y restaurado una vez más antes de la segunda venida de Jesús y la llegada del "fin del tiempo". Es interesante que desde que Israel ha sido restablecida como un país independiente todos los investigadores de profecías bíblicas se refieren al fin del mundo como inminente. ¡No existe razón bíblica de que Israel no pueda ser destruida y resurrecta muchas más veces como país antes del fin del mundo!

El río "Tagus" corre de Este a Oeste en España y Portugal, casi que bifurcando la península Ibérica por la mitad. Y tan sólo pocas millas del nacimiento del Tagus está el nacimiento del río Jucaw, el cual corre hacia el Este desembocando en el Atlántico. Juntos forman una barrera acuática a través de toda la península Ibérica, una perfecta barrera defensiva natural, y se puede esperar de los aliados harán que los ejércitos musulmanes de la parte arábica del Norte de Africa paguen caro al cruzar estos ríos.

Nostradamus escribe que estos cinco ríos "cambiarán", aparentemente cuando las fuerzas musulmanas sean derrotadas ("Rota está la fe Púnica en el Oriente"). No está todavía muy claro el significado de "cuando el hambre de la mula sea satisfecha". Quizás la "mula" sea uno de los comandantes, y su "hambre" por la guerra la cual "sea satisfecha". Este pensar está ligado a desastres en el mar, al hundimiento de barcos ("arrojada la flota") y muerte de marineros ("sangre y cuerpos flotando"). Debido a que el resto del cuarteto se refiere a la derrota de las fuerzas musulmanas implica que los barcos hundidos también serán de la fuerza naval Iraní. Pero ¿cómo pueden las fuerzas aliadas embotelladas en Francia y afrontando una presión terrible en cinco frentes, pueden montar algún tipo de campaña marítima? La fuerza naval será pequeña, con escasos puertos y probablemente mal provisionados. Entonces ¿de dónde vendrá la flota que destruirá la fuerza naval Iraní? La respuesta se encuentra en el siguiente cuarteto:

(144) Siglo IV, Cuarteto 50

Se verá a Libra gobernar sobre las Hesperias,
manteniendo la monarquía de tierra y cielo:
Nadie verá perecer a las fuerzas asiáticas,
no hasta que siete en línea mantengan la jerarquía.

"Libra" estará en control ("se verá a Libra gobernar") "sobre las Hesperias", la tierra del Oeste. Mientras que en otros cuartetos "Hesperia" probablemente se refiere a España, en este caso son las nuevas tierras del tiempo de Nostradamus, América. Entendiendo esto, ¿quién puede ser "Libra"? Muchos investigadores de Nostradamus creen que esto se refiere a un estado Europeo influenciado por la constelación de Libra. Si Nostradamus podía ver el futuro, entonces Libra puede tan sólo ser los Estados Unidos. Existen varias razones para que esto deba ser así. Primero, la constelación de Libra se dibuja en los cielos sosteniendo una balanza conocida como la "Balanza de la Justicia". Este mismo símbolo se encuentra en forma de estatua en frente del edificio de la Corte Suprema en Washington, D. C. Segundo, en Latín la palabra para libertad es "Libertas". La palabra "Libra" en Latín quiere decir balanza, por ende las escalas de la constelación de Libra. Nostradamus emplea la palabra "Libra" como un anagrama de la palabra en Latín "Libertas". Tercero, muchas de las primeras monedas de denominaciones mayores contienen grabadas las imágenes de la "dama de la libertad", y el símbolo de la libertad en las monedas de los Estados Unidos representa justicia para todos. Cuarto, la Estatua de la Libertad, uno de los símbolos más representativos de los Estados Unidos, fue un regalo del pueblo Francés. Sí el profeta Francés realmente podía ver el futuro, el símbolo que seguramente escogió para representar a los Estados Unidos desde su perspectiva francesa fué el símbolo de "Libra". Nostradamus predice que en este punto durante la guerra los Estados Unidos tendrán bajo control sus problemas internos y dominarán las Américas con poder en tierra y agua ("manteniendo la monarquía de tierra y cielo"), imponiendo la paz en los otros países de América del Norte y del Sur. En la segunda mitad del cuarteto indica que las "Fuerzas Asiáticas" no serán derrotadas ("nadie verá perecer") hasta que durante la III Guerra Mundial tome el poder el séptimo presidente de los Estados Unidos ("no hasta que siete en línea mantengan la jerarquía"). Debido a que Nostradamus indicó en el Cuarteto (32) que la III Guerra Mundial durará 27 años, esto es un promedio de casi cuatro años por presidente, y en ninguna forma es irrazonable. Por ejemplo, del año 1962 a 1989 se vieron siete presidentes: Kennedy, Johnson, Nixon, Ford, Carter, Reagan, y Bush. También note que dos de los siete, Nixon y Reagan, fueron reelegidos. El hecho que sólo vayan a haber siete presidentes durante el periodo más tumultuoso en la historia mostratá por lo menos estabilidad doméstica en los Estados Unidos, a menos que todos gobiernen bajo ley marcial y terminen su mandato al ser asesinados.

Los Estados Unidos con sus problemas domésticos algo bajo control mirará de nuevo hacia Europa, y al igual como en la I Guerra Mundial, entrará tarde en el conflicto. Su presencia armada será suficiente para asegurar la victoria. La pregunta del Cuarteto (143) ahora se puede contestar. Debido a que la única forma que tienen los Estados Unidos para llegar a Europa es a través de su flota naval, será entonces su nueva armada la que destruirá la flota musulmana y restablezca el control del Mediterráneo por parte de los aliados.

Hay un cuarteto específico que une a los Estados Unidos con Francia y en contra de los musulmanes:

(145) Siglo VIII, Cuarteto 46

Morirá a tres leguas de Ródano en Saint-Paul-de-Mausolee,
huyendo los dos más cercanos a Tarascon destruidos:
Porque Marte tendrá el trono más pavoroso,
del gallo y del águila de Francia tres hermanos son.

Ya se ha mencionado previamente a "Saint-Paul-de-Mausolee" durante la campaña del frente Este en Francia. En el Cuarteto (126) fue una predicción sobre la muerte de un soldado Francés quien debía ser enterrado allí. En este cuarteto otro (¿o de pronto el mismo?) soldado morirá y será allí enterrado. Es posible que Saint-Paul-de-Mausolee se convierta en el cementerio nacional para los Franceses muertos durante la guerra.

"Tarascon" queda en la orilla Este del río Ródano, a sólo pocas millas al Sur de Avignon. Debido a que está en el Este, y seguramente bajo dominio musulmán, es de suponer que "los dos más cercanos" que están "huyendo" son probablemente las fuerzas islámicas derrumbándose bajo la embestida de los aliados. Pero ¿quiénes serán los atacantes aliados? La última parte menciona su nacionalidad. Mucho se ha escrito sobre "tres hermanos son" de la última línea y casi todos los críticos se refieren a ellos como personas, pero examine el contexto de cerca. Los primeros tres ítems ("del gallo y del águila de Francia") son países, por ende es posible que el último ítem represente a un país también. Se puede comprender mejor la última línea como "Gallo" (el símbolo de Francia) es como "Aguila" (símbolo de los Estados Unidos) como "Francia" (el país de Francia) es a "tres hermanos son" (¿los Estados Unidos?). Claro, los "tres hermanos son" se puede referir también a las fuerzas militares francesas, británicas y estadounidenses, las cuales serán hermanas por tercera vez durante una guerra mundial. Sin embargo, si "los tres hermanos" se refiere a América, ¿quiénes serán los otros dos hermanos junto con los Estados Unidos? Los dos más posibles candidatos son Méjico y Canadá, quienes junto con los Estados Unidos son los únicos tres "hermanos" de América del Norte. Después de la explosión inducida por el meteoro y la marejada el estado geopolítico del mundo estará permanentemente alterado. Quizás el Acuerdo de Libre Comercio de América del Norte (NAFTA), servirá como precursor a la unificación de los tres en un mismo gobierno o un mismo país, un Estados Unidos más grande que abarque todo América del Norte. Pase lo que pase políticamente en América del Norte, Nostradamus indica que serán los franceses, en combinación con los Estados Unidos (y posiblemente las fuerzas mejicanas y canadienses bajo el dominio de los Estados Unidos), quienes expulsarán los ejércitos del Mahdi fuera del río Ródano al Sur de Francia. Y será desde el Ródano que los aliados continúen hacia el Este empujando a los musulmanes. Antes de continuar con esa marcha hacia el Este existen unos cuantos cuartetos sobre los eventos en los otros frentes que deben ser mencionados. Empecemos con España:

(146) Siglo IV, Cuarteto 70

Totalmente contagioso desde los grandes montes Pirineos,
contra el Aguila un gran ejército abordado.
Venas abiertas, fuerzas exterminadas,
que casi parece Pau el jefe será perseguido.

Los Estados Unidos ("el Aguila" que es el otro gran símbolo de los Estados Unidos además de la "Justicia" y con la que la mayoría de los americanos se identificarían aún más) enfrentarán un "gran ejército" de musulmanes. Es posible que los Estados Unidos hayan aterrizado en las playas de España, presionando los ejércitos del Islam hacia el Este contra los "montes Pirineos". En su retirada en los "Pirineos" se ve la aplastante derrota ("fuerzas exterminadas") que sufrirán los musulmanes, siendo perseguidos en su trayecto hacia "Pau". Las fuerzas islámicas conservarán el Sur de Francia, así como a España en este momento. Los musulmanes serán atrapados entre los británicos por el Norte en el río Garonne, los franceses y los enigmáticos "tres hermanos" en el río Ródano al Oeste y por el acercamiento de las fuerzas americanas también desde el Occidente. El destino final de las fuerzas islámicas en España y Sur de Francia es encontrado en siguiente cuarteto:

(147) Siglo VI, Cuarteto 99

El doctor enemigo se encontrará él mismo confundido,
el gran campamento enfermo y derrotado por emboscadas,
los montes Pirineos y los Alpes Peninos para él en realidad
será rechazado, cerca al río descubriendo rocas antiguas.

El "doctor" de la primera parte se refiere al comandante islámico que será un profesor universitario con doctorado en medicina. El no estará seguro sobre que camino seguir con una peste entre sus tropas ("gran campamento enfermo") y "emboscadas" tendidas en contra de él en cada intento de huída. Al ser expulsados de

España e incapaces de alcanzar los ejércitos del Islam en Italia ("montes Pirineos y Alpes Peninos para él"... "rechazado"), él será forzado a rendirse. Las "rocas antiguas" es un misterio. El "río" es probablemente el Ródano, y será allí donde el comandante islámico entregará sus fuerzas. En este cuarteto esta implicado el control aliado del Mediterráneo sin duda por la Flota Naval de los Estados Unidos, ya que de otra forma el comandante musulmán podría ser reabastecido desde Italia o el Norte de Africa.

En el siguiente cuarteto Nostradamus escribe sobre el control aliado de los mares:

(148) Siglo VIII, Cuarteto 59

Por dos veces elevado por dos veces colocado más abajo,
el Este también el Oeste se debilitarán:
Su adversario después de muchos combates,
por mar perseguido en el tiempo de necesidad que fracasa.

La primera parte de este cuarteto no es totalmente clara. Tal vez habrán dos ofensivas masivas por el "Este" contra los aliados en algún momento durante la guerra. El "Occidente" rechazará los ataques pero se "debilitará" bajo el ataque violento de millones de tropas asiáticas. "Después de muchos combates" el "Este" fallará "por mar" "en el tiempo de necesidad". Con la caída y rendición de las fuerzas islámicas en España y Suroeste de Francia este será un "tiempo de necesidad" para el Islam; así que quizás este cuarteto se refiere a la caída de las fuerzas musulmanas en Francia. Nostradamus atribuye su fracaso a la pérdida de control del "mar", probablemente el Mediterráneo. Si la Flota Naval de los Estados Unidos puede tomar el control del mediterráneo entonces no sólo los ejércitos islámicos en España serán aislados del abastecimiento, sino que las fuerzas de ocupación musulmanas en Italia también estarán en peligro de ser aisladas.

El siguiente cuarteto puede o no ser apropiado en este momento:

(149) Siglo VIII, Cuarteto 49

Saturno en Tauro, Júpiter en Acuario,
Marte en Sagitario, seis de febrero mortalidad transmitida:
Los de Tardenois en Bruges tan grande brecha,
que en Ponteroso el jefe de los bárbaros morirá.

Al presentarse aquí una relación poco común, indicar la fecha puede ser inútil debido a las dificultades de Nostradamus para predecir con precisión una configuración, dados los datos imprecisos respecto a los movimientos planetarios durante el siglo XVI. Este libro supone que sus configuraciones no se correlacionan necesariamente con los años que él tenía en mente. La configuración en la primera línea no ocurre entre los años 2000 y 2030, así que si Nostradamus previó el cielo en forma correcta, entonces este cuarteto no pertenece a la III Guerra Mundial. Suponiendo que si pertenezca a esta guerra, los sucesos de este cuarteto son muy simples. "Tardenois" era un área al Noroccidente de París. Allí los franceses atacarán con éxito a los bárbaros musulmanes cerca de la ciudad de "Bruges" en Bélgica donde morirá un famoso general musulmán en "Ponteroso". Este nombre presenta alguna dificultad y probablemente se traduce mejor como "puente rojo". Quizás será rojo por toda la sangre derramada al intentar capturarlo.

Volviendo al frente Este, el frente desde donde los aliados lanzarán su esfuerzo por recuperar Europa de manos del Mahdi, hay otro cuarteto concerniente a los ejércitos unidos de los franceses y los Estados Unidos:

(150) Siglo VIII, Cuarteto 9

Durante tal tiempo el Aguila y el Gallo en Savona será unido,
mar, Levant y Hungría: El ejército para Nápoles,
Palermo, Marcha de Ancona,
Roma, Venecia por el horrible grito bárbaro.

"Savona" es una ciudad italiana costera, 25 millas al Oeste de Génova. Un ataque conjunto ("será unido") contra Savona por parte de los Estados Unidos ("el Aguila") y los franceses ("el Gallo") traerán como resultado la liberación de esa ciudad de mano de las fuerzas del Islam. Este ataque vendrá por "mar", probablemente con la ayuda de fuerzas terrestres que vienen desde el Norte. Luego Nostradamus da una visión general de la campaña por recuperar Europa en poder del Mahdi. La ofensiva vendrá desde el Sur de Francia y procederá a "Hungría" y Turquía ("Levant") en el Este e Italia en el Sur.

En Italia Nostradamus hace una mención especial de las victorias aliadas en "Nápoles", "Palermo", "Ancona", "Roma" y "Venecia". Los bárbaros darán un "horrible grito" a causa de su derrota a través de toda Italia. Si la Flora Naval de los Estados Unidos neutraliza con éxito la flota iraní, entonces los aliados atraparán millones de soldados musulmanes en Italia, evitando su reabastecimiento y refuerzos mientras los aliados se dirigen hacia el Sur a través de la península Itálica.

Hay otros cuartetos que tratan el tema del regreso de los aliados a Italia. Aquí está el primero:

(151) Siglo VII, Cuarteto 4

El Duque de Langres sitiado en Dole,
acompañado por Autun y los de Lyon:
Ginebra, Augsburg, unidos los de Mirandola,
para pasar las montañas contra los Anconianos.

"Langres" queda en el río Marne, a unas 60 millas al Sureste de Nancy y 65 millas al Norte de Chalon. Allí el comandante francés se encontrará atrapado dentro de "Dole", rodeado por los musulmanes. Dole, 35 millas al Noreste de Chalon, estará detrás del avance más lejano hacia el Oeste del Mahdi. Parece que este comandante sobrevivirá dentro de un foco aliado en Dole y será relevado en una fecha posterior. Desde aquí el comandará una fuerza multinacional compuesta por soldados de "Lyon", "Autun", 50 millas al Oeste de Dole, "Ginebra" (Suiza), "Augsburg" (Alemania), y Mirandola (Italia). Estos soldados, lo que queda de sus primeras unidades, serán mezclados en una sola fuerza veterana exclusiva que cruzará los Alpes ("pasar las montañas") en Italia. ¿Cuál será su objetivo? La última línea de este cuarteto indica que será la ciudad portuaria Adriática de Ancona.

Y aquí está el segundo cuarteto que describe el retorno de los aliados a Italia:

(152) Siglo VII, Cuarteto 31

De Languedoc y Guienne más de diez mil
desearán pasar de nuevo los Alpes.
Los grandes Savoyards marcharán contra Brindisi,
Aquino y Bresse vendrán a perseguirlos de nuevo.

"Languedoc y Guienne" eran antiguas provincias del Suroeste de Francia. La entrada de los Estados Unidos a la guerra y la rendición de las fuerzas islámicas en el frente Español liberará las tropas aliadas de esa área para que se trasladen al frente oriental. "Diez mil" sobrevivientes de la retirada de Italia en años anteriores "desearán pasar de nuevo los Alpes". Ellos serán acompañados por las tropas del Sureste de Francia ("los grandes Savoyards") y el área alrededor de Lyon ("Bresse"), así como los refugiados italianos de "Aquino" (localizado en el Sur de Italia). Su ataque los llevará a "Brindisi" una ciudad portuaria adriática localizada en la parte baja de la bota itálica. Como en el Sur de Francia, el retorno del poder marítimo de los Estados Unidos servirá para aislar las fuerzas islámicas en Italia y evitar su refuerzo o escape.

Los últimos dos cuartetos dan una visión general de la campaña para retomar a Italia de manos de los ejércitos islámicos. Regresando un poco en el tiempo, Nostradamus tiene un cuarteto sobre Génova:

(153) Siglo VII, Cuarteto 39

El conductor del ejército Francés,
pensando en perder el falange principal:
En la calle de avena y de pizarra,
debilitándose ellos mismos a través de Génova la gente extranjera.

El comandante musulmán sobrecomprometerá a sus tropas en la defensa de "Génova" en un intento por detener el avance aliado, pero al hacer esto él estará arriesgando todo frente italiano. La perdida de Génova hará que los musulmanes pierdan furza "debilitándos ellos mismos" a través de toda Italia. El comandante francés (conductor del ejército Francés") estará preparado para perder su "falange principal" de tropas, al saber que habrán refuerzos disponibles desde el Occidente. Nostradamus predice que el combate será encarnizado especialmente en un lugar que señala como "la calle de avena y pizarra".

Después de la liberación de Génova vendrá el relevo de Milán. El próximo cuarteto fue discutido durante la caída de Italia y es presentado aquí una vez más:

(85) Siglo VII, Cuarteto 15

Ante la ciudad de Insubrian en el campo,
siete años estará sitiada frente a ésta:
El grandísimo Rey entrará en ésta,
ciudad luego liberada de sus enemigos.

Milán, "la ciudad del país insubriano" resistirá la "invasión" de las masas islámicas durante "siete años". De esta forma, durante los 27 años de la guerra al interior de Francia probablemente no durará más de siete años o menos. La ciudad de Milán será entonces liberada y "el grandísimo Rey" de los franceses "allí entrará el mismo". El tema de un Rey gobernando a Francia será expuesto en el próximo capítulo.

Hay un cuarteto final sobre el combate en Italia:

(154) Siglo II, Cuarteto 33

A través de torrente que desciende desde Verona
a través del cual para el Po guían su entrada:
Un gran naufragio y no menos en Garonne,
cuando los de Génova marcharán contra su país.

El cuarteto describe el ataque aliado en el Noreste de Italia. "Verona" está situada en el río Adige 50 millas al Este de Venecia. Este río y el Po están separados unas 10 millas y ambos desembocan en el Mar Adriático. "Un gran naufragio" en un río sólo puede ocasionarse por un intento de cruzarlo en el cual los botes son hundidos por la artillería y pequeñas armas de fuego. Nostradamus compara esta batalla con la que será peleada en el Suroeste de Francia (obviamente antes de este tiempo) en la cual los musulmanes intentarán cruzar el "Garonne". Debido a que los atacantes en este tiempo serán italianos nativos de "Génova" quienes "marcharán contra su país" en un intento por liberarlo mientras los musulmanes son los que aparentemente defienden, deben ser los aliados los que sufrirán las mayores pérdidas aquí.

Por el lado Norte del frente Oriental, los soldados marcharán de regreso a Alemania como se muestra en el siguiente cuarteto.

(155) Siglo X, Cuarteto 31

El imperio santo vendrá a Alemania,
los Ismaelitas encontrarán lugares abiertos:
Los asnos también reclamarán el Carmania,
los apoyos por tierra cubiertos.

A medida que los estados europeos son liberados poco a poco por los aliados, pasarán a ser gobernados por Francia, el único país de Europa Occidental que tendrá algún tipo de gobierno activo en ese tiempo. La expulsión de Francia hacia Italia y "Alemania" es definido por Nostradamus como un "imperio". El carácter cristiano de Francia, la sede del Papado, y la naturaleza religiosa de la III Guerra Mundial lo convertirán en un "imperio santo". Con las victorias aliadas muy cerca se generará un debate sobre que tan lejos hacer retroceder a los "Ismaelitas". Un grupo que Nostradamus describe como "asnos" desearán continuar el combate por todo el trayecto hacia "Carmania", probablemente para apropiarse de los campos petroleros del Medio Oriente en la boca del golfo Pérsico. ¿Por qué los llaman "asnos"? Probablemente porque no será posible llevar el ataque aliado hasta esta distancia del Este sin incurrir en víctimas masivas y los aliados estarán agotados en este momento después de décadas de continua guerra. Mientras la toma de Alemania continúa, los "Ismaelitas" (árabes descendientes de Ismael el hijo de Abraham) estarán contraatacando y encontrando aberturas en las líneas aliadas. En la última parte "los apoyos" serán enterrados (por tierra cubiertos), pero Nostradamus no dice a que lado pertenecen.

Continuando hacia el Este a través de Europa, los aliados vuelven a Hungría en el siguiente cuarteto.

(156) Siglo V, Cuarteto 89

En Hungría a través de Bohemia,
Navarra, y a través de sediciones santas abanderadas:
Por la región Flor de Lis que lleva la barra,
contra Orleans causará emociones.

La "Flor de Lis" era un emblema heráldico con la forma de lirio. Con una línea diagonal en la esquina, la Flor de Lis comprende el escudo de armas de una de las sedes más jóvenes de Casa de Borbón; dando a entender una vez más el abandono de la democracia en Francia y el retorno a un gobierno monárquico.

Si la ubicación cronológica de este cuarteto es correcta, entonces la Casa de Borbón verá de nuevo un rey en el trono en sólo unas pocas décadas. "Navarra", en el lejano Suroeste de

Francia, puede suministrar una pista para saber cual será la sede, así como la sede Vendone de los Borbones se originó en Navarra. Este futuro rey conducirá su ejército en la antigua Checoslovaquia y luego en "Hungría", promoviendo revoluciones ("sediciones santas") contra el Mahdi a lo largo del camino.

El rumbo hacia el reino no será simple; la Casa de "Orleans" aparentemente tendrá su propio candidato para rey. A pesar del tiempo que ha transcurrido desde que Francia tuvo un rey, las dos principales líneas reales, los Borbones y los Orleans, aún mantienen su propio orden interno de sucesión. Cada una está preparada para colocar un rey en el trono en el momento de una notificación. Con la ineficacia de la democracia debido a las consecuencias del meteoro, las masas de la mayoría de los países finalmente volverán de nuevo a una forma de gobierno autoritaria y ya que Francia tiene una larga historia de gobiernos reales, otro rey será coronado. Mientras Nostradamus indica que el rey será de los Borbones, desafortunadamente no precisa de manera exacta cuando este rey tomará el poder como la autoridad suprema. Sin embargo, el siguiente cuarteto presenta una pista sobre cuando sucederá:

(157) Siglo V, Cuarteto 50

El año en que los hermanos de Lily alcancen la mayoría de edad,
uno de ellos ocupará la gran Rumania:
Temblando las montañas, abierto el paso latino,
tratado para marchar contra el fuerte de Armenia.

La "lily" es una vez más la Flor de Lis; los "hermanos" representan diferentes sedes de la Casa de Borbón más que líderes individuales. Borbón alcanzará "la mayoría de edad" cuando se convierta de nuevo en la casa que gobierna en Francia, dando a entender el momento de la coronación del nuevo rey. Esto ocurrirá cuando los aliados estén liberando Italia ("abierto el paso latino") y cuando Europa Oriental ya haya sido tomada (suponiendo que "Rumania" significa el país de

Rumania y no el área alrededor de Roma). Un acuerdo ("tratado") será firmado por las fuerzas aliadas ordenando la continuación de la lucha hacia el Este hasta que lleguen a Armenia. Este "fuerte de Armenia" fue descrito en el Cuarteto (56) como el área de estacionamiento que el Mahdi usó como cuartel principal para la invasión de Turquía y Europa Oriental. La dirección de la campaña indica que este será un intento de los aliados por hacer una amplia barrida a través de Europa y las repúblicas de la antigua Unión Soviética, descendiendo desde el Norte sobre Turquía. Mientras Nostradamus indica que los aliados harán un intento por tomarse Armenia, él no predice si lo lograrán.

El siguiente cuarteto discute el regreso de los aliados a Grecia:

(158) Siglo VI, Cuarteto 21

Cuando los del Polo Artico estén todos unidos,
en Oriente gran terror y miedo: Nuevo elegido,
apoyado el gran temblor, Rodas,
Byzantium de sangre bárbara teñidos.

Las únicas potencias importantes del circulo ártico ("Polo Artico") en el siglo XX han sido los Estados Unidos y la Unión Soviética.

Es dudoso que Rusia pueda ser la potencia referida aquí. Incluso sin la destrucción generada por el cometa Rusia probablemente habrá caído en anarquía por el año 2020, sus ciudades se convertirán en una vasta extensión de tierras improductiva por los tóxicos y los desechos nucleares, sus pueblos se dividirán en grupos étnicos cada vez más pequeños. Desde luego, si Rusia renaciera como país y se uniera al lado de los aliados en la III Guerra Mundial, eso explicaría el "gran terror y miedo" entre las tropas del Mahdi en este tiempo.

Otra posibilidad para aquellos en "Polo Artico" es una fuerza combinada entre los Estados Unidos y Canadá o tal vez incluso el surgimiento de un ejército escandinavo unido. Un líder

"nuevo elegido", posiblemente un Papa ya que el "gran temblor" aparece como una referencia a la iglesia en otros cuartetos,
apoyará la iglesia. Esto ocurrirá durante un tiempo de derrotas
islámicas ("bárbaras") en la isla de Rodas y en Turquía.

Aún cuando este cuarteto también se puede aplicar al período que ocurre muchos años antes, cuando el Mahdi invada a
Turquía y Grecia, esto parece improbable por la implicación de
que serán los del "Oriente" los que reciban "el terror y el
miedo", no que ellos lo inflijan.

En el siguiente cuarteto los aliados continúan su avance hacia
el Este, incluso llegando a Turquía:

(159) Siglo VI, Cuarteto 85

La gran ciudad de Tarsus por los de Gaul será destruida,
cautivos todo el Turbante:
Ayuda por mar del grande de Portugal,
primer día de verano del santo Urbano.

"Tarsus" era una ciudad antigua en el Sureste de Turquía a
pocas millas del Mediterráneo. Allí ocurrirá una invasión detrás
de las líneas frontales cuando los aliados se encuentren en control de los mares. Este cuarteto asegura la victoria final de Francia sobre el Mahdi. Las tropas francesas ("los Gaul") invadirá y
destruirá "Tarsus" y tomará como prisioneros "cautivos" a todos
los del "Turbante" (azul).

Aquí también está una de las pocas referencias de los portugueses en la III Guerra Mundial. Aunque su país será destruido muchos sobrevivirán para tripular una flota al final de la
guerra, o tal vez sólo el comandante de la flota será portugués.
La flota llegará a Tarsus o reforzará los franceses. Hay muchos
Santos Urbanos pero ninguno de ellos se celebra el primer día
de verano. Quizás se quiso indicar el nombre de un nuevo Papa
u otro individuo llamado "Urbano" que será declarado santo.
De cualquier forma el tiempo del ataque sobre Tarsus será a
comienzos del verano.

El siguiente es otro cuarteto que describe el ataque aliado sobre Turquía:

(160) Siglo V, Cuarteto 80

Ogmios al gran Byzantium se acercará,
el perseguirá la Liga Bárbara:
De las dos leyes la pagana se divulgará,
los Bárbaros y los Francos en lucha perpetua.

"Ogmios" era un antiguo dios de la Mitología Francesa Pagana antes de la llegada del Cristianismo a Francia, muy similar en naturaleza a Hércules. No está claro el por qué Nostradamus usa este nombre para un francés. Tal vez sus hazañas de valor durante la guerra serán similares a las de Hércules o quizás su nombre sea un anagrama de "Ogmios" o incluso de Hércules. Cualquiera que sea, este "Ogmios" perseguirá la "Liga" Barbárica (es decir "Bárbara") por todo el camino hacia "el "gran Byzantium", también llamado Estambul. Las "dos leyes" son el Cristianismo y el Islam. La "pagana se divulgará", la cual según el pensamiento de Nostradamus, quien era cristiano, debe ser el Islam. En el final Nostradamus anota la naturaleza "perpetua" de la "lucha". Debido a que la palabra "perpetua" significa sin fin o por siempre, veintisiete años de lucha constante es bastante tiempo para justificar el uso de la palabra.

Los ataques aliados en Turquía no sólo serán en Tarsus y Estambul, como se muestra en el siguiente cuarteto:

(161) Siglo I, Cuarteto 74

Después de quedarse ellos vagarán por Epirus:
La gran ayuda vendrá hacia Antioch,
la barba de cerda negra presionará fuertemente el Imperio:
La barba de bronce lo quemará en un punzón.

Después de algún receso una fuerza aliada vagará "por Epi-rus" al Noreste de Grecia. Poco tiempo después otra (¿o tal vez la misma?) fuerza aliada ("la gran ayuda") se tomará la ciudad de "Antioch" localizada en el lejano Sur de Turquía cerca de la frontera con el Líbano y Siria. La "barba de cerda negra" fue vista previamente en el Cuarteto (66), donde él levantaba un "trofeo" durante la conquista islámica de Italia. En este cuarte-to él "presionará fuertemente el Imperio" francés.

"Barba de bronce" es tal vez el mismo "Barbarroja", quien también fue mencionado en el Cuarteto (109) cuando rescata el frente español aliado después de que el "jefe inglés" per-maneció mucho tiempo en Nimes. En el presente cuarteto ellos se encuentran cara a cara. ¿Cuál será el resultado? Bar-barroja atravesará a "barba de cerda negra" con una lanza ("quemará en un punzón") aparentemente en batalla.

Hay otro cuarteto sobre un ataque aliado en Estambul:

(162) Siglo V, Cuarteto 70

Desde las regiones sujetas a la Balanza,
ellos perturbarán los montes con gran guerra,
cautivos de ambos sexos comprometidos y todo Byzantium,
que la gente llorará al amanecer de tierra a tierra.

La "Balanza" representa a Libra y a los Estados Unidos, como se ha mostrado en forma previa. Las "regiones sujetas a la Balanza" son probablemente los mexicanos y canadienses aliados de los Estados Unidos. Los "montes" perturbados "con gran guerra" podría referirse a los Pirineos, los Alpes, o inclu-so los Apeninos, pero dado el contexto se indica una cordille-ra en Turquía. Quizás los Estados Unidos estarán descendiendo desde el Norte después de tomarse el "frente de Armenia", anotado previamente. Si es así, se dará un ataque por tres costados en Estambul; Los Estados Unidos desde el Este después de liberar Armenia (o posiblemente provienen desde el Norte a través del Mar Negro), un grupo aliado no especificado que viene del Este desde Grecia y los franceses desde Tarsus hacia el Sureste. Las fuerzas del Mahdi en Turquía se encontrarán aisladas de Irán y el resto de Asia y rodeadas por completo. Ellos se rendirán, hombres y mujeres ("cautivos de ambos sexos") en todo "Byzantium", y la noticia de su entrega será pregonada de puerta en puerta "al amanecer" por toda Europa.

Con la pérdida de Turquía los ejércitos del Islam finalmente verán su incapacidad de ganar la guerra. Los aliados, agotados después de 27 años de horrible guerra, y después de haber expulsado los musulmanes del continente europeo, no desearán continuar hacia Irán y las selvas del Sur de Asia. ¿Qué sucederá luego? Un acuerdo de paz negociado es la única opción. Nostradamus también tiene otro cuarteto al respecto:

(163) Siglo VII, Cuarteto 36

Dios, el cielo todas las palabras divinas en las olas,
llevadas por siete cabezas rojas afeitadas a Bizantium:
Contra los ungidos trescientos de Trebizond dos leyes
se establecerán y horror, luego creencia.

Las "cabezas rojas afeitadas" serán los cardenales de la Iglesia Católica con sombreros rojos como símbolo de su oficio. El porque sus cabezas estarán afeitadas no es claro. Quizás lo harán como muestra de duelo por todos los asesinados durante la guerra. Podría ser algo tan simple como un tratamiento para una plaga de piojos. Estos cardenales serán los negociadores de la paz aliada. "Trebizond", conocida hoy como Trabzon, fue mencionada previamente en el Cuarteto (34), en el cual alguien, presumiblemente de turbante Blanco, llega de Persia a ocuparla. Si esta no se convierte en la residencia del Turbante Blanco entonces podrá ser la sede del gobierno islámico del reino del Mahdi y los "trescientos" serán los representantes islámicos de ese gobierno. Las dos partes negociarán dos tratados ("dos leyes se establecerán"). En la primera hay "horror" probablemente un nuevo comienzo de hostilidades y la segunda "creencia". Esto pondrá fin a las hostilidades de la III Guerra Mundial, el peor de los tiempos que el género humano alguna vez haya visto.

Después de que termine la guerra el estado Pan-musulmán creado por el Mahdi se derrumbará. El siguiente cuarteto describe parte de ese (aparentemente) derrumbamiento pacífico:

(164) Siglo III, Cuarteto 97

Nueva ley nueva tierra ocupará hacia Siria,
Judea y Palestina:
El gran imperio bárbaro caerá en ruinas,
ante la Luna su siglo se ha acabado.

La "nueva ley" y la "nueva tierra" implica la formación de un nuevo país conformado por "Siria", "Judea" (Israel) y "Palestina". ¿Será Israel restablecida una vez más? Si es así ¿le darán más tierras de las que actualmente posee? ¿Podría en nuevo estado de Israel incluir no solamente la Israel de los 90 sino también parte de Jordania y Siria? Parece que estas tierras serán arrebatadas de sus actuales dueños y entregaba a la nueva Israel quizás como parte de las reparaciones al final de la guerra.

"El gran imperio Bárbaro" solo puede ser el imperio del Mahdi. En su extensión más grande durante la III Guerra Mundial cubrirá todo el Medio Oriente y el Norte de Africa, llegando hasta la India en el Sur, Indonesia (quizás incluso Australia) en el Este, Rusia en el Norte, España y Francia en el Oeste. Después de la guerra este "imperio" se "caerá en ruinas", en vez de ser conquistado. El "siglo" de la "Luna" y el final de todo esto no está claro, al igual que no lo están todas las otras predicciones de Nostradamus astrológicamente fechadas.

¿Cómo puede Nostradamus dedicar tantos cuartetos a los avances islámicos en Europa y tan pocos a los aliados que los hacen retroceder y los expulsan? Debido a la duración de la guerra la mayoría de las profecías hablan de los aliados en su retirada sufriendo derrota tras derrota, pero haciendo que el Mahdi pague caro por la tierra que tomará. La entrada de los Estados Unidos a la guerra no ocurrirá hasta veinticinco años después de su principio, pero esa acción combinada con la inmensa pérdida anterior de hombres que los musulmanes sufrirán, permitirá que los aliados derroten al Mahdi en sólo un corto período de tiempo. También está la consideración de la moral. Mientras el Mahdi conquista nuevas tierras a través del continente Europeo, él cumplirá con lo que se ha predicho para él y sin importar las víctimas sus tropas lo amarán. Pero una vez comience a sufrir derrotas y parezca no ser capaz de conquistar los cristianos "infieles", surgirá la pregunta sobre su identidad. Entre sus ejércitos circulará la noticia que fue incapaz de cumplir las profecías establecidas para el verdadero Mahdi, enviado por Alá. Al sufrir derrota tras derrota, él será considerado como un fraude y su coalición multinacional congregada por creencias religiosas, se derrumbará. ¿Y cuál será el destino del Mahdi?.

Nostradamus habla en el siguiente cuarteto sobre esto.

(165) Siglo II, Cuarteto 2

La cabeza azul traerá a la cabeza blanca tanto mal
así como Francia ha traído bien para ellos:
Muerte en la antena el gran colgado con la rama,
ya atrapado el rey dirá cuantos.

"La cabeza azul" también conocida como el Turbante Azul y el Mahdi será el líder militar del estado musulmán unificado; la "cabeza blanca" conocido como el Turbante Blanco, será el líder religioso del gobierno civil. Basada en la información discutida en cuartetos previos la capital de la nueva Persia parece estar localizada en la ciudad turca de Trebizond. Al final, el Mahdi habrá traído tanta destrucción y "mal" al Medio Oriente, "como Francia ha traído bien para ellos" ¿Qué bien ha traído Francia a esta parte del mundo? Incluso una rápida mirada

a la cantidad de comercio actual entre Francia y los estados
Arabes del Medio Oriente muestra que los negocios con Francia en efecto han sido muy buenos. La última mitad del cuarteto es difícil de entender pero el final implica que el hombre
que será conocido como el "rey" del Islam, el Turbante Azul, el
Mahdi será "atrapado". Finalmente será ejecutado en la horca
quizás por un tribunal militar después de la guerra, pero es
más probable que sea por una sublevación entre sus propias
tropas. En ese tiempo él será responsable por las muertes de
cientos de millones de personas y gran parte de Europa y Asia
habrán sido convertidos en tierra infértiles que perdurarán así
durante muchas futuras generaciones.

DESPUÉS DE
LA GUERRA

Habiendo concluido la III Guerra Mundial, Nostradamus aún tiene un grupo de cuartetos relacionados con los eventos posteriores. Aquí está el primero:

(166) Siglo VI, Cuarteto 24

Marte y el cetro encontrados unidos uno al otro,
bajo la calamitosa guerra de Cáncer:
Un poco después habrá un Rey ungido,
quien durante mucho tiempo pacificará la tierra.

La primera mitad da una conjunción: "Marte" y Júpiter ("el cetro", que denota el reino y Júpiter quien era el rey de los dioses) "encontrados unidos uno al otro" en "Cáncer". El Dr. Christian Wollner publicó un comentario en Alemán sobre las obras de Nostradamus en 1926 titulado *Das Mysterium des Nostradamus* (Los Misterios de Nostradamus), convirtiéndose al parecer en el primer investigador de las obras del profeta que calculando las configuraciones astrológicas presentes en muchos de sus cuartetos. La fecha dada por el Dr. Wollner sobre esta configuración han sido acogidas por la mayoría de los investigadores desde ese tiempo, pero al parecer ningún autor que cita a Wollner ha revisado alguna vez la precisión de sus fechas para las configuraciones. Como se anotó antes, el intento de dar fechas a estos cuartetos puede ser inútil ya que Nostradamus (y por lo visto también el Dr. Wollner) poseen un conocimiento incompleto de los movimientos planetarios. Errores pequeños en movimientos predichos llegan a multiplicarse con el paso de los años dejando al planeta a muchas constelaciones de distancia de su posición astronómica predicha durante un mes y año dado.

Si Nostradamus al ver el futuro también pudo ver las configuraciones en los cielos, entonces éstas serán precisas. Puesto que este libro supone que él calculó sus configuraciones en lugar de predecirlas en el futuro, e intentar dar fechas a la mayoría de conjunciones es inútil, la configuración en este cuarteto será evaluada.

El Dr. Wollner predijo que la única fecha en que podría ocurrir esta conjunción (Marte y Júpiter en Cáncer) será en junio 21 del 2002. Durante un período de unas pocas semanas en ambos lados de julio 1 del 2002 los dos planetas estarán en Cáncer. Si Nostradamus estaba en lo correcto, la III Guerra Mundial comenzará a finales de junio del 2002, menos de tres años después de la destrucción generada por el meteoro.

"Un poco después" del fin de la guerra un nuevo rey será coronado ("ungido"). Este "Rey" probablemente será francés ya que no se especifica ningún otro país. En la exhausta postguerra nadie estará interesado en combatir de nuevo durante bastante tiempo ("mucho tiempo") y este "Rey" "pacificará la tierra". El siguiente cuarteto se muestra que el rey en efecto será francés:

(167) Siglo VIII, Cuarteto 61

Nunca por el descubrimiento del día,
logrará el signo del portador del cetro:
No hasta que todas sus invasiones y preocupaciones hayan cesado,
portando para el gallo el regalo de la legión armada.

"Nunca por el descubrimiento del día" es sólo una forma elegante de decir "nunca". El individuo que se convertirá ("ungido") en rey no será coronado como rey (el portador del cetro) hasta después de acabada la guerra (no hasta que todas sus invasiones y preocupaciones hayan cesado). En última parte se indica que él será francés ("el gallo") el "regalo de la legión armada". La última parte se podría interpretar mejor como "trayendo a Francia el regalo del ejército a su mando". Aquí se implica que ese nuevo "rey" será el comandante en jefe de las fuerzas armadas de Francia durante la III Guerra Mundial. No hay nada extraño al respecto. De Julio Cesar a Carlos de Gaulle a Dwight Eisenhomer, los grandes generales del tiempo de guerra al final se han convertido en líderes políticos de sus países en tiempos de paz.

En el siguiente cuarteto se muestra que él será un descendiente del linaje real francés:

(168) Siglo V, Cuarteto 74

De sangre troyana nacido un corazón
germánico que crecerá tan elevado:
Expulsando la gente arábica extranjera,
volviendo la iglesia a la preeminencia original.

A Francia se le dio ese nombre en honor a Franco, hijo de Priam, un rey del antiguo estado de Troya. Los reyes franceses durante muchos siglos han afirmado que su ancestro se remonta a él ("de sangre Troyana"). Los pueblos "germánicos" han sido notables por sus tendencias belicosas durante siglos y las guerras mundiales de este siglo no han hecho nada por borrar esa imagen. Al combinar las dos metáforas aparece la imagen de un francés de linaje real muy hábil en los asuntos de guerra. Este es el nuevo rey que "crecerá tan elevado", es decir convirtiéndose en líder del gobierno.

"Expulsando la gente arábica extranjera" ubica este cuarteto en el futuro No ha habido una nación árabe en guerra con Francia en suelo francés desde el tiempo de Nostradamus. Los asaltos de los piratas arábicos del Norte de Africa ocurrieron durante la vida de Nostradamus y por varios siglos después, pero fueron asaltos costeros rápidos y no invasiones que requerían "expulsión" de los invasores. Muchos investigadores consideran al "nuevo rey" como predicciones fallidas sobre Henry II quién gobernó a Francia en el tiempo en que se escribieron los cuartetos, pero el vinculo de este nuevo rey con el tema de una invasión "arábica" de Francia indica que este cuarteto debe pertenecer al futuro.

El cuarteto termina mencionando de nuevo la naturaleza religiosa de la guerra. Después de ganar la guerra este hombre "de sangre Troyana" ayudará a que la Iglesia Católica sufra un periodo de purificación y renovación ("volviendo la iglesia a su preminencia original"). También es posible que la iglesia retorne a la posición de poder e influya en asuntos políticos que alguna vez tuvo en Europa en los días previos a la reforma protestante.

En el siguiente cuarteto se muestra que este nuevo rey gobernará más ayá de Francia.

(169) Siglo X, Cuarteto 95

A España vendrá un rey muy poderoso,
por mar y tierra subyugando el Sur:
Este causará mal, volviendo a disminuir la creciente,
disminuyendo los flancos de los del viernes.

"A España vendrá un Rey" que no puede ser un rey español, y puesto que no se indica ningún otro país, el "Rey" es francés. El será el comandante supremo de las fuerzas aliadas que liberarán a España. Tanto por "mar" (¿desde América?) como por "tierra" (desde Francia) el retomará España, al Sur de Francia. Sin embargo sometiendo el Sur también puede implicar que los aliados tomarán control de las antiguas colonias francesas del Africa del Norte árabe. "La creciente" se refiere a la Luna creciente, un símbolo del Islam y "volviendo a disminuir la creciente" implica su derrota. "Los del viernes" también se refiere al Islam ya que el viernes es su día de culto, así que no puede haber duda de que está predicha una derrota islámica final.

Por lo tanto el rey controlará España así como a Francia. Pero eso no es todo, como lo afirma el siguiente cuarteto:

(170) Siglo VI, Cuarteto 27

En las islas de cinco ríos a uno,
por el aumento del gran Chyren Selin:
A través de las lloviznas de la furia del aire del uno,
seis escapados, escondidas cargas de lino.

Las "islas de cinco ríos a uno" es considerado por los investigadores de Nostradamus como las islas Británicas, ya que en su máximo poder Inglaterra controló los ríos Tames, Nilo, Ganges, Indo y San Lorenzo. Como Egipto, India y Canadá ahora han logrado su independencia, Gran Bretaña controla sólo el río Tames. En el pasado la Gran Bretaña controló muchos más ríos grandes y la lista es debatible de cuales cinco Nostradamus tenía en mente. No hay otro país isla ("En las islas de") que haya tenido un control total de cinco grandes ríos en el pasado y ahora sólo tenga uno ("cinco ríos a uno").

Finalmente Nostradamus da el nombre del nuevo rey: "Chyren Selin". "Chyren" es considerado como un anagrama de "Henry", especulando de que Nostradamus s refiría a su propio rey Henry II. Sin embargo como se ha mostrado, esto no es posible. El nuevo Henry será Henry V, y tomará como su símbolo a la Luna, ya que "Selin" es considerado como un anagrama de "Selene" que significa "creciente". Tal vez él colocará su símbolo en su escudo de armas por su triunfo sobre los ejércitos islámicos, que históricamente han usado la Luna creciente como su símbolo. Puesto que las dos últimas líneas son incomprensibles, el tono de las dos primeras líneas indican que Henry V controlará también lo que queda de las Islas británicas destruidas por las marejadas. El alcance total de su conquista es insinuado en el siguiente cuarteto:

(171) Siglo VI, Cuarteto 70

El jefe del mundo el gran "Chyren" será,
después de "Plus Ultra", amado temido:
Su clamoreo y elogio los cielos sobrepasarán
y con el sólo título Victorioso extremadamente contento.

Nostradamus predice que "Chyren", el futuro Henry V, será el "jefe del mundo". Aunque esto debe ser una exageración, Henry controlará la mayor parte de Europa que era todo el mundo por el que Nostradamus se interesaba. Prueba posterior de esta creencia es encontrada en la expresión "Plus Ultra", que fue el lema del santo Emperador romano Carlos V. Carlos, un contemporáneo de Nostradamus, fue el santo emperador Romano de 1519 a 1546. El Santo Imperio Romano de este tiempo incluía todas las tierras de los modernos países de Holanda, Bélgica, Luxemburgo, Alemania, Sureste de Francia (Saboya), Suiza, la república Checa, Eslovaquia y Austria. Carlos V también gobernó Milán (que controlaba el Norte de Italia), y también España. A través de sus posesiones españolas en ultramar Carlos V gobernó gran parte de América Central y del Sur.

Después de terminada la guerra, Henry V probablemente controlará los mismos países europeos que Carlos V controlaba, junto con toda Francia y posiblemente Inglaterra y Africa del Norte. A propósito los europeos han estado luchando durante años contra el establecimiento de una Comunidad Económica Europea. Nostradamus predice que esto finalmente se dará en el próximo siglo, pero no en la forma en que la mayoría esperan.

Con las consecuencias de la Guerra Mundial y siendo Francia el único gobierno europeo intacto, los Europeos Occidentales y Centrales aceptarán con gusto la inclusión en un nuevo Imperio francés como el precio a pagar por la paz y el establecimiento de la ley y orden y la creación final de un nuevo Mercado Común Europeo. Nostradamus también predice que el nuevo Henry será "amado" y "temido" como ningún otro gobernador desde Carlos V. El "clamoreo" de su "alabanza" y su fama serán renombrados ("los cielos sobrepasarán"). Otra comparación fascinante es que Carlos V también lucho sus propias batallas contra el Islam enfrentándose con las fuerzas turcas e incluso invadiendo el Norte de Africa. En la última parte Nostradamus afirma que Henry estará "contento" en proclamar el único título de "Victorioso" contra las hordas islámicas asiáticas. Al ser el único país aliado intacto en sobrevivir a la guerra y probablemente el único que combate durante todos los veintisiete años de duración, este título será merecido de manera justa.

Sin embargo Henry no será perfecto. El próximo cuarteto detalla lo que parece ser el principal defecto en su carácter:

(172) Siglo IV, Cuarteto 86

El año en que Saturno en Acuario este unido al Sol,
el rey fuerte y poderoso en Reims
y Aix será recibido y ungido,
después de la conquista asesinado los inocentes.

Una vez más está presente el problema de las fechas astrológicas. Diferentes programas de computadoras sobre Astronomía ubican a Saturno en Acuario de febrero del 2023 a abril del 2025. Ya que otro cuarteto indica que la III Guerra Mundial durará 27 años y otro que la guerra no comenzará hasta los primeros años del próximo siglo, tal vez Henry será coronado rey antes de terminar la guerra, en vez de esperar su finalización. También es posible que este cuarteto no pertenezca aquí, o quizás Nostradamus estaba equivocado en sus cálculos astrológicos, o tal vez ¡el autor de este libro está completamente equivocado al escribirlo!

Desde luego también es posible que la III Guerra mundial comience como un conflicto musulmán interno (guerra entre Irán–Irak) o un conflicto Occidente–Arabe (la Guerra del Golfo) en algún momento antes de 1998, desembocando en la próxima guerra mundial sólo después de la destrucción generada por el cometa. Después de todo, en 1939 nadie declaró que el combate entre Alemania y Polonia era la II Guerra Mundial. "El rey fuerte y poderoso" es desde luego Henry V, futuro gobernante de Europa. El será coronado rey ("recibido y ungido") "en Reims", el sitio de coronación tradicional de los reyes franceses, así como en "Aix", que fue el sitio de coronación para los emperadores del Santo Imperio Romano desde 813 a 1531. Aquí está implicado que Henry no sólo gobernará Francia sino también el territorio que fue previamente parte del Santo Imperio Romano. La única persona que logró esto fue Carlomagno, hace casi 1200 años.

El final del cuarteto es más fascinante. "Después de las conquistas" sólo puede significar después del final de la III Guerra Mundial. ¿Pero qué puede significar "asesinado los inocentes? ¿y Henry por qué hará esto? Aunque no es seguro, el siguiente cuarteto da una probable respuesta:

(173) Siglo II, Cuarteto 7

Entre muchos a las islas deportadas,
el que va a nacer con dos dientes en la boca
ellos morirán de hambre los árboles deshojados,
para ellos nuevo rey, nuevo edicto para ellos forjado.

Después de la guerra, "muchos" serán "a las islas deportados". "Las islas" probablemente se refieren a las islas a lo largo de la costa Sur de Francia, usadas como colonias prisión por los franceses durante muchos años en el pasado. Uno de esos deportados será el nacido "con dos dientes en la boca" por lo visto el mismo individuo mencionado en el Cuarteto (16), nacido mientras la tierra pasa a través del cometa. Nostradamus registra su nacimiento y su muerte; uno sólo se puede preguntar ¿Qué pasará durante los años interinos de este hombre? ¿Será él uno de los "Inocentes" asesinados por Henry? ¿Y por qué sucederá esto? La respuesta se encuentra en los cuartetos, también citados en el primer capítulo, que relacionan al Mahdi con Genghis Khan.

El Mahdi seguirá el ejemplo del Gran Khan en el sentido de dar a sus oponentes la oportunidad de rendirse y alistarse en los frentes de su ejército en vez de ser ejecutados después de la derrota. Muchos escogerán esta suerte en lugar de la muerte segura. Después de la guerra y la liberación de Europa, Henry enfrentará la pregunta de que hacer con los colaboradores europeos del Mahdi. Habiendo luchado y vigilado a muchos, incluyendo a su propio hijo (como se mostrará más adelante) muerto durante la guerra, Henry tendrá poca compasión con los colaboradores. Los colaboradores serán embarcados a las colonias de prisioneros en islas Mediterráneas y el termino "muchos" escrito por Nostradamus implica superpoblación. Los prisioneros demandarán más de la capacidad que tienen las islas para producir alimento y se comerán las hojas de los "árboles" antes de morir de "hambre".

Habran errores en la justicia impartida y muchos inocentes morirán de hambre en las islas. En la última parte se indica que Henry será acusado. Nostradamus atribuye sus muertes a un "nuevo rey" (Henry) cuyo "nuevo edicto" (al parecer el destierro a las islas prisión por el crimen de colaboración) será la causa de la superpoblación y el hambre. Como sucede de vez en cuando en la justicia criminal, algunos inocentes serán incluidos en el castigo de los culpables.

¿Y cual será el final de Henry V?

(174) Siglo IV, Cuarteto 77

Selin monarca Italia pacífica,
reinos unidos por el rey cristiano del mundo:
La muerte deseará estar en la tierra de Bolis,
después de que los piratas hayan sido expulsados de las olas.

En el Cuarteto (170) Henry V también fue descrito como "Selin". Aquí hay más pruebas que su identidad: "Reinos Unidos por el rey cristiano del mundo". Descrito en muchos cuartetos como el unificador de la mayor parte de Europa y en favor de la iglesia católica y con su santuario en Francia, este sólo puede ser Henry V. Después de su muerte el deseará ser enterrado cerca de Blois, la sede tradicional de la dinastía Valois.

Mientras otros cuartetos muestran la Flor de Lis, el emblema tradicional de los Borbones, siendo llevado dentro de Europa Oriental, este cuarteto indica que Henry será el Valois. Quizás el descendiente de ambas dinastías. Este cuarteto muestra que la muerte de Henry ocurre algún tiempo después del final de la guerra. "Los piratas" se refiere a los piratas bárbaros quienes eran musulmanes de Africa del Norte. Después del fin de la guerra, pero antes de la muerte de Henry, habrá alguna clase de disturbio (¿motines? ¿Una revolución?) en Italia que será resuelta ("Italia pacífica").

¿Y que de los hijos de Henry V? El próximo cuarteto muestra el destino de uno de ellos:

(175) Siglo X, Cuarteto 63

Cydonia, Ragusa, la ciudad de San Jeromé,
revivirá la ayuda curativa:
Hijo muerto del rey a través de muerte de dos héroes,
los árabes, húngaros tomarán el mismo curso.

"Cydonia" antigua es la moderna ciudad de Canes, localizada en la isla de Creta, mientras la antigua ciudad de "Ragusa" es hoy conocida como Dubrovnik, localizada en Croacia. "San Jeromé" nació en Stridon, hoy conocida como Tesanj, parte de Bosnia (desde luego, ¡la geografía en esta parte del mundo cambia con frecuencia!), y vivió sus últimos años en Aquileia, cerca de Venecia. La ciudad de "San Jeromé" podría ser Stridon o Aquileia. No es claro lo que estas ciudades podrían tener en común y cómo recibirán la "ayuda curativa". Sin embargo, la ubicación de estas tres ciudades en Europa Oriental, junto con los sucesos de la última parte, ("húngaros" capitulando y luego aliándose con "los árabes") tienden a ubicar estos sucesos a comienzos de la guerra. Ya que los cuartetos (48) y (49), que Nostradamus numeró como Siglo X, Cuarteto 61 y 62, ya han sido ubicados durante la guerra de Europa Oriental, quizás este cuarteto, Siglo X, Cuarteto 63, pertenece también a esa franja de tiempo. Si ese fuese el caso, esto representa tres cuartetos de seguidos dejados en su orden original.

A causa de la "muerte de dos héroes" un "hijo" de "rey" morirá. Tal vez los dos héroes serán soldados decorados que morirán combatiendo una acción retardada en los Balcares, y el hijo del futuro Henry V morirá con ellos.

Con la muerte de su hijo, ¿Quién reinará después de la muerte de Henry V? El próximo cuarteto tiene la respuesta:

(176) Siglo VI, Cuarteto 42

A Ogmios le será dado el reino de el gran Selin,
quién en realidad hará más:
A través de Italia él extenderá sus enseñanzas,
administrado él será por un prudente deformado.

"Ogmios", mencionado en el Cuarteto (160) como el comandante francés que conducirá un ataque aliado en Estambul cerca al final de la guerra, "le será dado el reino de el gran Selin" (Henry). En el Cuarteto (174) Nostradamus afirmó que Italia estará pacífica en el tiempo de la muerte de Henry. No tiene objeto mencionar una paz en Italia si no habrá disturbios antes de eso. Después de la muerte de Henry "Ogmios" consolidará también su gobierno "a través de Italia". Su consejero más cercano es descrito como "un prudente deformado", sufriendo quizás de un problema ortopédico de alguna clase.

¿Cuál será la relación entre Henry y "Ogmios"? Sólo porque Henry tendrá un hijo muerto en la batalla de Europa Oriental no significa que pueda tener otro; además, el escoger un rey de un campo abierto de candidatos probablemente traerá como resultado una guerra civil en Europa, que es algo que todas las partes desearán evitar poco después de la III Guerra Mundial. "Ogmios" será el claro sucesor de Henry, tal vez otro hijo.

Nostradamus tiene otro cuarteto sobre el tercero de los nuevos reyes de Francia:

(177) Siglo VIII, Cuarteto 44

Los descendientes naturales de Ogmios,
de siete a nueve a causa del camino se desviará:
Para el rey de largo y amigo para el medio hombre.
Destrucción del fuerte de Navarra de Pau protestas.

"Los descendientes naturales de Ogmios" sólo puede ser su hijo. El resto del cuarteto es un misterio total. Si Henry es coronado rey cerca al 2030 y reina durante 10 años (un cálculo conservador), y luego "Ogmios" reina durante otros 20 o 30 años después de eso (muy posible puesto que incluso él no puede haber nacido hasta finales de los años noventa), es posible que este cuarteto no se pueda cumplir hasta bien avanzado el próximo siglo. "El fuerte" de "Navarra" podrían ser fortificaciones construidas contra los invasores musulmanes durante la próxima Guerra Mundial, pero el porqué la ciudad de Pau podría objetar su "destrucción", casi 100 años en el futuro, no se puede intentar adivinar.

Se ha dicho suficiente sobre los reyes franceses. Nostradamus tiene otros pocos tópicos que pueden ser pertinentes al mundo de la posguerra:

(178) Siglo VI, Cuarteto 4

El río Celtic cambiará de su curso,
no más su ciudad de Agrippina:
Todo transmutado pero la vieja lengua,
Saturno, Leo, Marte, Cáncer en saqueo.

"El río Celtic" es el Rin y la "ciudad de Agrippina" es Colonia. Que el río cambie su curso no es sorprendente; los ríos serpentean naturalmente hacia delante y hacia atrás a través de sus valles, depositando cieno hasta que el fondo del río se eleva por encima del lugar más bajo del campo circundante, momento en el cual el río toma un nuevo curso. Sólo en tiempos recientes el hombre ha limitado los ríos a sus riveras actuales. Nostradamus predice el tiempo en que los alemanes no desearán o serán incapaces de mantener al Rin fluyendo en su curso normal. Esto ocurrirá cuando Alemania será cambiado excepto su propio lenguaje, tal vez en el momento de las conquistas del Mahdi o después de la guerra, cuando Francia gobierne a Alemania.

Este cuarteto incluye otra conjunción astrológica. La interpretación podría ser traducida mejor como "Habrá saqueo cuando Saturno esté en Leo y Marte en Cáncer". Sin considerar todos los posibles problemas anotados con las fechas astrológicas, si esta conjunción es precisa, ocurrirá durante la primavera del 2008 y de nuevo a finales de la primavera y verano del 2038. Si ocurre el saqueo en Europa Oriental en el 2008, parece dudoso que la guerra llegue a Alemania en ese tiempo. Hacia el año 2038 la guerra ya deberá de haber acabado, lo que hace discutible la teoría del saqueo.

Como ya se anotó varias veces, el calcular con precisión cuando ocurrirán las conjunciones de Nostradamus puede ser una tarea casi imposible. Wollner, el astrólogo de Nostradamus citado con más frecuencia, escribió en 1926 su libro sobre la conjunción que aparece en el siguiente cuarteto:

(179) Siglo X, Cuarteto 67

Un gran temblor en el mes de mayo, Saturno, Capricornio,
Júpiter, Mercurio en el Toro:
Venus también, Cáncer, Marte en Virgo,
caerá granizo luego más grande que un huevo.

Wollner interpretó la conjunción como "Saturno" en "Capricornio" "Júpiter" y "Mercurio" "en el toro" (Tauro), "Venus también", en "Cáncer", y "Marte en Virgo". Wollner calculó que entre los años de la escritura de la profecía y el año 3797 está conjunción podría ocurrir solamente en abril de 1929 y mayo de 3755. Sin embargo consultando otro de esos superprecisos programas de computadora sobre astronomía muestra que en mayo del 3755, Saturno estará en Sagitario en vez de Capricornio, Júpiter en Piscis y Mercurio en Acuario en vez de cualquiera de ellos en Tauro, Venus estará en Acuario con Mercurio en lugar de Cáncer, y Marte en Tauro en vez de Virgo. ¡Cada cálculo es erróneo!

Incluso el cálculo de Wollner para la configuración predicha para abril de 1929, sólo tres años después de escribir su libro, es imprecisa. En ese tiempo Saturno estaba en Sagitario, Júpiter en Aries y Mercurio cerca de la frontera de Acuario y Piscis (dos constelaciones alejadas de donde se suponían que estaban), Venus en Aries (tres constelaciones fuera) y Marte en Géminis (también tres constelaciones fuera de su localización predicha). Al estar tan lejos en sus cálculos de una predicción, sólo tres años después de la publicación de su libro, Wollner debe haber estado usando tablas viejas y obsoletas o era incompetente. Por lo visto nunca miró al cielo nocturno para revisar su trabajo y obviamente ninguno de los otros investigadores que citaron las fechas de Wollner, incluso para este tiempo, se han tomado alguna molestia de revisar su precisión. Si estos son los resultados que Wollner logró en 1926 para una conjunción en 1929, quien sabe que clase de configuración propuso Nostradamus en los años 1500 para configuraciones específicas en los años futuros. Sus configuraciones astrológicas predichas estaban probablemente tan alejadas de las fechas que él propuso que todas sus conjunciones son inútiles. La única esperanza de que sus conjunciones predichas concuerden con los sucesos reales está en el hecho de que sí al ver el futuro Nostradamus también volvió su mirada hacia las estrellas para registrar sus posiciones reales.

Hay un cuarteto final sobre los sucesos que ocurrirán después de la guerra:

(180) Siglo III, Cuarteto 92

El mundo cerca al período final,
Saturno de nuevo será lento en regreso:
Transfiriendo el imperio hacia la nación Dusky,
el ojo removido en Narbonne por Goshawk.

La franja de tiempo para este cuarteto está "cerca" al fin de "El mundo". Tal vez Nostradamus miró al cielo y en vez de concluir que los cálculos astrológicos estaban equivocados decidió que Saturno estaría "lento" "de nuevo" en aparecer donde, basado en sus cálculos, él pensó que debería estar. El "imperio" francés será transferido hacia un nuevo lugar. La "nación Dusky" podría ser traducida como la "nación negra" (¿será Francia de nuevo una potencia colonizadora en Africa?), o la "nación decadente" (algo que sufren todas las grandes civilizaciones después de alcanzar su máximo apogeo). El significado de la última parte no es claro y es una buena forma de finalizar cualquier comentario sobre los cuartetos de este extraño profeta del siglo XVI.

DESPUÉS DE LA GUERRA

NOTA DEL AUTOR

Como autor de este libro, ¿creo en realidad que los sucesos que contiene sucederán como los he registrado? ¿Creo realmente que un fragmento de cometa impactará la tierra en 1999, causando tan inexplicable devastación y la guerra resultante en la que 4 billones de personas perderán sus vidas? No estoy seguro, pero es mi fervorosa esperanza de que esté equivocado. Después de todo, ¿quien desearía estar en lo correcto sobre algo que traerá tal dolor y sufrimiento a tanta gente?

Por un lado, es miedoso como los cuartetos de Nostradamuspueden ser relacionados de tal manera que surja un tema coherente y cuando ese tema se pueda correlacionar con los pasajes proféticos de la Biblia, la escatología musulmana y las actuales tendencias de producción de alimento, el resultado es realmente pavoroso. Con tendencias que convergen desde diferentes áreas parece posible que pueda estar en lo correcto. Por otro lado, Nostradamus estaba equivocado con más frecuencia que en lo cierto e incluso si estuviera en lo correcto sobre el séptimo mes de 1999, eso no significa que mi interpretación esté correcta, ni siquiera que los cuartetos que siguen también están necesariamente acertados.

Espero que esté equivocado sobre 1999, que nada aparezca durante el eclipse de Sol en Europa ese agosto. Sin embargo, incluso si estoy equivocado, el planeta tierra aún está en peligro. La creciente escasez de alimento, las sociedades cada vez más violentas, la reciente carrera armamentista en el Tercer Mundo, la propagación de armas nucleares, el efecto de invernadero, el continuo deterioro del medio ambiente, el crecimiento de la población, la decadencia moral y el déficit de gasto de los gobiernos nacionales son sólo unos pocos aspectos que podrían destruir la civilización occidental. ¿Está usted preparado para el desastre? ¿Cómo se puede preparar para esto? Hacer cosas tan simples como almacenar alimento extra, agua y velas en casa y aprender como trabajar en un huerto podrán salvar su vida algún día. La organización de un plan local de supervivencia de defensa civil con los vecinos podría ser aun mejor. No cuente con la ayuda del gobierno, ellos pueden ser la primera víctima en un gran desastre. La autosuficiencia y la autoconfianza fueron las bases de los Estados Unidos, ahora nadie las practica. ¡Que triste. Que estúpido. Que peligro!

Si yo estoy equivocado o no, todos vamos a morir de todas formas, dentro de unas pocas décadas como máximo. Supongamos que yo estoy en lo correcto y todas esas cosas suceden. Supongamos además que usted mismo se ha preparado y que es uno de los pocos que sobrevivirá a la III Guerra Mundial sin ser perjudicado, ¿Será eso un gran éxito? ¡No si usted perdió su alma inmortal en el proceso! Jesús lo dijo mucho mejor de lo que yo puedo decirlo:

"Tenga cuidado de no estar tan ocupado con mucha diversión, bebida y con las preocupaciones de esta vida. O que ese día pueda cogerlo de repente como una trampa. Porque esto caerá sobre todas las personas en todos los rincones de la tierra. Este alerta y ruegue que siempre tenga la fuerza para sobrepasar con seguridad todo lo que sucederá para luego dar cuentas ante el Hijo del Hombre".

Stefan Paulus
Día de Pentecontés, 1996

282

LLEWELLYN ESPAÑOL

lecturas para la mente
y el espíritu...

Migene González-Wippler

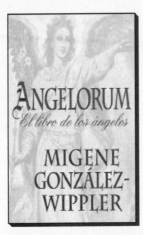

ANGELORUM: EL LIBRO DE LOS ANGELES

Conozca su orígen y su relación con Dios. Descubra cuál es su Angel Guardián y cómo evocarlo en su ayuda. La segunda parte es una fantástica historia de un ángel llamado Megadriel.

7¹/₂" x 9¹/₈" • 288 pág.
1-56718-395-6

Return of the Angels, **1-56718-293-3**

Pronto a publicarse en Inglés

SANTERÍA: MIS EXPERIENCIAS EN LA RELIGIÓN

En esta fascinante obra, Migene comparte sus experiencias en la religión. Conozca personajes extraordinarios y sea testigo de episodios increibles.

5³/₁₆" x 8¹/₄" • 400 pág.
1-56718-335-2

William W. Hewitt

AUTO–HIPNOSIS PARA UNA VIDA MEJOR

Programe su mente subconciente con mensajes que realizarán cambios maravillosos en su vida.

5³/₁₆" x 8" • 216 pág.
1-56718-398-0

Self Hypnosis for a Better Life, **1-56718-358-1**

Disponible en Inglés

Muñeca Géigel

EL TOQUE DE AMOR

Ahora usted tiene el poder al alcance de sus manos, para disfrutar de una vida llena de riquezas espirituales y bienestar material. Descubra cómo utilizar este maravilloso tratamiento de amor para todos a su alrededor.

5³/₁₆" x 8¹/₄" • 224 pág.
1-56718-301-8

Llewellyn Español

Anthony Louis
APRENDA COMO LEER EL TAROT
Descubra el significado y el mensaje de cada carta. Seleccione la mejor baraja para usted. Utilice el tarot como sistema de meditación y crecimiento espiritual.

6" x 9" • 288 pág.
1-56718-402-2

Tarot Plain and Simple, **1-56718-400-6**

Disponibles en Inglés

↕

P G to the Development of Psychic Powers, **0-87542-191-1**

Denning y Phillips
DESARROLLE SUS PODERES PSIQUICOS

Aumente sus poderes psíquicos y mentales. Integre todos los niveles de su psíque y experimente cambios poderosos. Aprenda sobre telekinesis, la visión astral, la adivinación, la psicometría y mucho más.

5 ³/₁₆" x 8" • 264 pág.
1-56718-216-X

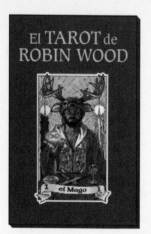

Scott Cunningham

ENCICLOPEDIA DE LAS HIERBAS MAGICAS

¿Quiere atraer el amor? Lleve consigo una bolsa de pétalos de rosa o raíces de Iris Florentina. ¿Necesita dinero? Queme Clavo en forma de incienso. Este es el tipo de magia que encontrará en esta obra; fácil, práctica y sin rituales.

6" x 9" • 336 pág.
1-56718-883-4

Cunningham's Encyclopedia of Magical Herbs, **0-87542-122-9**

↕

Disponibles en Inglés

↕

Cunningham's Encyclopedia of
Crystal, Gem & Metal Magic, **0-87542-126-1**

ENCICLOPEDIA DE CRISTALES, GEMAS Y METALES MAGICOS

Aquí encontrará la información más completa sobre las cualidades mágicas y curativas de los minerales. Aprenda a identificarlos y conozca sus características.

6" x 9" • 240 pág.
1-56718-189-9

MANTENGASE EN CONTACTO...
¡Llewellyn publica cientos de libros
de sus temas favoritos!

En las páginas anteriores ha encontrado algunos de los libros disponibles en temas relacionados. En su librería local podrá hallar todos estos títulos y muchos más. Lo invitamos a que nos visite a través del Internet.

www.llewellynespanol.com

Ordenes por Teléfono

✔ Mencione este número al hacer su pedido: **K-516-9**
✔ Llame gratis en los Estados Unidos y Canadá, al Tel. 1-800-THE-MOON. En Minnesota, al (612) 291-1970
✔ Aceptamos tarjetas de crédito: VISA, MasterCard, y American Express.

Correo & Transporte

✔ $4 por ordenes menores a $15.00
✔ $5 por ordenes mayores a $15.00
✔ No se cobra por ordenes mayores a $100.00

En **U.S.A.** los envíos se hacen a través de UPS. No se hacen envíos a Oficinas Postáles. Ordenes enviadas a **Alaska, Hawai, Canadá, México y Puerto Rico** se harán en correo de 1ª clase. **Ordenes Internacionales:** Correo aéreo, agregue el precio igual de c/libro al total del valor ordenado, más $5.00 por cada artículo diferente a libros (audiotapes, etc.). Terrestre, Agregue $1.00 por artículo.

4-6 semanas para la entrega de cualquier artículo. Tarífas de correo pueden cambiar.

Rebajas

✔ 20% de descuento a grupos de estudio. Deberá ordenar por lo menos cinco copias del mismo libro para obtener el descuento.

Catálogo Gratis
Ordene una copia de *Llewellyn Español* con información detallada de todos los libros en español actualmente en circulación y por publicarse. Se la enviaremos a vuelta de correo.